創見文化，智慧的銳眼
www.book4u.com.tw　　www.silkbook.com

投資理財達人 **蔣立智** / 著

活用 小資薪水
5年滾出100萬

學會理財錢滾錢，比加薪更重要！

讓死薪水變活財富，
聰明理薪
存百萬!!

活用22K搶救零存款！

股票 + 基金 + 外幣

輕輕鬆鬆
百萬入袋

多元金錢價值觀

　　自創立DR.HU品牌以來，我的終極目標是成為上帝的東方Spirit科技博士，不是變成靠假論文獲取凡間學歷證書的生化博士，我想用多元金錢觀和多元的美妝產品，為人類帶來希望。Spirit是指建立在高科技上的「聖靈」，唯有充滿祝福的Spirit灌注在科技生活裡，才能對人類有助益，人類的幸福是建立在透徹的科學技術原理之上，唯有如此，才會得到上帝真正的祝福。這次高雄氣爆事件，無論再多的捐贈、再多的清流慈善偶像的幫助，都想不到如何發展出監測氣爆的科技，唯有呼喚高科技Spirit的靈，發展出全套氣壓監測系統，方能解決公共安全，預防下一次不幸的事件再發生，為人類謀福。

　　當年創業時，我憑著呼喚上帝高科技Spirit靈的信念，從零開始發展事業，創造DR.HU產品多元價值，多年來，採行的平價醫美路線，一步一腳印打開通路市場，造福小資愛美一族，每年成長率都超過20％，2012年總營收突破一億元台幣，產品種類從面膜擴展到精華液、足膜、眼膜和造髮等。由於努力將科技spirit的靈導入產品價值之中，加上夫妻同心協力，合作無間，事業很快步上軌道，靠著創業的初衷信念，我堅持做「好」的事，努力運用多元金錢觀和多元美妝的經營觀念，創造出產品的多元附加價值，為人類貢獻一點心力。

　　多元金錢觀，是值得我們省思的一個問題。如果我問您三億是否比三千元價值大，您會認為這是侮辱小學生智商問題。可是兄弟為三千元空調費殺人，有富人睡一覺就送人三億，難道富人三億價值就比窮人的三千元價值大嗎？所以賺錢要看價值，才知道您這輩子是賺數字錢還是賺價值錢？賺美金、日幣、人民幣、還是新台幣？看清楚後才有金錢觀。年輕人靠爸族，希望得三億家產，不如自己在路邊攤努力賺三千，錢的背後含金量不一樣，三億家產背後是財產二字，而三千元路邊攤背後是汗水與智慧磨練！作為父母當然希望小孩是人生勝利組而不是寵物組。所以您要賺三千還是要得三億？或分海角七億？或等待捐贈？似乎每個人都有心中一把尺，多元金錢觀本來就是上帝賜下保惠師所擁有的多元聖靈感動，這感動形成多元價值觀。

　　在我和立智合作出版「DR.HU美肌力」一書期間，看得到他獨特敏銳的觀察能力，能將時下人類多元的價值觀，以簡單扼要的方式展現出來，造福普羅大眾，希望每個人一生都有受上帝祝福該屬於自己命定的金錢價值觀，這價值觀中有愛，能讓每一份賺到的錢以感恩心情來分享，使您的人生不受金錢捆綁，不受錯誤的金錢觀誘惑，求智慧的靈充滿熱愛本書的人。阿門。

林之林科技股份有限公司 董事長 胡繼云

長腦思考，培養健康理財觀

　　創立「博客思聽書城」這八年間，我跌過無數次的跤，終於摸索出合理可行的獲利模式，也體悟出創業就像一門修煉，過程中不知花了多少學費，但失敗的經驗能造就明日的成功，我仍覺得值得。博客思聽推出用「聽」的有聲書摘，讓更多人可以聽到更多的好書，有聲書的發明拉近了人和書本間的距離，通常一本書很難一次看完，絕大部分的商管書都容易讓人半途而廢。選擇先聽書摘，引起興趣再購買，更能準確買到自己真正想看的書。目前博客思聽書城架上共有三百多本有聲書籍，App安裝近五萬次，書下載十六萬多次，付費購買超過二萬次。而服務除了台灣，也推廣至對岸，在大陸數十度擠進App Store熱銷排行榜前30名。

　　在我努力創業的過程中，長期經營讀者是我的信念，我認為社會新鮮人在這個充滿短視近利的世界，想要脫穎而出，談何容易？除了平常就願意默默地累積自己的實力外，還需要有「長腦」的思維，也就是懂得將眼光放遠。坊間許多理財的書籍，在我看起來，不是厚顏吹捧著自己當初是如何能夠像神一般的厲害，準確地預測漲勢，賺到了他人生的第一桶金；或者，用了一大堆莫明其妙，近乎憑空臆測想像、非常巧合的公式，想教你如何預測未來。其實，社會新鮮人如果能夠盡早培養出健康正確的理財觀念與心態，才是決定最後勝負的關鍵。本書作者用了淺顯易懂的文字，加上幽默詼諧的反諷，試著讓原本生硬的理財書，搖身一變，成為猶

如小說般趣味可口的精彩敘述。無論你是否是社會新鮮人，只要你想脫離這個薪水凍漲的年代，改變自己的未來，就要擁有長腦的思維，懂得投資自己，這絕對是賺錢的好生意！

在我跟作者合作撰寫二十七部的企管財經有聲書摘期間，非常感謝他為博客思聽書城貢獻心力，寫了很多優質的書摘，蔣老弟的確有這個才能，能將一本生硬的書，寫得非常活潑，讓讀者更容易了解一本書的精髓，相信在這本書中，一樣可以讓小資族一窺健康理財的精髓，值得推薦您一看再看。

博客思聽數位傳播股份有限公司　創辦人　曹令東

改掉貧窮慣性，小資轉大富

「我想算財運」

這是小資男阿輝找我算命，唯一想知道的事。阿輝，姓黃，因為名字中有個輝字，暫叫他阿輝，他是個很特別的人，算命只問這個問題，其他問題都沒興趣。但這個問題，背後有很多問題。像是⋯⋯

「你該從事什麼事業，賺來的錢才不會被倒掉。」

「有錢之後該怎麼理財，錢才不會流失並增值。」

「做什麼事業才不會破財負債。」

這個人，真是有趣，一開始話很少，話匣子一打開就滔滔不絕，說個不停。這種個性符合他的命盤性格，類似像阿輝這種，破軍、地劫星坐落於辰宮的人，有投機、冒險的勇氣，做事常常不按牌理出牌，個性較難以捉摸，喜怒無常，讓人有陰沉、惹不起的感覺。做事魄力十足很有衝勁，但缺了一點反省能力，一生運勢如同一部老爺車，在跌跌撞撞中前進。話匣子一開的阿輝，訴說他不堪的過往。

他說本來家裡還過得不錯，八年前爸爸賣了他三棟房子的其中一棟，說是要給阿輝結婚創業用的，一開始，他只想趕緊賺錢，早點還錢給

父親，但是他也不知道要做什麼生意才好，有一次他看了一位股市名人，用二十萬賺了幾億，他想自己也可以，就先拿錢去買高價股，沒想到真的在半年之內，讓他投資的錢多了一倍，本來想先還錢給父親，但是想想，本錢減少，賺得也少，於是他又將所有的錢投入股市，有一次他看到人家在指數期貨上賺錢，他也小小的投資一下，本來不是玩很大，大概拿個兩萬元投入市場，結果2004年陳水扁當選，股市崩盤，他的指數期貨不賠反賺，二萬元在一天之內變成四十萬，以後他就覺得股票賺錢太慢，直接將錢投入指數期貨，一開始還不錯，但是那時他也不知是中了什麼邪，越玩越大，還向銀行借錢去玩指數期貨，最後全部都賠在期貨市場，現在只能努力賺錢，不斷還債。

很多小資男都跟阿輝一樣，都有一夜致富的妄想，有這種妄想的人，通常下場會更貧窮，從命理的觀點來看，改掉這種妄想，自然能改掉貧窮的慣性，財富自然會跟著來，很高興看到蔣先生網羅許多成功小資族的理財經驗，集結成冊，導引小資族走向富有之路，相信有了這些好的理財習慣，財運會變好，祝福大家，未來可以轉財運，小資轉大富。

高雄茲心閣開運會館　負責人　林志瑩

寫給社會新鮮人的第一本理財書

一個小資男問我：「大哥，要怎麼樣才能五年賺一百萬啊？！」

我問他：「你一個月薪水多少？」

他說：「兩萬兩千元（22K）」

我又問他：「你一個月扣掉所有的開銷，大概可以存多少錢？」

他說：「一千元」

我聽完之後，請他先反向思考一下，五年之內怎樣才能「存」到一百萬。我跟他說，在我過往的工作經驗裡，曾遇到一個很精明的年輕女孩，當時她也是剛出社會，一個月薪水也跟這個年輕男孩一樣只有22K，不過令我驚訝的是，她一個月可以存下一萬兩千元，每個月開銷只花費10000元。光存錢，她在五年之內就已經存了72萬元。加上她投資的外幣、基金、股票穩定的報酬率，不到五年她已經是一個百萬小富婆了。22K小資男與小資女，薪水同樣是22K，不同的是，小資女存了一百萬，小資男卻每到月底花光光。

同樣領薪水過日子，有人成為窮上班族，有人成為富上班族！

這問題到底出在哪裡？小資男不想存錢嗎？也不是，小資男也很

想存錢，但問題是理財方向錯了，他認為五年內存款達到一百萬，是用「賺」的，不是用「存」的，但他忘了賺跟存是同一桶金。小資女定期定額投資外幣、股票、基金，是以存款的概念，將多餘的錢做有利的分配，而不是將多餘的錢，像小資男一樣花在滿足自己的物慾上。小資女跟小資男不一樣的地方，在於小資女花錢會想到價值，小資男花錢只想到享受。小資男買名牌服飾純粹只是為了享受帥的感覺，小資女買一件好看的套裝，卻是為了在工作簡報中給客戶好印象，小資女花錢去做有價值事情，而小資男孩花錢只為了一個「爽」字。

其實投資的態度跟花錢買東西態度一樣，通常一個人能看出物品價值，買下物超所的好東西，這個人通常也是投資勝出的那一個。這就像外國有個收藏家用五元美金買下一張版畫，過了四年之後，這張版畫在拍賣場以百萬美金賣出。從花錢買東西的態度可以看出小資族投資的思考邏輯對不對，喜歡物質享受的小資男用錢做投資，容易沉浸在賺大錢的幻想中，幻想自己馬上可以變成富翁，享受美食華服。而小資女卻不這麼想，不管是投資股票、基金或者是外幣存款，她想到的第一件是，就是「保本」然後才是增值。比如說小資女投資六張股票，只要這六張股票漲到20%，她一定先賣掉五張股票，把之前買股票的成本回收之後，再留下一張股票增值。但是小資男買股票的心態就不一樣了，他買股票跟買樂透一樣，賭股票漲到一兩倍。可是股票沒有天天漲的道理，當它跌下來的時候，賠錢速度也比賺錢快。

在這裡並不是說小資女比小資男會理財，只是恰好用這個鮮明的例子對比，讓22K小資族知道，為什麼有的小資族可以存下第一桶金，有些人卻不行。這其中最重要的關鍵在於對錢的處理態度。有些22K小資族認

為自己賺太少，存不到什麼錢，這種嫌錢「賺」太少的人，通常也會嫌錢「存」太少而沒有投資意願。以上的故事告訴我們，只要用對方法，每月省下至少三分之一薪水，再把省下的錢做好投資理財規畫，你也可以從薪水族翻身成為黃金貴族。

　　寫這本書的用意，並不是要教小資族變成投資之神，畢竟成為神之前，必須先克服自己亂花錢的欲望，才有辦法變成神。從投資者變成投資之神的過程中，如何正確運用金錢是最基礎課程。多數小資上班族沒先學會如何用錢、存錢就開始投資，這等於拿著刀槍上戰場跟機關槍打仗，別說是投資賺錢了，連保住本金都有問題。本書想鼓勵那些哀嘆自己賺太少沒辦法存錢的22K小資族，其實存錢不難，投資也沒有想像中的遙遠，很多貧窮的產生，大都是沒有理財習慣所造成的。

　　本書從存「本金」開始說起，藉由用錢、存錢的方法，從理財應具備的觀念和態度開始，建構你的投資腦袋，之後再認識即將影響你一生的投資工具，透過釐清自己的現狀，找出適合你自己的投資方式，讓大家了解如何投資股票、 基金、外幣，聰明理薪，輕鬆存下第一桶金，讓死薪水變成活財富！

蔣立智

Part 1 懂得規劃用錢存本金

Part 2 投資股票賺第一桶金

Part 3 投資基金賺第一桶金

Part 4 投資外幣賺第一桶金

Part 1

懂得規劃
用錢存本金

培養「理財意志力」

　　沒有理財意志力，五年累積22K小資族辛苦賺錢，每一分錢得來不易，為了累積充裕的股票、基金、外匯投資資金。小資族透過收入支出的管理，可將每一分錢發揮到最高的效益，滾出更多的資本打下投資基礎。前面提到兩個薪水22K的小資男女，月存1000元的小資男叫小錢（化名），是一個平面設計師在台中工作。月存10000元的小資女叫曉馥（化名）在台南擔任行政助理的工作。這兩名年輕人都曾經跟我一起工作過。我很喜歡他們在工作上的表現，個性都很開朗，都很喜歡交朋友。不同的是兩個人食、衣、住、行、育樂花費差別很大。這兩個年輕人，都曾經跟我討論過投資理財，不同的是，曉馥對錢的態度，特別的珍惜。小錢剛好相反，他對錢的態度，就像交不完的女朋友一樣，不斷地在失去與獲得之間追逐。小錢總覺自己還年輕，情人沒了再交就有了，錢沒了再賺就有了。

　　小錢錯誤的理財觀念，來自於他內心強烈的「自我暗示」。自我暗示攸關小資族能不能存下第一個一百萬的關鍵。我們從曉馥、小錢的自我暗示中可分析出，他們為什麼一個可以在五年存下一百萬，另一個卻不行。

$ 存錢心態分析：「自我暗示→理財意志力→行為→結果」

	自我暗示	理財意志力	行為	結果（五年之後）
曉馥	夢想到國外遊學	強	花費支出精打細算	達到百萬目標
小錢	賺太少不用存錢	弱	及時行樂盡量享受	依然是窮光蛋

　　曉馥以夢想自我暗示，無形中在心靈播下一顆理財種子，這顆理財種子在五年後開花結果，最後完成了她到國外遊學的心願。小錢剛好相反，小錢以賺太少自我暗示，無形中在心靈播下一顆理財無望的種子，這顆理財無望的種子在五年後結成惡果，最後他只能日日哀嘆窮苦一生。像小錢這樣的22K小資族，無法達到理財目標的關鍵，在於理財意志力太薄弱。理財意志力不是與生俱來的能力，大部分都是慢慢練出來的。所謂理財意志力，也就是控制用錢的注意力、情感以及欲念的能力。想讓自己的理財意志力變得更強，先了解自己為什麼會失控亂用錢，只有了解自己什麼時間地點可能會瘋狂花錢，才知道要如何事先防範誘惑。舉例來說，如果吃宵夜是你這個月花費最多的地方，你就得設法早點睡或者晚上盡量遠離美食街、少看美食節目，這樣就能慢慢養成你不吃宵夜的意志力，並省下每個月可觀的宵夜花費。

　　理財夢是一個逐夢踏實的正面力量，透過正面力量可讓負面的力量消失，舉例來說我們最常見的意志力崩潰，就是「誘惑」。這誘惑可能是一塊香雞排，也能是一包鹹酥雞，或者是一場名牌兩折出清的拍賣會。沒有理財意志力的人，面對這些欲望的誘惑很難說不。為了抗拒誘惑，小資族需要一個力量幫助他們，這力量稱為「理財夢」。一個有理財夢的人，會在看到香雞排、鹹酥雞與名牌的時候，內心會發出一個聲音說：「這錢，這樣花值得嗎？」當你想到自己的理財夢，是出國旅遊；是買一棟房子；當下那些花錢的誘惑，就無法操控你花錢的行動力。

強化理財夢，培養意志力

　　在培養理財意志力的過程中，「我想要」存錢完成理財夢和「我不想要」被欲望誘惑這兩種力量，是理財意志力的兩種力量，單憑這兩種力量，還無法構成理財意志力的基礎。小資族想要拒絕誘惑達成理財夢，還需要「我想做」這種力量來達成理財目標。我想做，是一種正面的渴望，

這種渴望是問自己，「想做哪些事來完成夢想」。所謂真正的理財意志力，就是善用「我想要」與「我不想要」來舒緩欲望的攻擊，然後再搭配一樣「我想做什麼」的正面渴望，讓你有更大的勇氣斷絕誘惑，完成人生理財的夢想。

「我想要」與「我不想要」這兩種力量是一種自我反省的力量，例如當你下班之後，心裡會想：「我下班後『要』或『不要』去夜店喝酒？」當你發現自己很想要去夜店喝酒，那代表你的欲望被夜夜笙歌的日子所吸引，這很明顯可以看出你存不住錢的弱點，是因為自己太害怕寂寞，害怕自己沒人陪。建議你至少找一天，將你所有的欲望變化記錄下來，然後在一天結束時回顧記錄，試著分析出哪些欲望是你亂花錢的原因。

當你學著不被空虛欲望糾纏之後，接下來你要用「我想做」這個力量，讓自己的專注力聚焦在夢想，如果你的夢想是想做一個到國外快樂遊學的人，你就不會因為眼前的欲望而放棄夢想。

以22K小資女曉馥的經歷來看，她的理財夢是出國遊學，所以願意為了出國遊學放棄夜店夜夜狂歡，曉馥很清楚哪些欲望是她「想要的」，哪些是她「不想要的」。很清楚自己想要什麼的人，會懂得定義自己的「正向欲望」，舉例來說曉馥的同事小美是個折扣購物狂。折扣越大，帶給她的快感也越大，只要有特價的商品小美就狂買。

小美一直以為自己在大賣場買一大堆便宜的東西是在省錢，她天真地以為自己是購物天才！有一天她在睡前回想自己生活想要買的與不想要買的東西，她發現自己「想要」的不多，卻買了一大堆她「不想要」的東西，她雖然買很多很便宜的東西，卻忽視了她花了很多冤枉錢，買了一些她用不太多的東西。買便宜貨已經讓小美上癮，小美經過「想要」與「不想要」這兩種欲望的分析，她發現自己掉入賣場特價的折扣陷阱之中，賣場的特價商品讓她毫無罪惡感地花錢，而她也一直樂於放縱自己這樣花錢。為了脫離這種陷阱，她重新定義自己想要的東西，定義特價商品不代

表省錢，小美開始學習曉馥買東西的態度，曉馥買東西不會關注有沒有特價，而是看自己想不想要，確定自己想要的東西，再以物超所值的價格買進，特價商品對曉馥來說只是一種買東西的參考點，她認為省錢不是瘋狂囤積廉價品，而是在預算內，買下自己日常「想要」用或吃的東西，這才是理財的王道。

只看今日錢，往後看不到錢

中國字「貪」上面一個「今」日的今，下面一個「貝」，貝在古代為貨幣。換句話說，犯貪的人，只看到今日的價格，卻看不到往後錢所累積的價值。沒有理財意志力的22K小資族，經常犯的毛病只看到現在賺多少錢（價格），看不到未來可以累積多少資產（價值）。不懂化解花錢誘惑的人，他們的腦袋只會受當前的誘惑左右，他們沒有理智去規劃未來的錢（價值），他們只會看到錢與現在的享受（價格）在哪裡。一般人大都喜歡以最短的時間（今日錢）取得報酬，筆者就以一個最簡單的心理測驗來證明，請回答以下兩個問題：

> 問題1 — 現在馬上拿到800萬元
> 問題2 — 20年後拿到2000萬

請問你會選哪一個，大部分人選第一個，至於必須二十年之後才能取得的報酬，很少有人會考慮。人類的「原腦」喜歡立即性的享樂，原腦思考的人無法等待二十年之後的享樂，原腦在金錢報酬的選擇上，趨向於「今朝有酒今朝醉」至於「未雨綢繆」這種看不見摸不到的未來準備，原腦是不屑一顧的。

既然原腦那麼經不起誘惑，那我們該用哪一種方法脫離短期報酬的陷阱呢？最有用的方法是拉長誘惑期限，讓原腦思考轉向「長腦」思考。

舉例來說，如果你看到桌上的美味的蛋糕，原腦會馬上告訴你：「趕快吃掉它！！」但是如果你看到桌上有一份蛋糕的商品DM與一份餐廳大餐的商品DM，你的長腦會告訴你待會要先去這家店吃大餐呢？還是去那家店吃蛋糕？長腦會延後你的享受，把吃東西的時間規劃好之後，再去消費。換句話說，只要能與誘惑的時間拉長，原腦就比較不容易被短期的利益所迷惑。

從投資報酬觀點來看，原腦會選擇短期報酬，請看下面兩個問題：

報酬1 ► 你投資1萬元10天之後賺2萬
報酬2 ► 你投資1萬元5年之後賺100萬

通常我們的原腦會選擇報酬1，但是如果我們把報酬1的誘惑拿掉，你的原腦馬上會進化成長腦，進入長期投資的行列，請看下面兩個問題：

報酬3 ► 你投資1萬元2年之後賺100萬
報酬4 ► 你投資1萬元5年之後賺200萬

當「投資1萬元『10天』之後賺2萬」裡將10天改成2年，你的長腦會選擇報酬3，從十天到兩年只是期限拉長，選擇變少，你的理財腦袋就從短期投資變成長期投資。有些懂得長期投資的人，害怕自己身上一有錢就花光，他們會先把錢定存在澳幣或人民幣這類高利息的貨幣，讓金錢短期使用的誘惑遠離自己的身邊，將金錢的投資期限拉長成三年至五年，一旦將金錢的投資期限拉長，喜歡享樂的原腦會轉為長腦，當錢的報酬率只有長期利率的選項時，你的長腦就會開始規劃未來的錢，而不會受短期獲利的誘惑。

神經科學家發現，人拉長時間得到自己想要的東西，會大幅改變大

腦看待報酬的方式。就像前面提到的報酬率選項一樣,當我們把報酬時間拉長,原腦思考變成了長腦思考,我們投資理財也會變得穩健而不躁進,所以為了讓你的大腦保持冷靜,做出明智的理財抉擇,你可以規定自己在面對理財投資選擇的時候,將理財的期限拉長來看,用等待獲利的角度去看你現在的錢跟未來的錢。再搭配前面提到的理財夢技巧,讓你理財意志力不斷加大。

理財意志力薄弱的人通常會貶低未來報酬的價值,他們喜歡折現,最好的方式就是把手中所擁有的東西換成現金。這就像開店一樣,理財意志力薄弱的人,若是面臨資金短缺時,他們會急著把店內現有的物品換成現金,而舉辦清倉大拍賣,將所有商品打兩折賣出。但有理財意志力的人開店則是看未來的價值,他寧可把店拿去抵押維持支持開店的現金,再慢慢將商品以合理的價格賣出去。從這兩種開店模式,我們可以知道**越喜歡把現有資產折現的人,通常最後都很難擁有財富。**

我曾經在職場上,問一些剛出社會的年輕人一些資產折現的問題。

我會問:「如果你有兩棟房子價值6000萬,你會怎麼處理?」

大部分的答案都是把一棟房地產折成現金,拿去享受人生,另一棟自住,通常給我這種答案的小資男女,存的錢都不多,因為這些人的理財意志力薄弱,再多錢給他們,最後也會花光。而有的答案不是折現型的答案,而是規劃型的答案,規劃型答案通常會把6000萬房地產分成租金、抵押再投資……等等各種可能的資金規劃選項,這些懂得規劃手頭資產的人,理財意志力超強,就算他(她)現在只賺22K,他們還是有辦法規劃手頭僅有的資金。這類懂理財的22K小資男女,據我個人十幾年的觀察,(他)她們日後都將擁有可觀的存款。

很多人都認為未來很遙遠,不可捉摸,想也沒有用。這種想法是一種負面的暗示,暗示自己未來不能成為一個富有之人。真正富有的人,他們對未來的看法是正面的暗示。美國影星金凱瑞曾經在未成名之前,常在

心裡暗示自己說未來可以賺到一百萬美金，金凱瑞把一百萬這個數字放在口袋裡每天看，後來他也達成了這個目標，金凱瑞能成功，重點在於他每天都在跟那個未來賺一百萬的金凱瑞溝通，而且溝通得很好，最後達成理財目標。

　　很多22K小資族因為覺得現階段賺得很少，所以認為未來可能不會賺太多錢，對未來也不會有期望，這是一種負面的心理暗示，暗示自己跟未來的富有斷絕關係，但美國影星金凱瑞不這麼想，他雖然窮過，他卻不曾這樣想過，這就是窮人跟富人的差別，我們常說：「人窮志不窮。」如果22K小資族意志變窮，那這一輩子將會更窮，如果不想未來更窮，22K小資族應該跟未來的自己訂一個「未來契約」吧！！契約內容如下：

甲方：未來的自己
乙方：現在的自己

第一條 乙方必須替甲方在五年後存下一百萬，乙方比須趁甲方還沒被誘惑蒙蔽時，以清晰的思緒預先做好安排。例如，在甲方想花錢的時候，乙方必須先將甲方的收入提撥一定比例金額定存。甲方一個月薪水22K五年薪水不含年終獎金共新台幣132萬，乙方必須連續五年，每年提撥百分之五十～六十做為定存投資基金。

第二條 乙方有義務增加甲方改變心意的難度。請乙方效法釜沉舟的精神，設法去除最容易使甲方意志動搖的條件。五年暫時消除任何誘惑甲方的花錢的東西，比如說名牌包包、衣服、鞋子、大餐。乙方購物時不帶信用卡，依預算帶足夠的現金出門。並將手機鈴聲設定好，每天叮噹一聲提醒甲方不要亂花錢。

第三條 乙方要時時激勵甲方追求長遠的財富、健康和幸福，如果甲方忍受不住誘惑的亂花錢，乙方必須扣留甲方一部分金錢捐給慈善機構，

以降低甲方亂花錢的行為次數。

跟自己訂定「未來契約」的小資族是把未來的自己，當成是一個財富管理者，這個管理者幫現在的自己存錢，等同於強迫存款，把錢存在未來的帳戶裡，這些帳戶也許是一年或三年的定存帳戶，也許是一個連續扣款二十四個月的基金帳戶，不管是哪一種帳戶，總之現在的自己就是領不到錢，未來契約以五年為一期，訂立未來每月預算，決定餐費、房租等開銷支出的金額，「未來契約」是依據未來五年的長期目標，訂立每週開銷計畫。依據開銷計畫，發給自己每週足夠使用的現金。

懂得跟自己訂「未來契約」的小資族未來的理財意志力更堅強。如果你現在還沒起步打理自己的財務，建議你現在跟自己的未來訂一個合約，重新審視自己的未來，這樣理財的目標才比較容易達成。

千萬別把未來的自己當成陌生人，我們對陌生人的關心程度都比較低，五年之後的自己，某種程度來說，很像一個陌生的富有之人，如果你不能跟這個有錢人學習，這個陌生人很難帶給你財富。試著跟未來的自己合作累積財富。如果可以的話，現在寫一封信給自己，然後在未來的五年後打開來看，看看原先設定的目標是否有達成。你也可以把自己未來的樣子在腦海中畫出來，比如說你現在存款只有幾千元，想像你未來五年之後存款百萬的樣子，把這個樣子每天在心裡反覆復習。

賺跟存是同一桶金

　　了解如何增強理財意志力之後，接下來22K小資族需要正確的存錢觀念，才有辦法存下自己的第一桶金。我們可以從小資男小錢與小資女曉馥這兩個年輕人的收入跟支出做個比較，看看22K小資族沒辦法存錢的原因到底在哪裡？

	收入	支出	可用資金 （收入—支出）
小錢	22K	「食」：三餐、聚餐、飲料....→10000元 「衣」： 買衣服、鞋子..→1000元 「住」：房租、水電→7000元 「行」：通訊費、油料費→ 2000元 「育樂」：看電影、唱歌.... 1000	1000元
曉馥		「食」：三餐、聚餐、飲料....→ 4500元 「衣」： 買衣服、鞋子..→500元 「住」：房租、水電→4000元 「行」：通訊費、油料費→ 500元 「育樂」：看電影、唱歌.... 500	12000元

　　小錢與曉馥在「食」方面來比較，小錢比曉馥多了一倍多，可見小錢在飲食方面，出現很大的金錢浪費。小錢的工作地在台中，台中一個便當五、六十元就有了，就算一天吃四個便當，一個月也不會超過七千五百元，但是小錢卻一個月花了一萬元的伙食費，後來才發現，小錢幾乎每一天都會叫一杯一百多元的咖啡來喝，光飲料費一個月就比別人多三千元，

有時小錢還會去高級餐館大吃一頓，雖然公司中午有提供便當給小錢，但是小錢每個月的飲食費用，還是很驚人。

相反地，曉馥的飲食費卻低得驚人，只有四千五百元，如果一天買三個50元的便當，四千元當然不夠。不過曉馥的公司中午有提供便當，四千元勉強還可以過活，我一直以為曉馥可能吃得不好，實際上並非如此，曉馥也跟小錢一樣，熱愛美食，但是她會去找一些台南的50元銅板美食，好好享受一下，如果高級餐廳有四人用餐一人免費，這種好康，她也會找朋友一起聚餐，以低價格與朋友分攤外食費用。最重要的是，曉馥不喜歡喝珍珠奶茶、咖啡這些有糖或咖啡因的飲料，注重養生的她，只喜歡喝白開水。所以她的飲料費比小錢少很多，光是在飲食費用上就比小錢多「存」了五千五百元。換句話說，曉馥在飲食方面比小錢多「賺」了五千五百元。這就是為什麼「存」跟「賺」是同一件事。**會存錢的人算準每一分錢的用處，讓每一分錢發揮最大效用，這正是賺錢的基礎。**

22K小資族可以參考理財模範生曉馥的花錢預作規畫的好習慣，曉馥的花錢哲學會避開不必要的購買行為；以她每月無法節省的飲食為例，曉馥到大賣場或菜市場買東西會先列出一個星期想要煮的東西，並把這些東西列為採買清單，曉馥習慣使用現金不刷卡，所以她去買東西一定會控制預算，如果預算是500元，她就一定不會買超過500元的東西，這樣才不會被大賣場的折扣誘惑而買了一堆不該買的東西。不同於一般小資族吃便當度日，曉馥喜歡自己做菜，做自己喜歡吃的料理，一來衛生、二來能增加生活的樂趣。

記帳找浪費，省錢找免費

對於曉馥而言記帳是為了找出浪費之處，曉馥認為，省錢先從帳單、發票的數字了解自己錢都花到哪裡去，然後再根據自身消費的弱點，檢討花錢浪費的地方。曉馥省錢絕招，不是像守財奴一樣，把錢放著不

用，而是去思考這錢用得對不對。比如說，肚子餓或口渴時候，自己會如何花錢消飢解渴，如果口渴直接買飲料喝，買飲料前自己會不會依照自己的健康原則，喝不含糖的飲料。如果會忍不住買含糖飲料來喝，那代表自己沒有原則，**一個沒有原則的人，就無法花錢花得很有原則，花錢沒有原則的人，通常不容易存錢**。對小資女曉馥來說，記帳不只是為了省錢，也是檢視自己花錢花得對不對，如果到了月底發現沒省到錢，可能問題就出在某些小錢花得太隨興了。

　　曉馥有記錄日常花錢的習慣，訂出每月花費上限。 透過記帳觀察自己的消費弱點，從弱點去改進自己的消費模式，要做預算控制就比較簡單。由於花錢的上限很明確，預算目標很清楚，所以曉馥很少因物欲的誘惑，做出超出預算的購買行為。不只如此，曉馥還懂得留意身邊的免費資源，比如說圖書館有免費的無線網路可以使用，這樣可以節省自己的網路費用。無論食衣住行都有很多的免費資源可用，很多小資族不懂用免費的資源，使得自己賺來的錢無端地被浪費了。以在台中工作的小錢為例，他每天上下班都騎機車，他不知道台中市搭公車有八公里的免費優惠，如果他懂得搭公車上班，不但可以節省油錢，還可以透過公車路線圖，搭公車到處去玩，不但省錢，生活品質也不會變差，生活中有很多資源可運用，稍微花點心思就可以發現許多省錢新鮮事。

　　從小錢與曉馥的收入支出表，我們可以看出兩人的資金相差十倍，原因出在兩個人用錢的態度不同。小錢用錢的態度屬於享樂派，有多少花多少，曉馥是屬於夢想派，存錢是為了達到夢想。曉馥希望自己未來五年內有100萬的存款，能夠讓自己出國遊學一個月，為了達成這個夢想，曉馥在「食」、「衣」、「住」、「行」、「育樂」有不同的省錢方法。這些省錢方法，不是為了讓自己變成小氣鬼，相反地，省錢是為了花錢，花得有意義，花得有價值，這才是省錢的最高境界。

　　許多22K小資族男女喊窮，小錢就是其中一個，小錢常說：「 每月

只存一千元，還有什麼財可理！！」其實沒錢的人，如果不理財，將來只會更窮。小錢太年輕，不懂什麼叫「意外」。舉個例子來說，多年前我認識一個剛進公司的女孩，這女孩在公司工作的時候，就常常在快到月底的時候喊沒錢，老是跟我們借個500、1000元讓她度過難關。這個不懂存錢、不懂意外的女孩，有一天跟公司請喪假，慘的是從小喪父的她，跟她媽媽相依為命，她的媽媽和她都沒有存錢的習慣，最後連媽媽二十多萬的喪葬費用都籌不到，後來還是公司大夥發動募捐，才勉強度過難關。這就是人生料想不到的意外，話說回來了小錢跟這個女孩一樣，對於金錢沒有珍惜的習慣。

理財是處理所有與錢有關的事，這包含「花用」與「支付」這兩個面向，當然也包括所謂的「意外」費用。不論是繳保費、存提款、買東西、付信用卡等，都是理財活動之一，每個人都無時無刻不在「花用」與「支付」這兩個領域打轉，理財的目的在於支付你的花用，包括支付你未來意外的花用。如果小錢想在未來存錢以備不時之需，必須從培養省錢的習慣開始做起。

首先小錢要做的是先改掉每天喝一杯百元咖啡的習慣，可以改成喝50元一杯的咖啡，一個替代動作，就能為自己每月多擠出1500元，小錢只要養成好的節省習慣，相信每個月不只存1000元而已。小錢一直以為低薪族是存不了錢，其實這觀念會讓人變窮的，**存錢不在於賺錢的能力，而在於留住金錢的能力。**

我見過很多比小錢收入還高的人，一個月賺六萬不但把錢花光，還要跟我借錢。這證明了一件事，會賺錢不等於會存錢，很多22K小資族跟小錢的看法一樣，以為錢賺得不多，存錢也存不了多少。實際上，並非這麼一回事！許多22K小資族賺得少存得多，比那些賺得多花得多的「薪水大咖」存得還多。許多收入高的人只注意到自己薪水高，卻沒有發現自己物欲變大，無形中花更多錢在食衣住行育樂上，卻忘記去計算每一項消費

項目佔薪水的比例有多高，結果高薪族拉高了消費支出，每個月一點錢都存不下來。假設一個月薪五萬的人一個月花四萬五，這樣會比一個月薪22K的人一個月存一萬來得會存錢嗎？當然不會。**理財重點是比誰比較會「存」，而不是比誰比較會「賺」。**

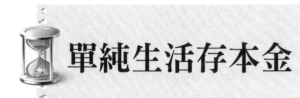

單純生活存本金

　　你有想過自己有多依賴錢來過生活嗎？我曾叫小錢想一想他的皮鞋、球鞋、包包、皮夾、皮帶他身上所有的一切，跟租的房子裡所有的一切，是怎麼來的。小錢的答案全部只有一個，就是用「錢」買來的，小錢用每一樣東西，第一個想到的是用錢買，除了用錢買，他想不到任何方法去得到一樣東西。

　　我問小錢：「你有沒有辦法，不依賴錢得到一樣東西。」

　　小錢想了老半天，想不出來，他認為沒錢的日子真難過，人不依賴金錢，真的得不到一樣他想要的東西。小錢從來不相信，有人可以在網路上靠著一個迴紋針換到一棟房子，這種以物易物交換方式，需要有一定的商業談判能力，靠著談判能力，我們可以得到很多想要的東西，比如說你想要讓房租少一點，你可以跟房東談判交換條件，如果這個交換條件比你出的金錢更有價值，房東也許可以考慮一下，比如說你可以幫他找到一堆人租他的房子，而且是長期合約，用這個交換條件減少個人租金，房東自然願意接受。

不依賴金錢的自由生活

　　小皮是我在南科認識的工程師，小皮跟小錢的想法剛好相反，小皮永遠在想怎麼樣可以不靠錢去得到一件事，比如說他想去香港玩，他想到的方法就是找旅行社談判，如果他可以找到一定數目的人組團去香港旅遊，旅行社就可以讓他免費到香港玩一個行程。小皮跟一般人印象中的科

技新貴很不一樣，在女人眼中，他看起來好像有點摳門，如果仔細看他存款以外的資產，你會發現他所擁有的東西很少是用錢買來的。

他的包包、皮夾是公司贈品，皮帶是爸爸送的，襯衫、polo衫：是哥哥穿舊的，最好的阿曼尼西裝，是姐姐送他的生日禮物，唯一買的那雙球鞋，是在跳蚤市場買的。如果你仔細看看小皮所擁有的東西，有三分之二的東西，都沒有花到錢，大部分的東西來自於友情、親情、商業談判這些來源。小皮唯一開銷比較大的地方是養了一台車吃油，一個月的油錢可比他的吃飯錢還多得多。

不過他還是有辦法省錢，他可以收「車票錢」，只要有人願意跟他分攤油錢或高速公路過路費，他都很願意載人家一程，當然他會慎選好的共乘搭擋。小皮過得很快樂，他和小錢不同，小錢手上沒錢就會慌，但是小皮不會，小皮永遠在創造一個與大家共享利益的省錢方法，他在這個過程中得到成就感，得到他想要的東西，小皮過得很節省，但不代表他過得不快樂，對小皮來說快樂不一定要用錢買，有時候不花錢買來的快樂，反而讓他覺得生活過得更有意義。

小皮曾跟我說：「大哥，我不想被金錢束縛，我要自由。」

小皮這句話說得真好，想一想，我們這一生有多少時間是被錢買走，一個以金錢衡量自己生活的人，最終都為錢而活，自由、創意已經被錢綁架。一般人的金錢觀念裡，心內的影像是「有錢花錢＝生活樂趣」但在小皮的金錢觀念裡，心內的影像是「少花錢過簡單生活＝生活樂趣」，對小皮來說，有錢只能代表一部分的快樂，但不能代表全部的快樂，如果一個人的快樂程度用錢來計算，那快樂是有限的。比如說你有錢買得到房子，卻買不到一堆好朋友到你家裡歡樂一下，即使你有錢請人來自己家中湊個熱鬧，那畢竟都是買的，而不是真友誼。

理財意志力影響欲望波動度

那些白手起家擁有上億資產的富翁，通常欲望波動度，比一般人來得低。欲望波動度低的人，專注自己想要的東西，從想要的東西節省需要的成本。舉例來說，一個欲望波動度低的人想要閱讀大量財經資料，不會什麼都讀，只想在最少的時間內找一個範圍去讀，例如研究外匯的人，會在外匯範圍內研究思考。但是欲望波動度高的人可不這樣想，這類人什麼財經知識都讀，問他讀了什麼，他卻一點都答不出來。這就像是買了一個杯子之後，又「想要」買一個茶壺，買完茶壺之後又想買熱水壺泡茶，接著又買茶几、椅子，接著又想到戶外泡茶需要烤肉又要買一大堆烤肉工具，欲望的想像力會讓我們不斷買一些我們不一定需要的東西。欲望波動度高的人，通常想要的太多，衍生出太多「不必要」，這些不必要的需要，不斷吞食掉收入，結果永遠存不了投資本金，達不到理財目標。

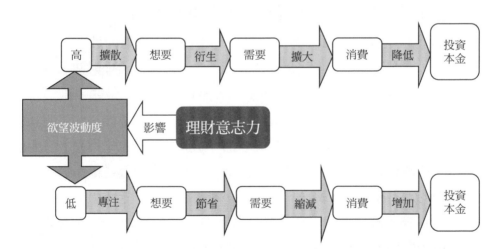

22K小資男女的生活消費支出和「欲望波動度」相關，欲望波動度高的小資族靈魂始終不安定，在自己還不富有的時候已經不斷擴散自己想要的，一下子想買房子，一下想買車子，一下又想要豪華旅行，還沒賺到錢就已經在想像一千種消費的方法來犒賞自己，不斷地擴大消費，使金錢不

斷流出，造成整個支出無法掌控。為了控制不當的支出，培養理財意志力相當重要，理財意志力能影響欲望波動度的高低，理財意志力強的人通常能有效降低欲望波動度回歸到知足平淡的生活，一個平淡的生活，能打造出穩定性高的心靈，成功的人多半都是以安定的靈魂專注於目標，進而達成目標。

我很少看到有人在靈魂不安定的情況下，完成他人生的理財目標，小資族無法像生意人那樣大起大落，一下子負債很多，一下子又賺很多錢，領固定死薪水的小資男女，如果無法運用「理財意志力」穩定自己的「欲望波動度」，那麼絕對應付不了太多的意外開銷。因此必須要思考如何不過度依賴金錢，從日常生活當中去降低欲望波動度，正視自己的收入和開銷，找到自己的省錢之道，累積人生的第一桶金。

聰明「規劃族」勝過盲目「亂買族」

消費花錢是理財的敵人嗎？這未必，其實真正理財的敵人是「找不到自己」，尤其是找不到自己需要的東西，拿小錢這個沒理財觀念的小資男來說，他曾認為自己是個烹飪高手，於是買了電鍋、炒鍋、碗筷、餐桌，一切備齊之後，小錢的確認真地煮過幾回飯，不過煮出來的東西真的太難吃了，於是又開始回到外食族的生活，至於他買的家電用品，只能放著不用，最後有的送人，有的當二手傢俱賠錢賣。像小錢這樣不瞭解自己亂買東西的人不在少數。每一年百貨公司的週年慶，一定會引來一些不瞭解自己的瘋狂「亂買族」，這些亂買族都會想：如果週年慶特價優惠不買，就會錯失良機，就會買不到物美價廉的商品了。是這樣嗎？

當小資族投身進入亂買族，他們唯一會想到的就是搶便宜，很少會去想到這些廉價品，究竟有沒有需要？究竟用不用得到？如果能用，一年會用幾次？如果不用該如何處理掉？當百貨公司與大賣場週年慶來臨時，亂買族急著擠破頭去搶第一炷頭香，從來沒想過規劃屬於自己的週年慶。

一個懂得用錢的小資族，他們會成為「規劃族」每年會提前計畫自己週年慶要購買的商品，這些商品通常會經過「需不需要」、「使用頻率」、「價位」三個思考來決定要不要買。一般來說，亂買族買東西是先看價位，只要便宜就搶著買，買到之後，才發現買太多用不到，「規劃族」不同，他們的消費思考順序。最先考慮是需不需要。

比如如說現在有家3C賣場推出一個週年慶活動。

※活動內容：原價15000元智慧型手機，8月8日開放1元競標。

如果預估這支手機最低可用6000元標到，你覺得該不該買？

亂買族會說：「買啊！這麼便宜當然要買？」

規劃族會說：「這支手機用得到嗎？值得花6000元嗎？」

這兩族的差別，再於對於價位的看法不同，亂買族認為15000元智慧型手機用6000元買到相當值得，但是規劃族卻認為，6000元買來的東西如果用不到，這6000元可能一點價值也沒有。

規劃族如果決定買東西，通常要經過一段時間考慮之後才會行動，以22K小資女曉馥來說，她買的筆記型電腦，是她考慮了一年的結果，她的考慮點很簡單，除了工作報告需要打字處理之外，她還有在職進修的碩士班報告需要完成，買一台筆型電腦，比買一台平板電腦來的有價值，雖然平板電腦很方便，也比筆記型電腦便宜，但是要她處理的文書作業實在太多，平板電腦處理不來，手機那更不能用來打報告，如果筆記型電腦兼具平板、通話、與打字寫報告多樣功能，對曉馥來說，這台筆記型電腦買得才有價值，曉馥確定自己「需要」筆記型電腦之外，也確認筆記型電腦的使用「頻率」之後，接下來是如何用物超所值的價格買到她需要的筆記型電腦，為了買到滿意的電腦，曉馥開始留意3C大賣場，為了促銷新機種，所舉辦的一元競標活動。這些促銷的新機種，配備不但是最新也是最齊全的，廠商為了促銷這樣的機種，都會請SHOW GIRL在賣場現場以一元競標的方式，炒熱賣場氣氛。曉馥就是這樣的方式，以一萬多元標到兩

萬多元全新機種的筆記型電腦。

　　像曉馥這樣的規劃族，買自己最需要的東西，通常會提前在半年前開始，列出購買清單，做為週年慶優惠採買的參考依據。清單裡的商品也許是一個筆電、一套保養品、一件很美的大衣……，不管想買什麼，曉馥一開始會盡情放縱自己的購買欲望，天馬行空亂想，把自己想要的東西全部都列入購買清單裡。之後曉馥每個月看一下那些購買清單，結果出現了戲劇化的刪減效果，曉馥原先月初列出的「想要」購買的東西項目多達二十項，可是到了月底只剩下五項「需要」購買的東西。三個月之後她想購買的東西只剩下三項，等到週年慶來臨時，她的清單只有兩個購買項目是真的需要購買的。

　　一般亂買族去了百貨公司，見什麼要什麼，只要便宜就搶著買，如果亂買族能學規劃族的週年慶購物清單的方法，而且必須嚴格執行購買計畫，要求自己絕對不碰不在購物清單上的東西。如此一來，亂買族才能完全消除貪小便宜的習慣，真正掌握屬於自己的週年慶，不會再因為一場週年慶的折扣誘惑而花錢囤積不能用的物品當垃圾，這樣才不會從亂買族變成「月光族」。

優質小資族，抓住附加價值享受人生

　　我曾問過小資族一個問題。

　　※如果山寨與正牌產品功能一樣，價格只有一半，你會選哪個？

　　小資男（小錢）的回答是：「當然買山寨版，反正功能一樣。」

　　小資女（曉馥）的回答是：「山寨版產品有附帶保固嗎？好用嗎？」

　　曉馥買東西想的是產品是否有長期優質的表現，但是小錢想的卻是短期功能的滿足，小錢看起來似乎比曉馥少了一點優質品味。曉馥很懂得享受優質產品帶給她的樂趣，她買的很多東西可以讓她用十年都沒問題。仔細觀察小錢和曉馥所擁有的東西，可以看出小錢的東西比曉馥多更多，

而且小錢購物的頻率比曉馥高。沒有錯，越是像小錢這樣貧窮性格的人越愛購物，因為小錢在購物中才能享受當有錢人的滿足。但小錢這麼愛購物，實際上手頭並不寬裕，該怎麼辦呢？那就是拼命找便宜又大碗的東西來購買，這也就是為什麼山寨劣質品，深受小錢這類亂買族歡迎而擁有廣大市場的原因。

曉馥不排斥使用廉價品，許多東西特別是一些消耗性的、一次性的、用完即丟的商品，曉馥認為這些東西買廉價品還算可以。不過，曉馥認為生活上有許多東西是值得貴的，像是一雙好的女鞋、一件材質品味很好的衣服、一個可以使用好幾年的皮包、一支可以使用十多年的女錶等。曉馥思考過，許多商品貴有貴的道理，曉馥喜歡找出一件商品貴的原因，也許貴的原因是耐用、好看或者可以增值，不管是什麼原因，一定有它的道理。例如說，一雙好的女鞋，可以減少曉馥的腳跟每天走路所受到的傷害，保護健康；一件質料好的衣服，可以讓曉馥非常舒適地出席正式的場合；一個百元包包可能三天兩頭就要換掉，可是好的包包則是可以使用多年，依然堅固耐用不退流行，因此對曉馥來說，多花一點錢購買好的包包絕對是更划算的。好的東西不容易像垃圾一樣被淘汰，也不會因為經常損壞而頻繁更換，曉馥清楚的知道，便宜劣質品變動和更換的頻率太高，相對購買頻率也會升高，這不只是物資的浪費，也是金錢的浪費。

許多昂貴的優質商品，存在的不只是價格，而是它的附加價值，附加價值怎麼計算呢？

曉馥有一個商品購買實驗，可以提供諸位小資男女參考：

購買商品	附加價值計算
路邊攤一雙拖鞋20元，穿了二十天。	每天用掉（20/20）＝1元
真皮拖鞋一雙1000元，穿了十年。	每天用掉（1000/3650）＝0.27元
路邊攤VS真皮拖鞋	（1/0.27）＝3.7倍

　　從曉馥的購買商品實驗中，我們可以看出，路邊攤拖鞋雖然很便宜，但是實際一天消耗金錢的數量，是真皮拖鞋的3.7倍，換句話說真皮拖鞋附加價值高於路邊攤拖鞋很多，真皮拖鞋比路邊攤一天多省下0.73元，十年下來可節省2664.5元，而且請注意！！曉馥的真皮拖鞋到現在還好好的，如果它的使用壽命繼續增加，附加價值相對也會越來越高，這樣看來，品質和附加價值，如果能夠和實際生活需求結合，帶來的效益，必然大過於商品的帳面價格。

　　雖然小資族都要省錢存本金做投資，但真正的省錢，應該是像曉馥一樣更全面地想到物品真正的價值，而不是追逐廉價商品的「價格」。對懂得理財的曉馥來說，不好的東西她寧可不買，如果真的要買，曉馥會選擇慢慢存錢去買一個真正好的商品。貴的東西不代表浪費，重要的是貴得有沒有價值，以及用的人能不能好好愛惜物命，讓買來的東西充分發揮它的時間價值。

　　對曉馥來說，買東西並不一定非名牌不可，很多小品牌雖然知名度不高，但品質並不一定比大品牌來得差，重點在買來的東西適不適合自己，曉馥對於擁有名牌的人並不特別羨慕。像是Chanel一雙高跟鞋定價兩萬多元，對曉馥來說還未必買不起，只是曉馥買鞋的考慮點除了耐穿之外，鞋子的特色適合自己的性格，也是她考慮的點。曉馥深刻地了解到東西最大的價值就是非常地耐用，勝過不斷購買又淘汰的劣質品。曉馥知道她需要一個好的皮包、一雙好的鞋子，但不需要擁有一堆名牌包包和鞋子，因為那是浪費而非品味。

消減「貪便宜」花費

曉馥選擇在台南工作，主要是相對於台北來說，台南生活費便宜許多。像她的朋友Sylvia 在台北初出社會，跟她一樣都是社會新鮮人，雖然說台北市薪水比較高沒錯，但是也沒有高多少，大概多個兩、三千元，但不一定過得很好。 台南與台北的物價有一定的差距。Sylvia 在台北吃一個好一點的便當要80元，如果要加杯飲料或喝碗湯，一餐一百多就沒了，意思是在台北吃一餐就花掉一小時工錢！喝一杯便宜咖啡45元要用掉半小時的工錢。早餐39元叫便宜，除非你願意每天都吃10～15元不加蛋的白饅頭。就算是自己做菜吃，三餐都吃白饅頭，再怎麼省一天150元的花費是跑不掉的。還有朋友、同事聚餐每一次通常要400~500元左右。另外還有房租，台北市的房租一般而言一個月6000元為基本開銷，要住好一點，方便一點，則8000元跑不掉，大約佔掉薪資的30%左右。

對於像曉馥、小錢、Sylvia這類剛出社會的年輕人來說，小心花錢、用心存錢比投資理財還要重要。一般年輕人都認為自己還年輕，退休對他們來說很遙遠，所以他們存錢的意願很低，年輕人開始上班領薪水，口袋有點錢，就什麼都想買，很難把錢存下來。當我跟小錢、Sylvia聊天時發現，他們看到好看的衣服、鞋子就想買，偶爾朋友聚餐一下，薪水就減了不少。一個月下來不透支已經不錯了，怎麼可能五年存一百萬。如今的新鮮人維持生活開銷就很困難了，說什麼投資理財賺百萬，對他們來說真的太遙遠。但是還是有像曉馥這樣的社會新鮮人，每個月從薪水拿出一定的金額做投資，相信幾十年後，曉馥的退休金就會變得與別人不一樣。無論

曉馥現在領的是22K還是更多，大環境景氣是好還是不好，曉馥聰明的理財規劃，對她往後生活大有幫助。

曉馥控制開銷，也就是「收入—支出（食、衣、住、行、育樂）=12000元」，曉馥運用花錢的智慧，讓她每個月存下12000元，這些存下來的錢才是曉馥真正賺到的。在曉馥的存錢觀念中，用記流水帳的方式，把所有的支出記錄下來，為的不是要省錢，而是要知道怎麼花錢，從食、衣、住、行、育樂這些花錢的方向來看，曉馥看到了自己的欲望，有時候自己「想要」的東西，未必是「必要」的東西，比如說想要名牌包，這未必是她現在必要的東西。還有些日常「需要」，也可能是一種浪費，比如說大賣場特價商品，看起來每天需要的衛生紙，有需要一次買十大包用好幾年用不完，有些衛生紙還會因為潮濕而不能用。曉馥的記帳方法，是從帳簿中，找出自己「貪小便宜」與「沒必要」花費，從這些花費中警惕自己下次忍不住想花錢的時候，想一想這筆錢是貪小便宜呢？還是沒必要呢？如果有其他的花費替代方案。是不是可以有更好的花錢方法。

以Sylvia這個離鄉背井剛到台北工作的上班族為例，每個月薪水沒有低到22K那麼慘，最起碼還有個27K。Sylvia固定的開銷，除了跟室友合租雅房的房租，共同分攤的水電、瓦斯、網路、第四台，本身自己的伙食費、搭公車捷運上班的交通費，再加上手機電話費，都是免不了的開銷，假設在這種很難節省的情況下，每天Sylvia都還得非要喝一杯一百多元的咖啡這個支出，我們把它歸類為「沒必要」花費，自己知道節制少喝幾杯，或是偶爾以白開水代替，就能每個月省下不少錢。還有特價的服裝或食物，有時大量的買入，可以把它列為「貪小便宜」的花費。

當我們了解自己沒有辦法存錢的弱點之後，接下來是針對自己的弱點改進。比如說，你喜歡把錢花在咖啡、茶、酒這類刺激性飲料，這個時候，如果你無法一時戒掉這些飲料，不如跟自己約定，大概存到多少錢之後，再去喝這些飲料。這樣一來就有了存錢的動力，二來也能慢慢戒掉這

些影響身體健康的飲料。

　　存了錢之後，並不是把所有存下來的錢，都拿去投資。在台南工作的曉馥一個月存下12000元，投資的錢其實只有三分之二，其中三分之一是備用存款。換句話說她有八千元是準備投資的，這八千元有3000元買基金。曉馥的並沒有把8000元投資本金，完全投入市場，因為有時基金淨值跌太快，全部資金投入反而會侵蝕投資本金，她寧可保有現金，並在適當的低點再投入。她每個月8000元的可用投資本金，有4000元隨時在帳戶內等待時機進場，真正每月定期定額投資的金額只有4000元。當她每個月4000元定時投資基金5年之後，獲利20%後就賣掉，這時候她的投資本金加獲利為28萬8000元（4000*60*1.2），將28萬8000元/60＝4800元，也就是5年之後除了原本投資的4000元外，再拿出4800元去投資定期定額基金（此時每個月就變成投資9,800元），如此不斷地獲利再滾入，越滾越多，五年後存下百萬，不是難事。

小資消費原則

　　買東西省錢，不是摳門，也不是虐待自己，生活品質才是重點。很多小資男女，為了省錢，每天吃泡麵度日，不然就吃饅頭配白開水，這種生活，就怕營養不良，只怕錢沒存到，先到醫院吊點滴，等於是存錢給醫生花。健康的省錢觀念，是懂得「花錢」，把一塊錢當兩塊錢花。我曾遇過一個很會花錢的業務人員，他運用花錢的技巧省錢。不同於一般小資族的摳門省錢法。他的省錢祕訣，不是把錢抓在手中，相反地，他是把錢有效地用出去，比如說一千元以上的消費，他規定自己一定得刷卡付費累積更多的紅利點數，轉換成機票的折扣與升等優惠。由業務關係，他平均一個月得搭上十趟飛機往返全台各地，仔細算一下，這名業務人員的紅利點數兌換價值，光從經濟艙升等商務艙，票價就賺了將近一倍，對這位業務人員來說，省錢卻浪費時間，反而是賠錢。對他而言時間省更多，他賺到

的工作機會也就越多。還有，由於他從經濟艙升等商務艙，可以到航空公司貴賓室候機，享用免費的飲料與點心，省下早、午餐的錢。這種省錢法不但不虐待自己，還能讓自己享受到好的服務。精采的還在後頭，由於業務關係，這位業務人員打電話聯絡客戶的次數太過頻繁，每個月電話都超過5000元，讓他荷包縮水不少，一般人都認為少用電話聯絡，就能節省通話費。不過，這位業務人員不怎麼想，他反而認為要多打電話，才能節省電話費，賺到客戶的錢，他的方法是辦了中華電信、亞太通訊、台灣大哥大、威寶、遠傳五個門號，這五個門號打給不同電信的客戶，利用撥打網內、網外可享的優惠，縮減費率，省下一筆可觀的通話費用，現在他的通信費用大概在一千元左右。

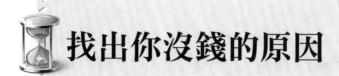

找出你沒錢的原因

　　在台中工作的小錢，跟我說存錢很難，一個月薪水才22K，怎麼存錢？奇怪的是在台南工作的曉馥也是22K，她卻能一年存14萬4千。到底小錢存不了錢的原因在哪裡？根據我的觀察，原因出在消費上，小錢的消費習慣屬於感性消費，花錢跟著感覺走，所以花錢如流水。曉馥屬於理性消費，一點一滴小心花。曉馥會將日常的花用記帳，並分析自己消費和支出，是不是太過感性。透過記帳曉馥才不會像小錢一樣迷糊到記不得自己花了多少錢，記帳也讓曉馥感覺到金錢的珍貴與得來不易，並從中知道自己要如何運用存摺中的存款，設定自己的投資標的。

　　我建議小錢有空可以拿起紙筆開始記帳，在單子上列出平日的金錢流向，找出錢不見的原因。也可以在自己的電腦上，開一個excell檔案把衣食住行育樂以及助學貸款這類負債，全部分門別類，把它分好，然後每天記帳，記帳最怕沒耐心，也怕太仔細，連丟了一元這類瑣事也記帳，這反而會讓記帳的人變成守財奴，記帳最主要的目的，是反省自己消費哪裡出了問題，這才是記帳最重要的地方。

　　理財有道的曉馥記帳的重點是簡潔明白即可。她的「簡明記帳法」是在excell檔案標上食、衣、住、行、育、樂、其他等七大類，把每天購物拿到的統一發票或收據一一丟進類別中，到月底結算，大約三個月後曉馥歸納出自己的消費習慣之後，然後在每個月五日發薪水時，她會針對自己的消費習慣先把每個月各類別的平均開銷，先挪出來，其餘變成她的理財本金。曉馥消費有個好習慣，就是購物時選擇能開立收據或發票的商

店，以便她每次都可以查帳，目前財政部有電子發票的服務，曉馥覺得這個服務很方便，她可以把每個月支出條列出來每月結算一次，即可概略抓出自己的支出情況，再扣掉薪資所得，檢查自己是否仍有餘額，或已經透支。

22K小資男女，要讓自己的財務步上軌道，達到五年存一百萬的目標，光計帳是不夠的，記帳頂多讓各項費用和收入留下記錄檢查，看看自己的消費弱點，這種記帳方法沒有控制和管理的功能，所以要進一步讓記帳變成累積財富的工具，必須學會編列資產負債預算表。編列一份完善可行的個人收支預算表，其實很簡單，只要兩個公式即可算出1～5年的可用投資本金，這兩個公式是：

資產－負債＝淨值
淨值－變動支出＝投資本金

案例：曉馥一年的簡明資產負債表……
264000（每月現金薪資22000*12）－42000（每月房租3500*12月）＝222000（淨值）
222000－78000（每月變動支出6500*12）＝144000（投資本金）
◎檢視投資金運用比例
144000（年投資本）＝存款（10%）＋現金（10%）＋動產（80%）
78000（年變動支出）＝食（35%）＋衣（10%）＋住（20%）＋行（5%）＋育（10%）＋樂（20%）
以曉馥的例子來說，她會列一張財產表，把自己的存款、現金、動產（例如基金、股票、外幣存款各類金融投資等）列出大概總額。再列出負債表，所謂負債，便是指所有欠人家的錢，包括短期負債，以曉馥來說唯一的負債只有房租，如果你有機車貸款、保險費等；這些都算負債，將

資產總值減去負債總值，所得數字即所謂的淨值，這代表自己真正擁有的財力，假如資產負債表的淨值是正數，可以進一步擬出下一年度的理財目標；倘若淨值呈現負數，比如說某些22K小資男女，有助學貸款、機車貸款，這些貸款加起來大於他所擁有的資產，這個時候，可以先理債再理財，「資產負債表」是衡量財務狀況的最佳指標。從這些指標可以看出自己，該如何控制預算來理財或理債。

淨值算出來之後，再將記帳的收支款項加以細分並且歸類，按月份將總額算出來，以一年十二個月為單位，統計出全年收支。從全年收支看看自己有沒有過度集中在同一類消費的情形，或者存太多錢沒投資。最後依據帳面資料調整自己的支出與投資比例。

一份確實可行的預算表應該包括四項要素：資產、負債、支出及收入，從這四項要素我們可以用來控制自己的金錢流量。比如說曉馥的現金存款比例很低，動產比例過高，萬一急需要用錢，她就必須賣點動產籌錢，萬一動產投資的報酬率是負的，為了用錢把動產賣掉，這反而讓曉馥虧損。相反地，如果曉馥有足夠的現金存款，她的投資期間就可以拉長，也比較不會在虧損情況下賣出動產。

曉馥在開始工作的一兩年知道儲蓄是根本，也是他當時最需要的投資理財工具，把錢存在銀行的投資理財方式，有一定要注意的地方，不同的存錢種類，利息收益大不同。為了存下第一桶投資資金，曉馥瞭解各個不同儲蓄種類的特點，從這些特點中，曉馥選出最適合自己情況的儲蓄種類，合理運用，讓儲蓄幫她賺更多的利息。銀行存錢儲蓄種類分為整存整付、零存整付、存本取息、整存零付、活期綜合存款。

整存整付存款，為一次存入本金，到期一次支取本金和利息的一種儲蓄方式。這種方式是用於年終時候，如果有一筆額外的年終獎金，可整批存入，做為未來支應的基金。

零存整付存款，是每月分批存入本金，到期一次支取本金和利息的

　　種儲蓄方式，這種儲蓄有利於強制儲蓄，是累積投資資金很好的方式，曉馥這個領22K固定薪水的上班族，喜歡運用零存整付的方式累積資產，零存整付的好處是可以享受定存利率，但卻不會有資金被鎖死的情形；領固定薪水的曉馥，每個定期定額存錢的意義，即使收益較低，但1.3%左右的定存利率（如各定存利率表所示），其實還是不無小補。

銀行	活期利率	活期儲蓄利率	1年（%）	2年（%）	3年（%）
萬泰	0.170	0.330	1.380	1.405	1.440
遠東	0.150	0.200	1.365	1.400	1.425
富邦	0.170	0.250	1.365	1.400	1.425
國泰	0.170	0.290	1.360	1.390	1.400
土銀	0.170	0.330	1.360	1.400	1.430
中小企銀	0.170	0.320	1.360	1.390	1.410
合庫	0.170	0.330	1.360	1.400	1.425
聯邦	0.160	0.280	1.360	1.400	1.425
彰銀	0.170	0.320	1.360	1.390	1.400
高雄	0.170	0.240	1.360	1.400	1.450
日盛	0.160	0.300	1.355	1.390	1.400
台灣	0.170	0.330	1.355	1.400	1.425
一銀	0.170	0.320	1.355	1.390	1.390
台新	0.170	0.270	1.355	1.390	1.400
玉山	0.170	0.260	1.355	1.390	1.400
新光	0.170	0.300	1.355	1.390	1.400
大眾	0.170	0.260	1.350	1.405	1.440
永豐	0.170	0.300	1.350	1.390	1.420
華南	0.170	0.320	1.345	1.370	1.370
台中	0.130	0.270	1.345	1.370	1.370

陽信	0.060	0.170	1.335	1.365	1.395
京城	0.130	0.240	1.330	1.390	1.490
安泰	0.130	0.220	1.320	1.350	1.380
匯豐	0.020	-	1.320	1.320	1.320
上海	0.170	0.280	1.310	1.330	1.340
兆豐	0.170	0.330	1.300	1.370	1.390
板信	0.120	0.230	1.300	1.340	1.340
稻江	0.160	0.230	1.300	1.350	1.385
農庫	0.170	0.310	1.280	1.355	1.365
華泰	0.120	0.220	1.250	1.320	1.320
荷銀	0.100	-	1.000	1.000	1.000
中信	0.100	0.200	0.900	0.995	1.020
慶豐	0.150	0.250	0.770	0.825	0.850
花旗	0.100	0.150	0.750	0.800	0.850
渣打	0.010	0.020	0.700	1.200	1.200
郵局	0.170	0.310	-	-	-

　　曉馥認為要選擇這種定存模式，主要是必須先了解自己的資金配置，如果領固定薪水的上班族，身上也沒有貸款負擔，十年後有結婚或是旅遊的打算，選擇零存整付，一點一滴累積存款，比放在活存的效果好得多；但如果是上有高堂下有妻小要養，又有車貸、房貸，每個月的薪資剩餘不多，便不適合採取她這種方式定存。

　　曉馥在瞭解各種儲蓄運用的方法之後，根據自己日常支出情況，估算出多餘的錢，將這些錢選擇合適的儲蓄種類來處理。通常像是獎金、或投資獲利所得之類一大筆錢暫時不用，但又不確定什麼時候用，曉馥選擇「**整存零付**」的方式儲蓄存款。整存零付是一次先存入一大筆金額，再按月領取本金加利息。這種存款方式適合退休人員。

曉馥零存整付的存期分一年、二年、三年，存款金額由儲戶自定，每月存入一次，到期支取本息，其利息計算方法與整存整付定期儲蓄存款計息方法一致。中途如有漏存，應在次月補齊。零存整付可以說是一種強制自己存款的方法，曉馥認為像她這一類的22K上班族去開一個零存整付，養成存錢的好習慣之後，可讓自己的消費需求減低，專心存錢。

保險儲蓄法也是一個不錯的保守型理財工具，假如你月收入有22K，減去正常開銷可以存五千元，其中兩千元用來購買分紅保險。保險可以根據自己的實際情況選擇三年期、五年期、十年期或二十年，前二十年（或六十歲以後）每兩年返還本金為保額的8%，第二十一年起每年5%，直至終身。另有紅利分配，每年根據資金運作狀況分派紅利，水漲船高。你可以部分提取本金的紅利金。如果本金和紅利金你沒去領取，則轉為累積生息，每年以3%的複利計算，萬一急需錢用，你可以一次全部取走本金和紅利金，還可以拿保單向保險公司貸款。

定存外幣，未來也可能成為22K小資族理財投資的選項，外幣高利定存，不僅能鎖住高利率，還有機會賺匯差；近期多家大型銀行不惜成本、推出一年期利率達超過2%的外幣高利定存，利息比多數外幣豐厚。外幣開戶存款除了存款最低金額限制外不收任何手續費。但是要先在開戶銀行有台幣帳戶，才能開立外幣帳戶，多數銀行要求100美元的外幣開戶存款，如果外幣存款中途解約，比照台幣定存辦理，中途解約，存款利息會打八折。要注意，若是階梯式定存，前兩個月或前幾階利率原本就比較低，打折後可能比活存利息更不如。所以真要存錢，先計算好自己的多餘資金可以擺多久，有多少生活資金可以供應自己，這樣才不會在定存之後，因為急需用錢而放棄定存利息。

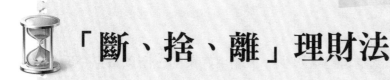

「斷、捨、離」理財法

　　省錢不是為了當守財奴，死守錢財不用。而是從省錢小細節中，找出自己賺錢的機會。通常一般人買東西很隨性，想到就買，買了之後不一定會用，用不到又不捨得丟，久而久之自己的家，變成了垃圾堆積廢棄場。你是不是有印象一個畫面，一名女孩走到房間拿衣服，突然「啊！」的慘叫一聲。她的男朋友，趕緊跑進房間一看，結果看到自己的女朋友，被一堆衣服壓住，整個人埋在衣服堆裡。女孩從一堆衣服探頭出來，又被另外一件衣服打到頭。當男孩子幫這個女孩收拾衣櫃的時候，男孩子嫌女孩子的東西太多了，女孩子卻說，是衣櫃太小了，不是東西太多了。這是一個廣告的片段，很多小資族會像這個女孩子一樣，老是在家裡堆積了一堆東西。這種隨性買，不捨得丟的購物習慣，如果帶到金融市場投資，必然是慘賠收場。為什麼？試想，如果你很隨興買下一個投資標的多年之後，依然賠錢，這時你還捨不得賣，一直堆積在你的帳戶，久而久之就會不斷地拖垮你的投資信心。

　　為了幫人脫離這種對金錢物慾難捨、難斷的束縛，日本作家山下英子，曾在日本提倡獨特的「斷捨離」行為技術，幫助人「斷」絕膨脹的物慾，「捨」去不必要的購買浪費，脫「離」物慾牽制的煩惱。這套思考技術，對22K小資族來說是一套節省開銷的思考方法，小資族可以從斷捨離行為技術中，發現自己的浪費，並體會出理財投資的方法。

　　斷捨離淘汰雜物的想法，不是說這東西丟掉好可惜，而是問自己，這東西適合現在的我嗎？這跟理財投資一樣，淘汰投資標的，不是問自己

損失多少。

　　很多小資族都認為自己薪水少，不配用好東西，所以拿了一堆免費或者很便宜的東西，堆在家裡。小資族這種自卑感，如果用到投資上，通常會去投資一些看起來很便宜的投資標的，其實這些投資標的，不一定能賺錢，搞不好還是一堆賠錢貨，這些賠錢貨，到最後只能忍痛殺出。

　　如果想要斷絕購買浪費的習慣，首先在買東西之前，先問自己，現在的「我」會不會用，能用到多少的量，有些人在商店猛拿免洗筷，用不到幾雙，結果多的變成垃圾，不但浪費資源，還在家中堆積了煩人的雜物，一點好處都沒有。何不嚴選出品質好的東西，常常用它，不但用得愉快，也不會浪費資源。

　　斷捨離嚴選物品的方法，不是以物品當主角，來問自己說：「東西還能用就繼續用」而是以現在的「我」當主角，問自己「這東西能讓我用得安全又快樂嗎？」藉由這樣自問自答，選出適合自己的物品，就像選擇自己的死黨一樣，只有跟自己個性相合的朋友，才能留下來。懂得留下「好東西」用的人，不會留下一些「劣質品」堆滿屋子，牽絆自己的生活。這種留下好東西用的態度，跟投資理財的觀念一樣，成功的理財投資者會留下賺錢的投資標的（好東西），增值財富。不好的投資者會捨不得丟掉賠錢標的（劣質品），讓財富縮水。

　　有很多人認為把一屋子的垃圾清理掉，就是斷捨離處理物品的法則，其實這個概念不太正確，斷捨離處理物品的法則，是利用減法來清理物品，一般人都是用加法來處理物品，丟不掉的東西，拼命塞在看不見的地方，塞不下就再加買一個收納櫃來放，這種清除物品的方法，治標不治本。從減法來處理雜物的觀念，跟我們存錢投資一樣，存錢是「減掉」浪費的物資。投資是減掉賠錢的標的。通常投資者投資失敗的原因，常是因為減不掉對投資標的的依戀。

　　小資男女練習存錢理財術，可從整理自己帳戶開始，先「斷」掉賺

不到錢，投資失利的痛苦回憶，重新提起精神整理自己理財帳戶，然後「捨」棄對過去投資標的的依戀，最後才有脫「離」貧窮的希望。

　　小資族想要用斷捨離行為技術，在五年存一百萬，不是放在銀行就能達到目標。而是要先從「斷」掉不必要浪費開始，打下投資基礎。然後用刪去法，「捨」去不好的購買習慣以及糟糕的投資標的，脫「離」投資失敗的悲哀，相信這樣五年理財達到一百萬的目標並不困難。

阿爾卑斯山礦泉水理財法

　　阿爾卑斯山的礦泉水，大家多少聽過，不過很少人知道，銷售到全世界阿爾卑斯山瓶裝礦泉水，是山上「多餘」的泉水，由於阿爾卑斯山的礦泉水非常珍貴，當地政府規定，只有在阿爾卑斯山礦泉水比一般水位多出來的礦泉水，才能汲取使用。這跟我們投資理財有什麼關係？其實很有關係，我們辛苦工作所存下來的錢，就像阿爾卑斯山的礦泉水一樣珍貴，不能一下子把它全部汲取出來拿去投資，這等於是把自己辛苦存下的寶山，一次毀滅掉。小資族好不容易存下第一筆錢，如果貿然投資，不但賺不到第一桶金，說不定還會倒賠一桶金。

　　我認識一名優秀的年輕人叫小吉（化名），當時他的薪水也只有22K，不過他兩年內存了二十萬，說來也真不簡單，後來他開始計畫要好好利用這筆錢。小吉想到朋友曾分享自己投資基金的成功經驗，因此，他考慮新的一年理財大計就從購買共同基金著手。這時卻聽到公司傳出可能將放無薪假的消息，原本就賺得少的小吉一方面擔心年終獎金成泡影，更害怕萬一真的放無薪假，恐怕就得喝西北風。向來很有危機意識的小吉，在考慮投資前，也思索手邊的20萬元是不是要留一部分作為生活預備金。

　　小吉不免擔心這時候進場投資，是不是一種自殺行為，會不會讓自己好不容易省下來的儲蓄都平白損失了。如果要做投資，是一口氣把20萬元都投入，還是要分批進場？如果要分批進場，是不是還要選時機？該怎麼挑選最佳的時機點呢？光想到這些問題，小吉就頭大，心想乾脆存死薪水，免得投資失敗。從理財的角度來看，小吉在投資前應該先幫自己規

劃一筆緊急預備金，作為未來臨時支出運用。「多餘」的錢才拿出來投資才是比較恰當的，這就像阿爾卑斯山的礦泉水，不能一次取光，只有在生活費還充足的情況下，多餘的金錢就適合拿來投資。

不同於小吉的理財觀念，小資男齊齊（化名）就比小吉積極許多，齊齊在出社會擔任作業員時，就知道光是靠每個月2、3萬元的薪水，恐怕很難達到五年內累積百萬資金的心願。腦筋動得快的他，從領到第一個月的薪水就開始投資，他碰巧在2008年金融海嘯股市低檔之際進場，光是股票、基金等投資，三年內將資產擴增到90萬元。他覺得自己還不到30歲，可承受高風險，因此90萬元的資金幾乎全數都是股票、基金等高風險性資產。2009及2010年股市從谷底鹹魚翻身，齊齊在多頭走勢時是滿手的高風險股票、基金。不過，2011年台股萬點眼看就在咫尺，齊齊滿手高風險股票基金，當股票從9200急殺往下，齊齊不信邪，抱著持股不放，沒料到2011年3月日本311大地震，台股一度跌至8000點，頓時千點績效瞬間蒸發，他因為壓力太大，終於認賠殺出，這一虧就是40餘萬元，讓他心疼不已。經過大虧之後，齊齊有一段時間偏向保守操作，僅將現有的50萬元左右的資金拿出15萬元交易股票，10萬元作為每個月扣除3000元的台股基金的本金。

從齊齊的投資方法，可以看出不能把投資當成賭博，一次梭哈。存款像阿爾卑斯山礦泉水，必須時時保有充足的泉水「財水」，只有充足的資金，才能在下一次機會來時，讓資金變大。齊齊慢慢懂得這個道理，現在的他，並不會把所有存款拿去投資，而是將50萬的存款，保有一半的閒置資金，讓他的阿爾卑斯山「財水」不枯竭等待下一個投資機會。所以在開始著手進行理財計畫時，你可先問問自己，你屬於哪一種投資規劃，分析自己的個性、經濟狀況和各種資源。每個人的理財背景皆不相同，唯有充分的了解自我，才能訂出理想的理財策略。以前面提到的小吉來說，他的投資方式不能像齊齊那樣大起大落，最好可先從債券型基金這類波動

率比較小的標的開始投資起，此外，小吉可選擇小額的共同基金來投資，不但不會造成壓力，反而可從中得到樂趣與利潤。個人理財如同阿爾卑斯山一樣，必須獨立於人間之外，保有飽滿的泉水（財水），才有好的泉水進入社會。

小資族進行投資之前，可製作一份個人的資產負債表。這個表格可以讓人知道，你要花多少時間跟金錢還掉負債，又要用多久時間擁有一定的資產。

現在假設你的助學貸款是30萬，就得先把你的資產減掉這30萬，剩下的才是你的淨資產。如果你的資產（10萬）─負債（30萬）＝－20萬，即代表你的淨資產是負債，那你就必須先想想，如何讓資產膨脹，讓負債減少。資產負債表分為資產、負債與淨資產三大部分。資產是你擁有的有形財產，包括現金、存款、股票、外幣、基金等等。負債則包括助學貸款、機車貸款、汽車貸款……這類每月必須付出的金錢，資產減掉負債所得到的數字就是淨資產，小資族可利用這一部分的淨資產來理財，理財首要步驟先設定財務目標，財務目標可分為短、中、長期三個階段。短期目標是五年內的理財方針；中期目標設定在十年左右；長期目標則通常以十～十五年為基準。設定財務目標要將目標數字化，財務目標並非一成不變，必須隨著個人的財務狀況進行調整。

在衡量自己的財務狀況與日後的潛力之後，訂定了一年內以股票與共同基金理財賺取5～10萬元比較合理，隨著社會資歷與薪水的調漲，可以慢慢把財務目標的數字加大。最好能具體一點，比如說五年內先達到百萬目標，二十年後達到千萬目標。設定理財目標之後是評估個人的支出與收入，個人的收入減去支出再加上淨資產，就是個人可動用的理財本金。

除了資產負債表，了解自己預備花多少時間還掉負債，增加資產之外，另外個人損益表也是分析自己財務弱點的工具之一，個人損益表是記錄一段時間內各種收支狀況的表格，可顯示出金錢的流進、流出的數量，

損益表由收入、支出和餘額三要素組成。個人損益大都以一個月為單位製作，因為小資族大多領取月薪，且大部分開銷也以月為單位，如水電費、電話費、信用卡費等。 收入減去支出而得的餘額，餘額如果為正數，表示這段期間收入大於支出，可將餘額運用在儲蓄、投資理財上；反之則表示開銷大於收入，必須舉債，也就是借錢過日子，這會讓自己的資產負債表中有過大的負債，令資產縮水。為了不讓自己的負債過於龐大，小資族不但要在支出上減少，增加現金部位，每個月定期打消負債，還要定期將現金流入適合的理財工具，擴大資產部位。

如果以五年累積100萬為目標，有些人靠期貨高風險投資，在三年達到100萬的目標，但是也可能在達到100萬目標的兩年後，虧損百分之五十，剩下50萬元本金。這比那個乖乖用外幣定存、買少數基金、買少數股票的人投資報酬率還低。投資最忌諱心浮氣躁，市場價格的波動高高低低，瞬息萬變，追高殺低到頭來非但沒有賺到錢，甚至還導致整個理財計畫宣告失敗。所以，要記得投資時不要太過自大，以為自己是投資之神，就算是巴菲特這類被奉為投資之神的人，都承認自己也有看錯的時候，何況是你我。五年投資累積百萬的投資是以時間降低市場風險的投資過程，在這過程中必須檢討自己投資的得失，看看自己的理財計畫，仔細檢討整個理財計畫的漏洞在哪裡，如此個人理財的策略與技巧才能更上一層樓。

你有阿爾卑斯山的理財智慧嗎？

理財智慧，不只是智商高就夠了，情緒管理很重要，前面說到的阿爾卑斯山理財智慧，是一種耐心的累積，等待好的時機投入資本投資。每個人在理財智商並不相同，有些人善於運用金融工具，有些人不懂運用金融工具，不管你懂不懂，耐心等待，是最起碼的理財功夫，真正有理財智商的人，不但懂得運用金融工具，還有耐心等待的情緒智商，商業智商與

情緒智商結合在一起，才是小資族真正的理財智慧。

不管你是定存、投資股票、基金或外幣，錢都該讓它慢慢的流動，慢慢的長大。

財富長大的祕訣大都從生活中磨練出長期理財規劃，會進行長期財務規劃的人，通常會計算自己有多少資產和負債，從資產負債分析每個月的收支狀況。有長期理財規劃的人會提前預算每個月支出多少錢，保留每筆消費收據，計算每個月實際花費與先前預定花多少錢的差距在哪裡，根據這些差距，改進自己的消費習慣，準備最少六個月生活費的現金，因為有充裕的生活準備金，會讓生活沒有後顧之憂，即使在突然失業的情況下，也不會著急工作賺錢。儲備六個月的保障金遇到特殊情況，比如突然家中有人生病，或者出意外時，可以及時支付突然多出的開支和費用。

有了充裕的生活準備金之後，接下來如果有閒錢投資，一定要清楚投資的性質及風險大小，比如說投資一支股票約一萬元，最大容忍的虧損限度是兩千元，這代表賠掉這兩千元不會影響到生活，這種投資態度才是健康的投資態度。相反地如果你把所有的存款十萬元，全部拿去投資股票，雖然看起來好像投資越多賺越多，但是相對來說，投資越多也可能賠越多，**理財目標要達成，關鍵不是能夠賺多少**，而是要問自己能忍受自己賠多少，只有把最壞賠錢狀況算出來的人，才有可能賺錢。

請不要告訴我，天下有穩賺不賠這種事，若是有的話，小資族也就不用苦哈哈地每個月領22K過活，所有的財富都在生活中磨練出來，賠錢、賺錢之間，不是比誰聰明，而是比誰守得住財富。有一次，小錢曾跟我談論到三國時代劉備、孫權、曹操三分天下，誰最守得住財富。

小錢說：「孫權固守江東，是三國時代最守得住財富的人！」

我說：「司馬懿才是最守得住財富的人」

小錢問：「為什麼？」

我回答：「三國爭了半天，最後一統天下卻是司馬懿一家。」

為什麼司馬懿會是最後贏家呢？因為他擅於固守城池，活得越久，他就領得越多，司馬懿的投資財富的方式，不像諸葛亮運用各種聰明手段，攻占城池取得有利地位，司馬懿理財，傾向於先守住財富慢慢壯大自己，然後再投資（攻取）城池，司馬懿就這樣一點一滴累積實力，最後天下財富通通歸於司馬懿一家。

歷史證明，財富是奪取不來的，你會奪人家的財富，人家一樣會奪你的，大部分的財富都是一點一滴流進自己的財庫裡。不論你現在賺多少錢，財富必須一點一滴累積，不管這點滴是大是小，都得進行財務規劃慢慢累積財富，財務規劃需要的是知道你想用錢做什麼（理財目標），知道做什麼之後，再來是決定把錢花在什麼地方（執行），從花錢了解自己的消費習慣（修正），從習慣制定一個收支計畫（計畫），然後更理智地花錢（投資）。以理財流程來說，先有目標才有計畫，執行計畫期間，難免與自己想的有差距，這時就需要修正計畫，再一次執行，直到達成理財目標為止。

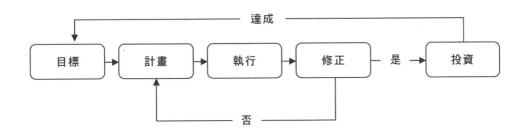

理財目標：短中長期

每個人的理財目標，都會因為人生階段不同而有差異，但無論怎樣不同，理財目標一定要先訂出來，不管這目標是購屋、買車、未來結婚、子女的教育金、出國遊學、渡假旅遊、退休金、醫療費用。不管訂定的是哪一個目標，每一個人生階段一定要有一個目標去執行。財富才有辦法持

續累積，目標訂定的技巧，分為短、中、長期目標，短期目標是一年內就能完成的理財，以我認識的22K孝子來說，他預估一年存下的孝養金是十二萬，所以每個月須存下一萬，其它一萬二就是他每個月的開銷，他必須想辦法控制自己的預算，才能達成這個理財目標。

中期目標一般指在一至五年內能完成的事情，例如，孝子希望五年之後買一輛新車，帶爸媽去旅遊，預估存款需達五年六十萬的目標，這時他需要想辦法增加收入或者減少開支，迫使自己必須在一個月存下一萬，才能完成目標。

長期目標需要五至十年或更長的時間完成目標，假設22K孝子想買間新房成家立業孝養父母，十年之內必須先存夠兩百萬房屋頭期款，買下四百至五百萬的房子，孝子為了達成長期目標，光靠存錢是不夠的，他需要進一步進行股票、基金、外幣等投資，才有辦法讓錢生錢，加快財富成長的速度。22K孝子設定每個理財目標時都有具體的金額，同時也考慮到的自己的年齡、收入水準、支出狀況、體力狀況等等。

理財計畫：規劃自己所擁有的資源

企業有企業的財務報表，22K小資族雖然賺的不多，也應該有自己的財務報表，簡單的資產負債表、收支損益表、現金流量表等在內的個人財務報表，有利於22K小資族清楚地檢查自己所擁有的資源，檢視自己的財務狀況，這樣才能知道該從什麼地方開始進行財務規劃。

個人財務報表分析可以幫忙搞清楚自己手中有多少資產。資產表指得是自用資產，像是自用的手機、平板電腦、筆記型電腦、機車、汽車等所占每月收入比例多少，生息資產像是存款、基金股票等投資等所占投資收入比例有多少，這些比例是否合理。什麼是比例不合理呢？比如說你分期付款買了一台很貴的機車，如果一個月分期付款占掉你收入的四分之一，影響到你存款的金額，那麼這台機車對你來說，就不是一個很合理的

資產。

負債表方面，是消費方面的負債、投資方面的負債、自用資產形成的負債各占比多少，這些比例是否合理，如果你的薪水只有22K，還要分期付款買一台汽車（自用資產），使你每個月的負債占收入的比例加重，導致無法達成存款目標，基本上這不是很好的負債方式。

收入支出方面，22K小資族可以看看每月收入中有多少是工作收入，多少是理財收入，當你停止工作時，理財收入能支撐多少個人支出。每月個人支出中日常必需品支出是多少、非必需品支出是多少，佔收入的比例是否合理，可以進行如何的調整。

由於22K小資族剛出社會收入不多，調整的方式通常是節省非必需品，比如說像是名牌包包這些非必需的奢侈品，可以暫時不要購買，等到收入與儲蓄累積到一定的程度之後，再買也不遲。但是為了儲蓄更多錢而每天餓肚子，餓到沒體力工作也不是辦法，儲蓄佔收入的比例必須合理，才是一個健康的理財計畫。

如果你的收入是22K，一個月儲蓄20K，這種存錢方式並不合理，因為一個月2000元生活費，就算吃住家裡，也不代表錢存著不動，就是最好的理財方式，曾經在報章媒體看到一個22K小資女每天省吃儉用，存下六十萬元，這位小資女沒把錢存在銀行、也沒投資股票，而是用紙把錢包起來，放在櫥櫃裡，因為錢放太久了，最後竟被蟲啃蝕光了，這聽起來很匪夷所思，但是社會上真的有這種守財奴，他們認為理財就是把錢藏著不動最安全，但錢如果不動不投資，最後會變得越來越薄。假設未來通膨是百分之二，而你放在銀行的錢利息連百分之一都不到，那代表每一年你的錢都要流失百分之一的價值，所以小資族投資比例，不能只有存款這一項理財工具而已。

執行：調控收支狀況

理財有目標與計畫，不一定代表能成功達成目標，如果沒有徹底執行計畫，目標只是白日夢，計畫只是空想一場。理財計畫執行先從收支狀況記錄開始做起，首先要記錄錢花到什麼地方。當理財目標確定後，小資族可能覺得達成目標有點難，尤其薪水本來就不多，積蓄一開始很少，既然賺得少，相對就得花得少一點，執行消費支出控管計畫，成了達成理財目標的第一步，小資族擬定合理的支出計畫前，先分析錢花出去的方向，比如一～三個月之間，先詳細記錄每筆開銷情況，從記錄中找出你浪費的地方在哪裡，瞭解花錢浪費的方向，你就能清楚了解如何每月控管支出，使每月能剩餘更多的錢，以備不時之需，如果剛開始不懂如何開源，增加收入，那麼只有先重新檢查支出的項目，分析一下哪些支出項目是必要的，哪些支出項目是不必要的，找出不必要項目，逐一取消。通常消費支出分析可看出某些不良消費習慣，小資族如果及時糾正這些習慣，可能使自己的財務結構更加健全。消費支出分析可以讓小資族發覺自己為什麼儲蓄開始減少，為什麼會把以前的儲蓄用於支付現在的消費；還有為什麼拖延一些本應該按時支付的款項。

消費支出分析，還可以看出你為什麼借新還舊；為什麼購買一些日常用品時要使用分期付款。我們可以從消費習慣分析出自己為什麼月底時經常入不敷出；為什麼自己收入負擔不起，還是克制不住衝動購買不必要的東西。

克制購物衝動糾正不良的消費習慣是理財基本功夫，制定收支預算嚴格執行，可幫助改善不良的消費習慣，這就像有些男人有錢就亂花，他們的老婆就會每天給500～100元的生活預算，以防這些消費習慣不良的男人亂花錢。除了控制金錢額度之外，另一種方法是，看看自己的購物清單裡，哪些是沒有必要的東西，尤其是一些電器、休閒娛樂活動等等，開銷占多少，是否都有必要。

如果收入在扣除了每月支出和預留資金後還有剩餘，先別急著投資，先存起來，存到一定的金額之後，再投入市場投資也不遲。如果收入扣除支出和預留資金再沒有多餘的款項，這時候不要想投資也不要想存款，先談省錢吧，考慮削減一些不必要的開支。削減開支不一定會降低生活品質，減少生活樂趣，一個成功的收支預算控制，可讓日常開支不至於吃緊，理財任務早早達成。

修正：評估你的風險承受能力

對22K小資族來說，存夠了錢不一定要馬上投資，很多小資男女太急於賺錢，過度將自己的金錢投入股票、外幣或基金市場，基本上我不太認同這樣的做法，也許有些人運氣好，把所有存款全投在一支股票或基金上，獲得很大的利潤，但是好運總是有用完的時候。

投資的風險不僅止於投資的冒險，還包含計算不足的風險，所謂計算不足風險，是說假設你預定了一個在未來十年財富能夠成長到100萬的目標，到時可能是用這些錢來還貸款或是準備用來養老的。如果你選擇的投資產品是定期存款、公債這類零風險或是低風險的投資標的，以你每個月22K的薪水不足以達到1000萬的預期目標，這時候你可能需要調低目標金額到500萬，或者增加收入加高投資力度，不然就是將達成目標的時間延長到二十年。

利率風險也是理財風險中最常見的現象，不同種類的利率都有可能變化，存款利率上升有利於存款人，下降則有利於銀行；貸款利率上升有利於銀行，下降則有利於借款人。如果你存款的時候，正是全世界利率調升的時候，相對來說你增值空間較大，如果你貸款的時候正是全世界利率調升的時候，相對來說會因負債變大而吃掉收入。還有要命的通貨膨脹風險，面臨油價不斷地上漲，台灣從2012年起開始油電雙漲，這一漲所有民生物資都漲，物價上漲會降低小資族的購買力，如果以小資族一

個月22K的薪水來說，而通貨膨脹3%來算，以前小資族用100元可以買到的東西，現在需要103元才能買到，這代表22K的薪水縮水成22000/1.03＝21359.2，也就是說每個月的薪水被通膨吃掉22000－21359.2＝640.8元，一年薪水被吃掉7689.6元，足夠付一個月的房租，這也就是為什麼有人常說「錢變薄了」，小資族除了存錢之外，還需要進行一些有本金損失風險的投資活動來取得更高的收益，才能抵抗通膨風險。

從短中長期的理財來看，小資族不同期間，所選擇的理財工具不同，一年以內的短期理財工具，小資族可使用存款、保本短期理財產品、一年內到期的理財產品，五年以內中期投資工具，應該避免使用股票或股票型基金等這類理財工具，這些理財工具有比較高的本金損失風險，遇到急需現金而不得不賣股票的狀況，如果當時的市場價格低於當初的買入價格，那可能就損失嚴重了。除了本金損失風險太大的理財商品不能買以外，小資族如果有多餘資金，盡可能不要購買那些本金會被長期封閉的產品，比如說三十年到期的保險，因為這些產品通常會規定如果你中途提前退出，需要承擔一定的本金損失。

面對五年以上的長期理財目標，小資族如果有一筆錢準備放五年以上，就一定要考慮通貨膨脹的風險，因為它會讓錢貶值得很厲害，前面提到如果通膨率是3%，一年薪水會損失7689.6元，假設五年平均通膨率是2.5%，那五年月領22K薪水，可能會因通膨率損失（22000*12*5）*〔1－（1/1.025）〕＝32195.12元，大約一個半月的薪水，所以小資族可以選擇那些支取金額能隨通膨水準上漲而增加的投資產品，最好能考慮投資到那些能有高報酬的領域中去，比如股市、基金等，當然這要承擔一些本金損失的風險。因為這些錢是五年以後才需要支取的，所以有足夠的時間享受股票、基金成長的成果，而不是在急需用錢時賤價賣出投資標的。

理財的技巧，首先要分清資產和負債，有些小資族分不清楚資產跟負債之間的差別，往往把一些負債給看成是資產。如果你問小資族他每天

上班騎的機車是負債還是資產，大部分的答案是資產。機車會隨著時間的流逝而增值嗎？它會帶來更多的金錢嗎？不會，小資族買的機車不是那種具有收藏價值的古董車，所以它不會增值，機車使用的年限越長，它的價格就越低，十幾年後，它就得報廢，到時候一文不值。也就是說六萬多元買來的機車，十年後可能不到六百元，損失超過一百倍，小資族買機車用來上下班、旅遊、兜風，而不是用來載客賺錢，因而它不會帶來任何收益，而且還要不斷地在這輛車身上花錢，給它買保險、給自己買保險、加油、維修、年檢、牌照稅……等等全都要花錢。對了，小資族為了買一台新機車，還可能要支付銀行的貸款利息，有些打著零利率的機車，其實是把利息加到賣價裡面，一起賣給消費者，所以買一台機車，等於是背債。**真正的資產是能讓你賺更多錢的東西。**

有人認為買房子是置產，所以是資產，其實這不一定，房子如果是從父母那裡繼承的，它自然是資產，如果自己貸款買房子，用於自住，並沒有把它賣掉的想法，也不是用來出租，那麼，這房子永遠是負債，為了房子付出與原價差不多的利息，這筆沉重的利息，便是負債。如果買房子用來投資，等房子升值後便把它賣出去，只要把你所有付出的成本都減去後還能賺錢，那麼它自然是資產。一旦小資族明白了資產和負債的區別，就會盡力去買能帶來收入的資產，不斷地買能賺錢的資產，財富就會不斷增加。如果能同時注意降低負債支出的話，會有更多的閒錢投入到資產上。債務有很多種，像看中一間房子會升值，小資族借錢把它買下來，然後等待時機將它出售，從中賺取差價，這樣的借貸看起來是債務，它卻能夠帶來更大收益。但是，如果小資族使用貸款進行純粹的消費，用明天的錢去圓今天的夢是極其危險，可能很快就淪為卡奴。

理財規劃，最忌貸款，如果只是為了買名牌消費品而貸款，那些越來越多的利息也就接踵而來，債務隨之擴大，債務如烏雲密佈，揮之不去。讓人越欠越多，陷入惡性循環之中，一輩子都為銀行工作，消費信貸

雖然表面上聽起來不錯，但是這些貸款都會隨循環利息而增值，成為不良負債，如果買一棟房子貸款，增值之後賣出，扣掉成本與前面提到的通膨率之後還賺錢，這筆負債就會很有價值，如果不是，負債只會讓銀行毫不留情地收走自己所擁有的東西，剝奪生活的樂趣，讓自己變得一無所有，一貧如洗。

　　所以，從以上的理財分析我們可以得到一個小小的結論是：「一年存錢，五年累積，十年增值。」

　　短中長期理財流程圖如下所示：

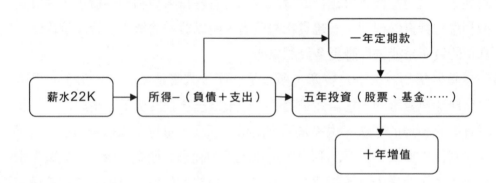

Part

2

投資股票
賺第一桶金

股票投資重點在哪裡？

有一次我問小錢：「你覺得投資股票，哪一件是最重要？」

小錢：「當然是選股啊！！選到賠錢股票，那不等於做白工了嗎？」

我再問：「那什麼才是你心目中的完美股票？」

小錢：「最起碼飆個五支漲停板！！才算好股票。」

我說：「你相不信，買到飆股還會賠錢！！」

小錢：「啊……」

小錢的想法跟一般股票族想法一樣，都想要飆漲不停的的股票，現在網路資訊公開透明，大家都懂得用即時投資訊息與技術分析，去找飆股，但並不是每一個人都是股市贏家，大多慘賠出場，股市中贏家的錢大部分由輸家提供，如果全部的人都贏錢，那誰輸錢呢？我看過很多懷抱發財夢的22K小資族，下班之後花很多時間，研究股票價格線路圖表、價量技術指標等等投資訊息，希望找出未來飆漲的潛力股，只可惜費盡了所有力氣，最後這些可憐的小資族還是把多年的積蓄，丟進股市大戶的口袋裡。股市統計常聽到的數據，通常是80%的小資族對投資結果不滿意。

既然投資股票80%都是輸家，那贏家在哪裡？在坊間很多投資贏家都有出書，高談他們多麼高明的投資策略，但這些人的投資策略適合你嗎？學這些投資贏家買賣股票就會賺大錢嗎？對不起！我可能要潑你一盆冷水，如果你學這些贏家操作股票，必賠無疑！！

你一定會問為什麼？那我會告訴你，學這些賭徒做股票買賣的人，就我看到的實際例子，大部分最後的投資結果不是打平就是小賠，最可憐

的是慘賠。為什麼會這樣，據我觀察的結果，理由只有一個：「賭運不佳」，市面上很多理財贏家的書，大部分講短期技術面的操作，十個有九個贏家是賭徒性格，這些賭徒有的運氣好，沒有賠光家產，最後變成大亨。

但是賭運不佳的人，就不是這樣了，最慘的是輸了一屁股債，有的甚至欠地下錢莊的錢，被逼到自殺都有。

台灣股市反應的是淺碟形的經濟，股票很容易被大戶操弄，短期大起大落的股票太多了，只要一不小心，漲停板之後可能是嚴重的無量下跌，這也就是為什麼買到飆股還會賠錢，因為大戶鎖住籌碼之後，就一直倒貨給散戶，直到籌碼倒光為止，開始無量下跌，所以買到飆股請不要開心得太早，沒有落入口袋的錢，永遠只是一張騙人的股票憑證，不能代表什麼。

贏家的投資思維

讓筆者最感到佩服的贏家，是股市長青樹，這些大贏家，二十年來投資獲利豐滿，毫無衰退現象，他們贏在終點，不像有些市面上的假贏家，只是贏在一時。這些長期投資的大贏家，都有一個共通的特質那就是「透徹標的」，這些贏家投資，有的信仰技術分析，有的信仰基本分析，不管他們相信哪一種股票投資技巧，他們都很瞭解自己的投資標的，並非盲目投資，這些股市贏家，不會把自己的投資欲望，用賭博的方式融合於全盤投資策略中，他們會做最壞的打算，把可能虧損的程度先算出來之後，再投入股票市場，展開一段冒險之旅。這些人真正厲害的地方不是選股，而是避開危機，將資金引導到安全的地方，躲過各種經濟風暴。這跟一般人想得不一樣，通常股市輸家先考慮的是選股賺錢，而股市長期贏家考慮卻是「風險」兩個字。

股市贏家買賣股票思考的一個問題，是先制定投資目標，贏家通常

是有目標的，不會常在股市中進進出出，讓大量的金錢曝露在市場中而迷失去自己的方向，贏家進入股票市場之前，知道自己能承擔多少風險，通常他們都會問自己現在有多少資金，如果手上有一百萬，能承擔風險的極限在哪裡，如果輸去這一百萬，會怎樣？願不願意承擔失去這一百萬的風險？如果不願意，這一百萬還有其他的投資方法嗎？這些問題，是大多數的股市輸家很少想到的問題。股市贏家有自己一套獨特的買賣時機檢視方法，贏家知道股市行情為什麼會上下起伏不定，也知道如何從市場週期起伏不定的狀況中，找出買賣進時機。贏家跟輸家的差別，在於輸家會隨群眾盲目進出，做出錯誤的投資決策。贏家剛好相反，他不受群眾情緒影響，只專注在預測良好的買進時機與賣出時機，小資族如果想在股市投資有所斬獲，就要學習股市贏家進出股市的思維，贏得人生的第一桶金。

大部分我遇過的22K小資族，會把投資重點，全部都放在選股賺錢，卻忘了賠錢的風險在哪裡。根據統計，即使是高明的投資專家在過去十年的投資組合中，有超過80%的獲利比大盤的平均報酬率還低。也就是說投資專家所謂的股票基金投資組合其中有八成，比你自己隨便買進一檔績優股的報酬率，還要糟糕！簡單地說，不管是多高明的投資專家，在你看到的投資組合有八成不僅僅是無用，而且浪費金錢，市場裡投資十元，有八元在損失，其他二元賺錢，風險高達八成，這種「八成無用」理論，不僅在股票市場適用，在其他市場也適用，比如說你家隔壁有一間服飾專賣店，如果你有空去隔壁和服飾店老闆聊天，你會發現他店裡最暢銷的服飾商品，只佔全店貨品的20%，這20%的熱賣商品，卻佔了全店銷售額的80%。其他80%的貨品，只佔全店銷售額的20%，服飾店八成貨品無太大效用，大部分貨品都是會令老闆傷腦筋的存貨。

不只服飾業，廣告業也一樣，很多廠商花錢買廣告，大概十支廣告裡，只有兩支廣告效果較好，八成廣告效果不佳，明知只有兩支廣告支出有效，為什麼還要拍十支廣告呢？因為你不知道這十支廣告，究竟是哪兩

支有效，雖然只有兩支廣告有效，但是你還是需要花十支廣告的錢，以求得那區區兩支廣告的效果。

小資族的個人時間管理也一樣，我常看到小資族成天忙進忙出，這些很忙的小資族，每天的生活中只有一至兩個小時，真正完成自己所預定要做的事情。其他時間，都在瞎忙，忙一些沒有生產力的事情上，很少有一個人能夠將一天的時間運用得很有效率，瞎忙的小資族一天有八成的時間都被浪費掉了。

投資股票也一樣，逃不過「八成無用」法則，根據我個人私下的統計，十個小資族約有八成投資成績不如預期，成功的那兩個，都承認他們的選股有八成是選錯的，只有兩成的股票可以留下來繼續獲利，紀錄明白地顯示，大多數小資族投資股票失敗居多，尤其是手上有一堆投資標的的小資族，失敗的機率更高。這些並不值得驚訝，畢竟「八成無用」法則的鐵律，一直都存在。多數小資族儘管很努力地經營自己的投資事業，但是十個小資族中，永遠只有兩個贏家。

舉一個最簡單的例子來說，外資券商評論一支股票，如果十家券商，有八家券商認為這支股票不被看好，通常這支股票在不久後就開始飆升，顯然八成外資券商的評論是無用的。

不管是小資族或是靠投資為職業的券商，八成是輸家，小資族要躋身進入那贏家行列中，必須先瞭解，那八成輸家，為什麼會失敗。這些失敗的投資者，失敗在浪費時間追逐飆股，只看到短期的股票價差利益，不看長期的財務分配規劃，輸家不是輸在智商不足，而是輸在耐性不夠，輸在一些自以為是的投資偏見，有投資偏見的小資族八成是輸家，註定失敗。

舉一個普遍發生在投資業界的例子，2007年的春天，我跟三位操盤經理人聊天，我們在一間可俯視台中市景的舒適餐廳中聚餐聊天。其中一位投資專家A，負責管理幾筆投資基金。這位投資專家的投資技術，關係著數千人的積蓄，他的基金資產，分散在50種股票上，最大的持股為台

槓電，他的基金的操作績效不怎麼樣，尤其遇到2008年金融海嘯基金績效成績更差，如果繼續經營下去，投資專家A，將不能繼續掌管此基金。

聚會的那天，另一位投資專家B在場，投資專家B的專長是投資傳產股，2007年以前，這位投資專家B以聽起來相當棒的理由，建議投資公司，將手中持股做適度的調整，以便跟得上汽車工業的發展。公司聽從投資專家B的建議，買進汽車類股，遺憾的是，汽車類股那時在股市裡表現很不靈光，這個錯誤的投資方向，讓投資公司對這位投資專家B很感冒。

聚餐那天，還有一個投資專家C是某大證券的經紀商，是一位才貌兼具的投資女強人，她對電子股相當了解，瞭解電子類股所進行的每件事情，她之所以投資成功，是她懂得去做調查，去瞭解電子工業的狀況。雖然證券經紀人替人執行證券交易，不負責投資成敗的責任，但是長期來說，她是成功的，許多客戶透過她投資建議，獲得不錯的利潤。

這位投資專家C，參加此一聚會，是為了建議投資專家B買電子股。她說電子股的經營策略較為進取，較有彈性，她相信電子產業懂得運用自己有利地位與優勢，將生產製程轉移到有利的市場趨勢，產出熱賣商品，投資專家C覺得傳統產業到現在，還沒有發展出很具競爭力的商品，她覺得電子產業在股市裡，未來價值將超過傳統產業，她甚至表明，如果投資專家B建議投資公司大量購買電子股，她願意承攬所有電子股的買賣。

然而，投資專家B卻不太能認同投資專家C的建議，他當初建議買傳產股，並且相信它可以獲利的原因，是因為傳產雖然保守，但是實力較強，有能力應付國外的競爭；雖然傳產股看起來爆發力不像電子股那樣強，但是一旦人們發現傳產股的價值，股票就會動起來。投資專家A、B、C三人，經過一段激烈的討論，最後，他們認為投資電子股是最佳選擇。

歷史最後證明，投資專家A、B、C絞盡腦汁考慮多個因素做出來的決定，通通都沒有用。因為他們無法預測2008年的金融海嘯，他們無法預測一家雷曼公司的倒閉，竟然會影響台灣股市從2008年五月的9309.95

點跌到十一月的3955.43點，短短半年跌幅高達57.51%，造成電子股投資績效大幅衰退。那時不管傳產股或是電子股，所有的股票都跌得很慘。就基本投資績效來說，投資專家Ａ、Ｂ、Ｃ所討論出來的投資決策，根本一點生產力也沒有，這些討論八成都無用。

小資族看到這裡，會問：「該怎樣才能避開危機？」

還會問：「該如何投資，才會成為贏家？」

根據小資族投資贏家透露，一開始投資股票，必須集中精力在「風險控管」、「穩定獲利」這些決策上，才有可能成為贏家。首先，小資族必須先想清楚，自己所擁有的資金所能承受的風險範圍在哪裡。如果小資族將大筆的資金，投入波動無常的股市中，只會使自己的資產更加曝露於危險之中，導致心理壓力越來越大，這種壓力在平常看不出來，一旦股市出現像金融海嘯這類事件，最後都是慘賠殺出收場。在長期做法上，執行股票投資，可以先將一小部分的資金投資於股市，而將其餘大部分的資金，投資於較保守的投資標的上，例如定存或者是波動低、配股配息穩定的股票。

從前面三位專家的討論，我們更能確定「八成無用」的法則，是普遍的定律，如果你仔細想一想你過往的投資買賣，你會發現八成的投資決定是無用的，有時候在股價低檔持有一檔股票長達三年至五年，可能比投資專家殺進殺出還要賺得多。小資族投資股票將所擁有的全部資金投入股市，已超出自己所能承受的風險範圍，股市是一個投資上很不穩定的金融市場。投資股票，只有在能承受的風險範圍內投資，才不會受市場波動影響。

舉一個例子來解釋，如果你擁有台幣十萬元存款，只投資兩萬元進入股市買下一支20元以下的低價股，即使你以最高價20元買進這支股票，你也不會因為這支股票跌破15元而賣出，因為損失兩萬元是在你能夠承受的風險範圍，心理壓力不大。好，現在換個角度想，如果你把十萬

元全部拿去買下這支20元的低價股，當股票跌破15元時，你全部積蓄已經縮水百分之二十五了，如果這支股票繼續跌，跌到10元，你全部積蓄已經縮水百分之五十，這時你一定會忍痛殺出，但是諷刺的是，這支股票在你忍痛殺出之後，出現了大逆轉，一路從9元飆漲到了35元。

如果當初將投資風險範圍縮小，把資金做好分配，我相信最後獲利的人一定是你，只可惜大部分的小資族沒有專注於市場下跌風險，只想雄心勃勃地要在股票每一次飆升賺取短期利益，卻從未想到股市的變動有「聯動效應」，通常效應程序如圖2.1所示：

圖2.1 股市聯動效應

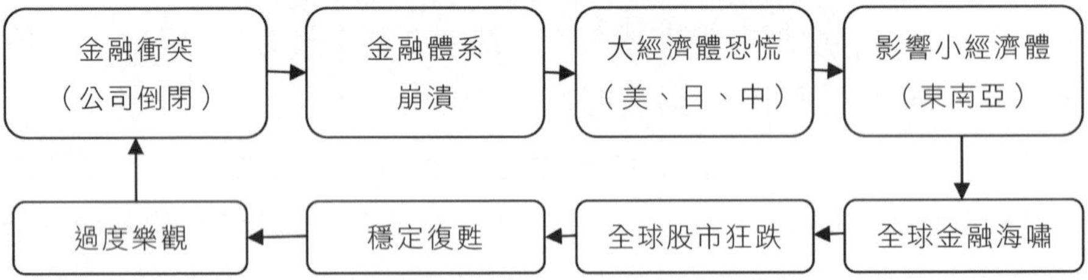

```
金融衝突        金融體系      大經濟體恐慌     影響小經濟體
（公司倒閉）  →  崩潰    →   （美、日、中） →  （東南亞）
    ↑                                              ↓
過度樂觀   ←   穩定復甦   ←  全球股市狂跌  ←  全球金融海嘯
```

股市敏感而脆弱，牽一髮動千鈞，一旦股市崩潰，不管你是哪一種類股，在全球經濟趨勢往下的時候，股票全都一樣慘跌，你每月辛苦存來的積蓄，將因股市大趨勢的變動，而消逝得無影無蹤。此時再也沒有人記得，電子股有多風光，傳產股有多穩定，絞盡腦汁選擇股票投資，整體看起來對個人投資績效幫助有限，因為股票價格深受全球市場大趨勢影響。小資族投資股票應該專注的點，不是看好哪一支股票的未來，而是要先想清楚，整個市場在未來幾年將朝什麼方向走？情勢是否有利於股市未來發展，如果股市整體趨勢向下，該採取哪些策略保護資產？

大多數22K小資族花費太多時間在研究持有什麼股票。這種投資策略並非不重要，只是精明的選股，只有在「風險控管」與「趨勢方向」這兩個因素確認後，選股才能算精明，精明選股不在於單一個股的表現，而是

先考慮類股風險，比如說買電子與傳產類股，你的資金是否能承擔這兩種類型股票的投資風險，考慮完風險之後，再挑選具有市場優勢的公司，才是決策的重點。

　　前面提到三位投資專家，會將傳產股轉換為電子股，最主要是他們看過很多資訊，投資在電子股的表現上，比其他同類股票更好，更成功，所以棄傳產買電子，沒想到金融海嘯一來，傳產與電子股票都一起下跌。在正常情況下，如果同時買入傳產甲與電子乙兩支股票，在甲股票上升、乙股票下跌之後，每個人都變成事後諸葛，大言不慚分析兩支股票漲跌的原因，這種從歷史去分析未來的股票漲跌，等於是拿著平常的考試成績，去預測未來大考的成績，沒人能事先百分百精準預測未來，這世上的經濟、財務專家沒有百萬也有十萬，可是沒有一個專家，能事先預測出2008年雷曼公司會倒閉，也沒有人能預測這家公司倒閉，會引爆全球金融風暴。

　　現在全球任何財經日報閱讀到的商業預測分析，大多放馬後炮的比較多，這些「馬後炮資訊」，一般會拿著過去的歷史資訊，預測一家公司的未來走向，比如說某財經日報說甲企業業績優良、乙企業的問題重重。一年以前，甲乙兩種股票表現平平，在那個當下，我們要決定究竟應該選甲或選乙時，實在很難抉擇。但是在一年之後馬上看到結果，甲企業業績一年前成績雖然很優良，但是一年後無法持續很好，但是乙的企業問題卻改善了，變成一年後的明星股。一年前沒有人敢說乙股票是好股票，大多數投資者那時都說乙股是一支爛股，等到這支爛股變成明星股，投資者又開始改變了他們原先的想法。

　　現在我們可以用財經報紙的「馬後炮」訊息，比較A股票與B股票，哪一種股票能提供較大潛在收益的黑馬股。A股具有極佳的企業遠景，而B股前途黯淡不明，當你權衡所有的事實，深信A股比B股優良可以買進，或者你覺得B股比A股價格低可以買進，當你做出最好的投資決定之

後，選擇其中一種股票。結果你會發現，不管你選擇A股或者B股投資，通通都選錯。因為A股這種好股票，價位已經先反應出來了，未來的價值也都已經反應完畢了，未來不會繼續再好下去，B股雖然價格低，但是沒人敢買，結果跌到下市都有可能，**選股投資，最大的難題，是我們永遠猜不到市場如何反應，市場的漲跌永遠先領先我們反應。**

　　台灣股市有三次主要的跌勢出現分別是1990、1997及2008年。對於股市投資新手來說，很難感受這種劇烈的空頭市場年代。根據經濟學家統計結果，股市的長期趨勢向上，每年平均約上升9%。22K小資族投資股票常會被長期多頭市場迷惑，導致投資決策過於樂觀，當小資股票族遇見市場有30%以上的跌幅時，就會開始不知所措。當跌幅超過50%空頭市場來臨時，市場的氣氛改變了，每個人都警覺到空頭市場隨時會來，這時，每個人都變成市場危機的專家，對空頭市場都會警惕恐懼，隨時都有拋售手中所有股票的打算，不想被套牢。2000年之前，股市上萬點，投資者對於股價抱持樂觀的態度，2000年之後樂觀態度開始消失。

表2.1 空頭跌幅統計

台灣空頭市場周期表──股市跌幅達30%以上時期			
空頭期間	下跌期間	指數	跌幅（％）
1990年2月～1990年10月	7個月	12424.50→2560.47	－79.39%
1991年5月～1993年1月	19個月	6305.22→3098.32	－50.86%
1994年10月～1995年8月	9個月	7228.33→4474.32	－38.10%
1997年8月～1999年2月	17個月	10256.10→5422.66	－47.12%
2000年2月～2001年9月	19個月	10939.60→3411.65	－68.81%
2002年4月～2002年10月	7個月	6484.93→3845.76	－39.00%
2008年5月～2008年11月	6個月	9859.65→3955.43	－59.88%
2011年1月～2012年12月	12個月	9220.69→6609.11	－28.32%

　　台灣八次空頭期間跌幅統計如表2.1所示，跌幅平均51.43%，小資族如果沒有避開這些空頭期間，即使多頭期間賺了30%，最後也還是可能賠，最慘的是1990年與2008年那兩個期間，短短六、七個月就賠掉將近六七成，在這種慘跌的期間，即使選股很厲害的投資高手，到頭來還是受傷很深。這種偏重選股的投資方式，不能說是錯的，只不過在選股時，可以多專注於整體的趨勢，先判斷整體金融市場，呈現的是空頭走勢還是多頭走勢，雖然我們不可能百分百準確預測市場未來走向，但是還是可以用自己的學識、調查能力、判斷力與洞察力，找出一點蛛絲馬跡。

　　畢竟股票市場大趨勢，關係著各股的成功與失敗。股市中有一句話說：「值錢的股票會生錢。」不過，如果股市趨勢往下，生錢的股票一樣生不出金雞蛋。小資族投資股票，如果只是一味偏重選股，不注意趨勢，最後所有的投資都是白費力氣。在投資確定趨勢之後，再來專注選股，挑選適合自己的投資標的，勝算機率較大。什麼是適合自己的投資標的呢？比如說小資族要上班，無法時常看盤，那種短線起伏很大的股票，並不適合小資族投資，反而是那些配股配息正常，波動度很低的股票，適合小資族投資。當投資標的選擇好之後，接下來就要先想清楚自己能承擔的風險範圍，能容忍多大的虧損程度，當「虧損風險」與「市場趨勢」這兩個因素考慮清楚之後，接下來的選股投資將會多一層保障。

別迷信投資工具

　　有一次跟朋友聊天，聊到他每次打麻將，穿紅內褲都會贏錢。很多股票小資族，都跟我這個迷信紅內褲的朋友一樣，迷信某一樣東西可以讓他賺到錢，迷信技術分析的人會以技術指標投資股票，迷信基本分析的人以股票價值來投資股票，迷信投資專家的人會依據專家建議投資股票，不管這些人迷信什麼，當空頭市場來臨時，全部的迷信都不準，當人們在股市賺錢的時候，不管迷信哪一種，只要能賺錢他們都相信，在多頭市場期間，迷信都有一窩蜂的現象。每一陣熱潮，都像是一堆淘金狂徒聚集採金一般，即使風險再大，這些人相繼投入資本，狂撈大錢。當大家知道，股市投資獲得不錯的報酬時，這時有一些騙子「專家」，高舉多頭大旗，吸引會員加入股市競爭中，尋求財富，尤其在強勢多頭市場裡，這種現象特別明顯。

　　這些股市專家，對於股市的成功之道，有不同的看法。在多頭市場來臨時他們說什都對，等到空頭市場來臨時他們又有一套說詞，為什麼會這樣？因為股票市場賺錢規則沒有公式，股市賺錢規則，在不同專家有不同的解釋，每個人都有不同反應。股票市場跟前面提到的打麻將一樣，每個人都有自己贏錢的理論，不同人有不同的迷信經驗。

　　現在假設股市是餐廳，餐廳播放廣播節目，小資族在餐廳裡聽廣播，廣播有太多的靜電雜音，起初雜音聽起來刺耳，不過，聽久了之後，會以為雜音是廣播節目原來的聲音，這時雜音聽久了，開始變得有意義。投資股票跟在餐廳聽到雜音一樣，在股市（餐廳）常常有人會放出來的假

消息（雜音），起初聽沒道理，到最後越聽越有道理，投資者誤認為這些雜音是正確的投資訊息，最後產生投資幻覺，做出賠錢的投資決策。

股市雜訊促成錯誤決策

現代小資族投資心理很像大學心理實驗的一隻鳥一樣，這隻關在籠中的鳥，每當它抓動槓桿時，可獲得一顆花生。鳥從錯誤的嘗試中，得知槓桿等於食物（賺錢），這隻鳥經過一段時間的學習之後知道抓槓桿可賺得花生，於是它迷信有槓桿的地方，就會有食物。

在小資族股票投資資訊中，最常聽到的股市雜音是「股市生財」理論，這些似是而非的理論，散落在全台灣的報章、雜誌、學術機構，以及政治圈。股市專家會散佈一些聽起來很厲害的理論，擾亂小資族的投資，那些宣稱擁有祕訣可以戰勝市場的投資專家，常在書報雜誌寫著「如何股市致富」之類的文章，許多22K小資族真的照著做，結果一點效用都沒有。就像上一節提到專家ABC一樣，每個人都能說得一嘴好股票，實際上這些高明的理論，對一個月才存幾千塊的小資族一點用也沒有。台灣股市是一個祕方生產工廠，每天都有專家提供一些賺錢妙方給投資大眾，很多人預測股價走勢，說得跟神一樣，會百分之百命中，結果一開盤到中午結束，對不起，完全都跟預測的不一樣。等到開盤結束之後，這些專家又開始分析當天的走勢，告訴小資散戶說他有一種祕訣，能夠在股市中輕而易舉地賺取千萬台幣，這些祕訣不外乎指著一支飆漲的股票說：「早說了這樣做就可以賺一倍，你不聽！！」每個專家都會在股票飆漲一段之後，分析飆漲原因，但是股票飆漲前，這些人連一個屁都沒響過，這類專家還會寫一些市場「贏家」的祕密，告訴無知的小資族如何賺上千萬台幣，事實上這些投資專家寫出來的投資行為，都是風險很大的投資，風險大到足以在一天之內，讓小資族的薪水損失三分之一，基本上這些專家，就像賭城拉斯維加斯的賭徒一樣，只是在賭運氣賺錢，如果小資族跟這些專家一

樣好運，也許會賺到一點錢吧，問題是如果運氣不好呢？包準會賠一屁股，除非小資族完全瞭解風險及損失的後果，否則千萬別相信學這些專家會賺到大錢。那些「獲利千萬」之類的書，唯一的價值，就是讓小資族瞭解股市競爭的遊戲規則。不過，最可怕的是，這些成功致富的書，大多引誘小資族成為賭徒，在多頭市場爛賭一把，最後把辛辛苦苦賺來的錢全部輸掉。

好賭運不會順一輩子

投資股票，切記一句話：「好運不久遠，一輸永留傳」，有些金融賭徒在股市突然賺大錢，相對也押下了大筆的金錢放手一搏，這些賭徒承擔了巨大的風險，除非你能像這些人一樣特別幸運，才能在短期內賺到千萬資產，否則只要押一次大錢，在股市放手一搏，結果通常是慘賠，慘賠之後失敗的名聲，將永遠留傳在親朋好友間，一輩子都抬不了頭。

市面上投資贏家寫的書，其實參考價值很低，因為你不一定能像這些人一樣幸運，可以賺到大錢，市面上大部分理財書都是寫成功的一面，但是弔詭的是，股市裡成功的人不到20%，其它80%失敗者不會出書讓你看到，諷刺的是，失敗者的投資經驗，反而是小資族值得參考的經驗，在股市賠錢最少的人，反而是贏家，但是這類有關股市失敗輕驗的書，在市面上幾乎找不到。

「停損專家」讓你賠更多

有些小資族迷信大投資機構的理財專家，這些有多年股市投資經驗的專家，多半靠著投資機構的名氣增加知名度，他們的著作裡，只有一些買低賣高之類的投資決策大綱，這些大綱重點，來自於似是而非的投資理論，其中有些正確，有些錯誤。這一類人的著作會告訴你，如何從失敗中獲得助益。他們會以股票投資損失為題，告訴你停損落袋為安才是投資王

道，還會大言不慚的告訴讀者，在他停損之前，股市已經跌多深了，即使他投資股票賠錢，他還是跟大眾說，及早停損是明智的選擇，這類害人賠錢的「停損專家」會告訴你如果市場情況不佳，你就必須賣出部分股票，當你對市場情況感到懷疑時，就要趕快出清持股。

對於那些手上股票價格跌掉很多的人來說，這類「停損專家」的建議，是他們的安慰劑，這些賠錢的投資者，認為連大投資機構理財專家都停損了，自己賠點小錢也不算什麼，在某些情況下，停損專家的建議，正中賠錢者下懷，尤其當買股票被套牢，處於進退兩難的窘境，停損專家的建議幾乎是聖旨，很難不聽。因為停損專家用他們自身的經歷，告訴股市賠錢者，自己也曾經歷過股市賠錢的處境好多次，但重點是停損專家知道如何突破困境，把錢贏回來，即使停損專家書中的建議有些讓人抓不到頭緒，不過，還是有些投資者覺得這些的建議是有用的，尤其是那些持股被套牢的小資族來說，這種建議非常值得相信。

停損專家的建議，通常會告訴你，將積蓄一半的資金投資在政府公債上，而另一半投資於基金。等到你對股市開始有瞭解，再從事一些小額股票投資，保留足夠的現金在手上。最後他會建議，當你準備在股市投資時，如果有虧損就要儘快認輸。停損專家還會告訴你，大多數損失，除了無知與貪婪以外，均由於投資過度造成。這類老生常談的建議相當普通，沒有特點，停損專家所做的一切只有一件事，叫做「賣弄學問」，以沒用的理論集合成一書，替他自己打知名度。

小資族投資祕技——成長股

有些投資股票獲利的小資族具有哲學家氣質，他們信奉成長主義，喜歡去挖掘一些從幾十元成長到近千元的股票，這些精明的小資族懂得及早介入成長股，會從一些默默無名的小股票找起，希望能找到像大立光這類的成長型股票，早期在200元附近投資大立光的人，當大立光來到2000

元附近的高價時，投資這支成長股的人都已大發利市。

　　信奉股票成長主義的小資族，認為股票短線進出，很難累積財富，大多數股市獲利者，是因為經年累月，專注持有一家成功的公司股票所致，當公司盈餘超過歷年水準時，將促使公司成長，股價將創最高峰。選成長股好處多多，不過唯一的問題是，如何在多數人沒有注意之前，及早卡位買進成長股。看到這裡你可能會問，上千股票中，要怎麼選，才能選出像股王大立光一樣的成長股。以下提供一套篩選成長股的標準，只要符合這些標準就應該繼續持有它。哪些是成長股的篩選標準呢？大致有九項標準如圖2.2所示。

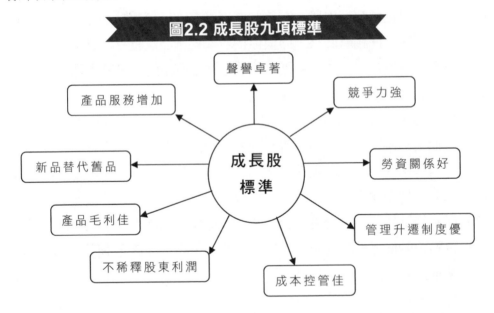

圖2.2 成長股九項標準

聲譽卓著　競爭力強　產品服務增加　勞資關係好　新品替代舊品　成長股標準　管理升遷制度優　產品毛利佳　不稀釋股東利潤　成本控管佳

九項標準說明如下：

1. **產品服務增加**：公司產品與服務，在未來是否有實質的增加，如果沒有，要持續成長很難。比如說宏碁除了PC銷售之外，再加入雲端服務，使得投資人認為未來成長可期，相對也會反映在股價成長上。

2. **新品替代舊品**：當公司主打的主要產品在市場上已進入成熟期時，公司是否決定研發新產品來取代主打產品，成為新一代主流產品。

3. **產品毛利佳**：產品賣得多、利潤少（毛利少）不一定對公司有利，如果賣一百個商品只賺一元，未來毛利也不會成長，比如說便宜的手機，未來如果繼續這樣殺價競爭下去的話，毛利相對成長少，股價相對也很難持續成長。

4. **勞工關係好**：成長公司如果常有罷工事件，代表內部管理以及利益分配出了問題，如此將影響公司未來發展。例如鞋業代工大廠寶成，時有勞資糾紛傳出，間接也影響到股價。

5. **管理升遷制度優**：有些公司有好的產品利潤，員工卻離職率很高，其主要原因在於升遷制度出了問題，導致公司成長停滯。

6. **成本控制佳**：如果油電雙漲，公司有一套控制成本的方法，相對來說產品利潤較高，能進一步帶動公司成長。

7. **競爭力強**：台股中宏達電股價從1000元一直破底至100多元，有一部分的原因是跟產品的競爭力有關，宏達電HTC的手機不再像以前一樣獨佔市場，全球市佔率也一直在下滑，導致公司股價頻頻破底。

8. **不稀釋股東利潤**：有些公司為了籌錢，大量印股票借錢，不斷發行新股，稀釋股東利潤，相對來說，股價成長的可能性也會降低。

9. **聲譽卓著**：成長的公司很少有品質不良或者的財務掏空違法事件。

從以上的選股的觀點來看，成長股在產品與服務上是成功的公司，不僅產品毛利率高，財務也健全，而且高階人事布局完整，公司有長期成長的規劃。還有，具有成長力的公司，產品在市場上勝於競爭對手且公司無不法情事。這幾項成長股選股哲學，可以稱之為「淨身投資哲學」，因

為具有這些特性的公司，必然各方面能力乾淨漂亮沒有雜質雜音。但是這些標準並不代表公司的盈利一定成長，因為外在的天災人禍無法預測，如果成長型公司在危機來臨前，沒有做好準備，到頭來還是會有經營的危機。

　　近年來國內許多食品公司因為選用了一些化學原料滲入食品中，導致公司面臨經營危機，致使公司盈利受損事件頻繁出現，在在顯示公司是否真誠經營，並沒有優良標章可供參考，商場和人性很難捉摸，股票成長派提出的這幾項選股標準，碰到多變的人性就變得很難預測。擁護成長派的投資人，大多知道用這標準做正確的投資決策，相當困難，也不一定有勝算，但是在茫茫的股海中，投資者需要一個理論做為他們迷信的對象，於是成長派的信徒們總辯稱長期勝算在他們那邊，至少他們已經試圖去做正確的決策了。運氣好，買到像是大立光這類成長股的人，就能宣稱他們這樣的選股方式是成功的。

　　多數成長股擁護者，對股市大盤漲跌不感興趣，他們認為大盤起起伏伏很難預測，與其預測漲跌，不如好好研究幾支成長股，只要持有成長股，相信公司股價成長可期。擁護成長股的小資族，似乎只相信挑選好的成長股，比研判進入大盤低點進場的時機更能獲利，以台股2008年大崩盤來說，即使在2008年崩盤之前買在九千點的股票，經過許多年後一樣也會大大獲利，雖然不能像在崩盤最低點買股票的人那樣獲利豐厚，但是，擁護成長股的小資信徒仍然堅持買對股票長期持有，總會產生一些利潤。大盤的進出時機，對迷信成長主義的小資信徒來說並不重要，他們認為大盤預測很少具有價值，因為大盤預測也經常錯誤，他們認為真正重要的是，注意成長股的股價變化，只有在成長股處於合理的價位進行投資，才是市場投資最好的時機。注重成長股投資的小資族，他們投資的盲點就是太過低估市場崩盤的力量，即使體質好的成長股，在大盤崩跌時有抗跌的特性，但是這些好股票免不了也會跟其他爛股票一樣大跌，只是跌得比

較慢而已。基本上應將成長股投資與大盤進出時機一併考量進去，這樣的股票投資風險會低一點。

堅持買成長股的小資族，不會跟隨大盤指數起舞，只從理性的投資觀點，做出投資買賣決策。對於股票價值買賣決策分析是針對公司歷史性財務紀錄，徹底分析其過去幾年的資產負債表、損益表來決定股票真正的價值。其中一種評估公司價值的方法，是以工廠建築物值多少錢，機器設備經折舊之後的價值，來決定公司所擁有的資產價值。另一種方法是以本益比【P（每股賣出價格）／E（每股稅後純益）】，來決定公司的真正獲利能力。這種方法可以看出過去股票每股賣出價格，與每股稅後純益的倍數比例，股票過去較低的本益比，比較沒有參考價值。反而是未來股票本益比達成的比例倍數比較有參考價值。這種計算股票價值的方法，就好比房產估價員，帶著一捲皮尺進入房子量量地板寬度，數數幾個浴室，之後到地政事務所，蒐集房子過去買賣價格，最後做比較評估出一棟房子值多少錢。

買賣成長股是一種防衛性投資，他可避免買到到財務不健全的公司股票，在某些時候，人們碰到真正低估的股票，這種方法也可獲致可觀的利潤。然而，這種方法還是有投資盲點，盲點之一是價格偏低的股票，經常長期都在低價徘徊，假如要投資可能要等個三、五年才會有報酬，投資這類股票的人，就要有放長期的心理準備。另外一個投資盲點是價值低估的股票很少，即使有也早被一些大型的投資機構挖掘出來炒作，等你知道要進場的時候，這些好股票的價格早就被炒得很高了。

在小資股票族裡，有一派成功的投資者，對評估股票價值完全沒有興趣，只相信技術分析，只看大盤指數高低、股票價格高低來買賣股票，他們認為投資決策研判的重點，是考慮整體股市多空周期，區別多頭市場與空頭市場的進場時機。假如是多頭市場，幾乎所有的股票都會上漲，他們就會買進股票價格表現最強的股票，並且輕輕鬆鬆地大賺一筆。在空頭

市場，幾乎每一支股票都會下跌，他們就會放空股票賺錢，重視股票價值的小資族，批評這類以市場趨勢來投資股票的人，並不真正買下一家公司的資產，而是在股票高低價之間玩弄價差。這種買賣股票次數太頻繁，交易成本太高，也不容易隨著時間增值。

考慮市場趨勢的投資人，衡量股票買賣時機，是考慮這股票有沒有題材想像空間，衡量大戶是不是願意炒作這支股票，比如說有一陣子石油飆漲，汽車油價越來越貴，人們在都市交通方面越來能接受用腳踏車作為交通工具，這時腳踏車銷售量就會大增，像是美利達、捷安特這類以販賣腳踏車做為主要營收的股票，對小資族就有很大的題材想像空間，所以股價就有上升的空間。

表2.2 自行車產業類股漲幅

名稱	產品	期間	股價	獲利（倍數）
美利達	自行車	2009/3/31～2014/6/9	32.50→200	5.15
巨大	自行車	2009/3/31～2014/6/9	62.00→234.5	2.78
桂盟	自行車鍊條	2009/3/31～2014/6/9	3.47→136	38.19
正新	自行車胎	2009/3/31～2014/6/9	32.85→81.2	1.47
建大	自行車胎	2009/3/31～2014/6/9	17.40→69	2.96
華豐	自行車胎	2009/3/31～2014/6/9	11→22.15	1.01

對於自行車這類未來有想像空間的股票，信奉市場投資哲學的小資族會伺機買進這類股票。市場派重視的不是一家公司股票的價值，而是投資人是否相信題材而購買股票炒高股價。另一種信奉市場派投資哲學的小資族，比較喜歡研究股票價位、成交量的變動。根據價量變動研判買賣時機，這類研究股價與成交量的分析者，通常手上有一堆股票線路圖表；他們依價量指標做為選股得依據，至於公司盈利等等財務分析，他們完全不

看，他們相信股價波動比經濟趨勢反應快，他們堅持必須應用線路圖表做選股決策。

舉一個例子來說，小資男小吳，運用的技術分析方法是針對股票月成交均價與KD指標來決定買進股票的依據。當KD連續六個月站穩在50之上，短期5個月突破20個月與60個月均價，回測均線即買進。

小吳這種買法有一個投資盲點，如果買到產業前景不明的公司股票，即使短期均價都站穩在均價之上，未來股價也未必有很好的表現，太陽能產業有一段時間即是這種狀況，一旦公司的競爭力消失之後，即使股價在均價之上也不會有很好的表現。

另外一派小資族投資方法，稱為「雜技派」，他們是技術分析派與股票價值分析派的綜合體，他們研究圖表也注意公司體質，資金會在大盤低檔盤旋時機買進成長股，同時也購買熱門股或跌價股，從這些混合經驗中，雜技派靠「股票價值」、「散彈打鳥」、「資產定價」三招闖蕩股市。股票股息分派對他們來說，是他考慮投資股票這個流動資產定價關鍵，以股票價值來說，如果股票配息低於銀行定存，一定是不考慮，再來是他們選股會以隨機的方式挑選，以散彈打鳥的方式先投資多樣股票，經過一段時間持有之後，有賺錢的股票，賣出獲利不佳的股票。雜技派散彈打鳥的選股理論，主張股價移動沒有一定的規則。雖然股票價值分析派可以用各種方式，換算出股票的價格，但是對雜技派來說，這些換算出來的股價，僅供參考，雜技派認為股價沒辦法用任何數字模式統計出來，股價只有在某些不可預期事情發生時，像戰爭或金融海嘯這類事發生時，會發生劇烈變動，雜技派認為沒有人能夠預測下一次股價將向上或向下變動，股票像一個失憶的老人，漫無目的地走，跟著整個市場走，不會回想起昨天的漲跌，昨天股價不代表今日股價，昨天的大盤指數也不會影響今天的股票價位。昨天大盤上升，並不代表今天股價將繼續上升。

雜技派小資族認為任何意圖預測股價的人，必將失敗。用各種指標

算出來的股票價格，根本經不起市場考驗，當人們認為一支股票沒有持有的必要，即使基本面再好，即使短期均價突破長期均價，這支股票照跌不誤，而且跌出來的價格，令任何投資專家都會跌破眼鏡。任何人想要預測企業股價趨勢都是癡人說夢。雜技派認為股票這種流動資產的定價模式，比一般定存、國債這類投資風險來得大，利潤與高風險相關。要賺較高的利潤，就必須承擔較大的風險。冒額外風險投資股票，資本市場會付給他們較高的利潤。所謂較高的利潤，是經過長時間投資，所獲的平均利潤。在某一段特定期間內，利潤可能低落或甚至呈負數。

　　雜技派在股市以散彈打鳥的方式買股，最後形成一個高度風險投資組合，這個投資組合可能在多頭市場迅速增值，在空頭市場急遽跌落，散彈打鳥的方式買股所形成的投資組合，風險很大，除非小資族有足夠的資金可以長期抗戰，願意承擔風險，否則不可能會有很高的利潤率，然而高風險並不保證一定有高利潤，但是沒有冒險投資，就不可能有得到高利潤的機會。

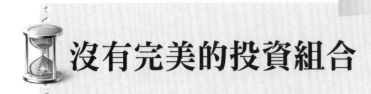

沒有完美的投資組合

我經常被小資族問到一個很難回答的問題，這個問題是……

小資女：「大哥，報個名牌吧！！」

我面有難色：「妳就是最好的名牌啊。」

小資女一臉疑惑：「聽不懂！」

我說：「每個人財力不同，依自己狀況選股，就是名牌！」

小資女呆呆看了我一眼：「喔，那我到底該買哪一支股票啊？」

我看著窗外藍天一直發呆：「這個……我好好想一想。」

很多小資男女都渴望一個完美的投資組合，他們認為買股票跟選樂透號碼一樣，只要簽對號碼，就能中大獎，樂透簽號碼是六組號碼，股票代號也是號碼，希望中大獎的小資男女，只問哪一支股票代號可以買，從來不問自己有多少資金投入股市？這些資金能放在股票市場多久？投入股市的資金，能買哪些價位的股票？萬一股票下跌該怎麼處理？

當小資男女不懂資金管理，只求簽一組完美股票代號，這時我就很難給一個投資建議，如果我建議你買1000元價位附近的高價股，小資族可能會回答我買不起，當我說買配股配息很穩定的股票，小資族會回答我，他的錢不能放太久，當我建議他買進有營業有轉機的低價股，小資族又會回答我：「太危險了，會不會跌到下市啊？」既然你都不適合任一種股票投資，那我該做什麼建議才對呢？所以我通常會說，自己是買股最好的名牌，只有了解自己資金狀況的人，才能針對不同類型的股票做投資。

在我遇過的小資族群中，那些在股市有所收穫的人，通常是信奉「股價測不準」教義的人，他們認為世上沒有完美的投資組合，由於股價

測不準，所以投資成功與投資組合無關，這跟我們一般看到的投資理論很不同，但事實真是如此，本書第一章有提到阿爾卑斯山投資法，這種投資法是先累積資金，再以多餘資金投入股市，每一次投入的方式是以存股的方式慢慢累積股票的數量，由於股價測不準，所以信奉股價測不準的小資，累積股票數量並不在意投資組合與股價，他們只在有閒錢的時候，就投入股市，慢慢累積自己的第一桶金。

股價測不準族與喜歡簽股票名牌的小資族不一樣，喜歡簽股票名牌的小資族之選股操作是依據名牌投資組合買股，這種組合常常突然被股價暴跌而摧毀。股價測不準族認為，股價變動如果是測不準的，那就沒有任何完美的股票投資組合，如果股價無法預測，也就無法預期自己的投資組合，到底以後是賺錢還是賠錢，那投資人唯一能做的是，有了閒錢之後，隨便買幾支股票，然後忘了它，讓股票自生自滅。

股價測不準族的投資方法，在專業投資專家眼裡很危險，投資專家認為每一種股價變動都有理由，不能說測不準。股價變動的理由包括國民生產毛額成長、失業率、國際收支平衡以及政治和國際局勢，當這些經濟消息呈現利多狀況，股市就會上揚，股價就會上漲。而每當戰爭消息，不景氣及經濟衰退消息出現時，股市大盤指數向下，股價迅速下跌。除此之外，盈餘、新銷售合約、有利購併、新產品推出等等。這些公司營運情況的變動也會反應在個別股價上。

很明顯地，事件造成股價變動，而非股價測不準。影響股價的事件需要加以探索和研究，而且更需要努力去預測。事實上，有責任感的投資專家是必須研究；否則，他們如何瞭解股市並做正確投資決策，以獲致健全的投資績效呢？ 然而，測不準族不信專家那一套，測不準族繼續應用散彈打鳥的選股技術選股。投資專家則不相信股價測不準，而埋首於利用傳統分析工具做投資決策。測不準族與投資專家，沒有任何一方能夠說服對方，或改變對方的操作方式。

什麼是「股價測不準定律」？

被投資專家譏為不入流的「股價測不準定律」，它的基本原則是認為天下沒有白吃的午餐，在股市賺錢也一樣，由於股市多空競爭相當激烈，是一個你賠錢我賺錢的零和遊戲，在此競爭場所，競爭者保護自己的資金，絕不可能坐視別人攫取，任何想在股市大撈一票的小資族，都無法輕易贏得本來就不是他的東西，股票市場競價行為裡，股票價格合理，買賣雙方才有可能成交，只有在買方認為股價偏低的狀況下才願意買進。另一方面賣方絕不會低賣股票，至少也要股價偏高才願意賣出股票，當賣方認為賣出的價格不錯，而買方認為買到便宜貨，買賣兩方認為價位合理才能成交。

在「股價測不準定律」的規則裡股價偏低與偏高，完全沒有辦法用數學統計方式算出來，信奉股票價值分析理論的小資族，認為股票可以靠會計學的計算方式，算出股票價值的真正的價格，但是股票市場的買賣行為不是這樣的，在股票市場裡有些人會依個人主觀標準，在股價偏低時認賠殺出股票，這些認賠殺出的投資者覺得手中持股的價值，將來獲利不高。當然，有認賠殺出的投資人，就會有追逐股票價格偏高的人，而他們之所以買進股價偏高的股票，主要是認為手中持股未來價位會更高，會帶給他們更好的投資報酬率。

所有股市裡股票的價格在數百萬買方與賣方的競爭下，已公平反應在股票價格，信奉「股價測不準」定律的股票小資族認為，在股市買賣中沒有好的方法告訴我們，哪些股票價格偏低，哪些股票價格偏高，當然，也沒有人可以算出在某一特定日子、月份或年頭，那些股票的價格將上漲或者會下跌。所有股票上漲下跌都測不準，由於股市買賣交易頻繁，每一天都有某些股票上漲，某些股票下跌，可以說股價隨時在變動，這些變動必然是「測不準」的。沒有人可以事先預知股價的變動，股價的變動就像丟擲銅板一樣，今天丟完之後明天再丟一次銅板，後天再繼續丟，每一次都測

不準，股價搖擺不定，價格規則無法預測，這就叫做「股價測不準」定律。

「股價測不準」定律並不是亂扯的投資哲學。這是被驗證的結果。驗證方法是在台灣股市選出一百種普通股，做出高低價位統計，根據統計，所有股票漲跌幅度在10%至20%的股票為最多，大幅漲價股票與大幅跌價股票的數量都很少，股價漲跌在－10%至20%幅度內呈現不規則波動狀態，完全測不準股價如何波動。還有一種股價測不準的驗證方法，那就是看著台灣一千多檔股票，就像簽樂透一樣，針對毫無意義的股票代號，隨機選出50種至100種股票，組成一個假設的投資組合。讓人驚奇的是，此一「投資組合」居然與整個股市的績效相當，還超過許多專家管理的基金績效。

信奉「股價測不準」定律的小資族還曾經拿台灣股票型基金的記錄來作評估。很多人認為專業股票型基金，必然打敗大盤績效。基金管理機構擁有最佳的股票研究、最佳的投資組合管理、最佳的情報來源；由於具備這些條件，大家都認為基金必然能打敗市場。然而信奉股價測不準定律的小資族把所有台灣股票基金績效做一個統計，結果發現，這些基金十年來的平均績效並未勝過大盤績效。雖然有些股票型基金有傑出的表現，但全體基金平均的績效卻較台灣大盤稍差。統計的資料顯示，很少有一個基金，能夠長期表現優越的績效。事實上，在頭一年績效表現良好股票型基金，次一年卻不見得比其他基金好，任何在第一年績效表現差勁的基金，次年可能會有好表現，也就是說小時候胖不是胖，現在獲利不代表未來都獲利。

🌐 什麼！！投資成功是因為「運氣好」

信奉「股價測不準定律」的小資族，累積了不少的財富，當大家都稱讚他很懂得理財投資時候，他竟然告訴你說他今天之所以投資小有成就是因為「運氣好」，這會氣死一堆投資專家，那些專家每天都在研究產

業，研究線圖，結果一個不是財經科系畢業的投資人，竟然說投資成功是因為「運氣好」，這很難說服大家。不過前面已經說過的「股價測不準定律」在股市是一直存在的現象，在股價測不準定律統計結果支持下，結論認為，股票投資知識與技術沒有多大用處。他們認為之所以能在股市投資成功，是很「幸運」地剛好在正確的時間、正確的價位做出正確的投資，投資成功大多屬幸運的結果。信奉「股價測不準定律」的投資人，不斷地辯稱，投資的知識與技術沒有價值，甚至比隨便用股票代號來選股的績效，還要來得差勁。

　　有經驗的投資專家，瞭解某些事件確實會影響股價，但是如何讓那些投資專家信服股價測不準定律呢？這點很簡單，通常投資專家都是「馬後炮」資訊解讀者，投資專家大多在重大經濟事件影響股價之後，才曉得該經濟事件如何影響股價，舉一個最簡單的例子，美國從2007年至2008年海嘯期間大量印鈔票還債，進行所謂的量化寬鬆政策（QE），一直實施到2013年，2013年9月20日之前，所有的投資專家都認為，美國聯準會會在2013年9月20日的例行會議中，會做出收回QE政策，讓美國政府不再印鈔票還債，而且還要調高銀行利率把以前印出去的鈔票收回美國，這個預測讓東南亞像是印尼這些新興經濟體很恐慌，導致股市不斷暴跌，沒想到9月20日的例行會議之後，結果出爐，聯準會決定維持QE政策不變，印尼股市在聽到這些消息之後又開始暴漲，如果你當時很幸運地在暴跌時候買進印尼股票，相信你的流動資產會快速膨脹。在9月20日的例行會議之後投資專家又開始對這一個重大的經濟事件做「馬後炮」式的資訊解讀。

　　這再一次證明了股價測不準定律恆常存在於股市之中，投資專家馬後炮式的資訊解讀，是他們賴以為生的生存技倆，這些專家時常無法在公司股價下跌之前做出賣出的預測，如果投資人能事先預期到公司盈餘欠佳，股價極可能老早就下跌，因為警覺盈餘欠佳，會趁早賣出股票，所以

股價會按照不利的情況調整，而投資專家會在股票下跌之後，用「馬後炮」式的資訊解讀這家盈餘欠佳的公司股價會持續下跌，只是在專家預估持續下跌之後，這支股票又突然反彈，從另一方面來看，公司盈餘欠佳對投資者來說是一個意外，股價對這種意外消息會立即反應在股價上，股價必然下跌，很多在還沒賣出股票之前，股價已經先狂跌一段了，所有人都來不及賣。除非違法的內線交易，否則像小資族這類小散戶，買到這種股票一定受傷很深，要打敗大盤績效，你必須能夠比其他人更早預測出影響股價漲跌的原因，你必須是第一個預測出公司盈餘不好的先知，也是預知經濟衰退的第一人。

小資族投資股票必須與知道更多公司內部情報的小資族競爭。然而，公司的內幕消息，不會對小資股票族公開，一般小資族無法利用內幕消息，獲得買賣資訊，這種內線交易違反股市競賽原則，金管會對內線交易嚴格地執行處罰。

信奉股票測不準定律的小資族，認為買賣雙方在沒有內線消息的狀況下，聰明機智都一樣，接觸的情報也相同，所以股票價格在市場早就反應完畢，買賣雙方都在內線消息公布之後，完成買賣交易。沒有人能及早猜測出股價交易價格，股價根本就測不準，信奉股票測不準定律的小資族，認為沒有什麼高明的選股方法能夠打敗大盤。

小資族如何運用股價測不準理論

股價測不準理論足以解釋大部分的股市狀況，讓我們先假設「股價測不準理論」是正確的並探討這種投資的方式。首先，股價測不準理論的投資方式，不是在選股而是在存股，他們寧可把錢分階段慢慢存在股價波動度不高，每年配股配息正常的公司股票，他們不想再虛耗精力於選股上，不管選股的方式是如何高明，信奉股價測不準理論的小資族認為，他們無法以交易量、畫趨勢線、計算平均價位去獲得股票利潤。即使用交易

量、畫趨勢線、計算平均價位、股票價值分析等等方式，讓你幸運地買到飆漲的股票，但是別期望這些選股技巧能幫助自己獲利無限。

所有的股價分析的學問，對小資族來說是一種投資陷阱，大家都希望劃劃線，看看股票價量關係就可以賺大錢，實際上這種不勞而獲的想法。是大部分投資人虧損最主要的原因。多年前我記得很多投資人很迷巴菲特的價值投資法，回想那時候大家對長期持有成長股很感興趣。這類型態的投資方法就是買成長股、持有它，然後你就可以打敗大盤。可是在台灣這種波動起伏很大的市場，明顯地，這種方法績效不是很好，很多以前在台灣千元以上的股票，現在只有幾十元，如果長期持有這些股票，我想即使過了幾十年還是賠錢。

很多股市專家長期推薦潛力股，說這是戰勝市場的良方。然而根據信奉股價測不準小資股票族的說法，潛力股並不比其他股票獲利更誘人，而且這些所謂的潛力股經過長期一段時間後，股價表現確實不怎麼樣。股價測不準定律，並非批評成長股、潛力股是不良的投資對象。只是想說，長期來看，股市眾多股票中，沒有任何股票是東方不敗，永遠都獲利，今日的股王，也可能成為明天的落水狗。

信奉股價測不準的投資人認為投資股票，不能太迷信成長股、潛力股或是一些炒作題材的股票，沒有任何一個人，能靠投資股票賺到跟樂透一樣的大錢，即使有，能有幾個？這跟大樂透開獎一樣，中獎就那幾個，你確定你就是那一個嗎？

信奉股價測不準小資族投資股票不做這種白日夢。他不會和那些迷信成長股、潛力股、題材炒作股的小資族那樣，一賠了錢，便責怪公司派那些惡勢力陰謀使他無法成功獲利。信奉股價測不準的投資人認為，當你投資運氣欠佳而別人較為成功時，並不代表你被陰謀所害。事實上，投資績效的成果，並沒有證據證明，是受到那些有邪惡陰謀的公司派所迫害。在股市大家機會均等，成功與失敗機會一樣。別把自己股票投資失敗，怪

罪到別人身上，別認為某人有意詐取你辛苦賺來的錢。

在信奉股價測不準小資族眼裡，證券經紀商投資報告參考價值很低，因為券經紀商希望投資人多下單，這樣他們才能從手續費中賺取利潤，至於小資族的投資成敗與他們無關，他們只在乎小資族有沒有多下單，手續費夠不夠發他這個月的薪資跟獎金，所以他們的投資建議都是鼓勵小資族加碼買進股票，在股票長期投資中有所斬獲的小資族都知道，證券經紀商的投資建議大多平淡無奇，這種所有投資人均可自由免費索取情報，上網隨處找都有。

真正的內線消息，不會出現在券經紀商投資報告裡。所有的投資人都知道，內線消息並不能用公平價格交換而得。大多數內線消息，在任何人可以獲利之前，就已反應在股價上。一般外部消息人人可取得，並不能使小資族在投資中遙遙領先。而像是公司的營收之類的外部消息了解只是讓小資族跟得上市場狀況，瞭解股票價位何以達到目前的狀況，而非讓你小資族了解價位將如何變動。

小資族投資股票本不必擔心消息不靈通，尤其現代網路資訊發達，任何人都可以在網路上抓取到股票訊息，如果小資族有興趣投資熱門股，無須擔心投資專家會贏過自己。因為股價測不準，即使是投資專家也一樣，況且內線消息已在股價上反應了，所有的人得到的資訊都一樣，沒有誰比較厲害，可以比對方早一點卡位。若以長期觀點來看，小資族就更不用擔心消息不靈通，如果你持有的股票是很多投資人也一樣持有的，那就不用擔心買到的股票價格比別人貴，因為一支股票利空反應之後，股票跌到一定的價格水準，利空消息已充分反應了，大家在一個公平的情況買進股票，價位無所謂貴或便宜。同樣，利多消息可能來臨，股價也會在價格上反應完畢。如果你不幸剛好買進已漲到最高點的股票，那你只是跟其他倒楣鬼一樣意外而已。當然擁有股票內線消息，是很不容易的一件事，然而我們當中偶爾有人會得到此機會。例如，你是某家電子公司高階經理的

助理，比別人早知道電子公司可能有購併的消息要公布，你馬上買進公司股票，僥倖發現自己成為內線消息的幸運兒。

同樣的幸運兒，某位企業界人士可能是第一位看到有一家公司研發出某種劃時代的產品，而且預見其將大幅成長，因此購買這家公司股票，成為股票獲利的幸運兒。或者一位經常吃美食的美食家，可能觀察到某家連鎖飲食商店的餐廳服務品質以及菜色深受消費者歡迎，而提前買進這家連鎖餐飲的股票獲得不錯的收益，這種投資靈感每個人都可獲得，不過這種投資靈感只能靠直覺冒風險買進股票，才能獲取利益。我們任何人都可能碰到同樣的機會，並利用這種特別的靈感投資獲利。「投資靈感」與「內線消息」不同的地方在於，內線消息是從公司內部取得，大部分是董事、經營者或高階主管這類人士才能獲得，這類內線消息以目前的法律來看，遊走在法律邊緣，靠內線消息獲取股票龐大利益者，有吃牢飯的風險。而投資靈感相對於內線消息來說，安全得多，比較不受法律限制，投資靈感常常出現於被大家忽略的生活訊息裡。當然，用一般公司發出的消息，做出傑出的投資研判，也不受法律限制，屬合法正當的投資獲利行為。

對小資族投資股票來說，運用股價測不準的特性投資股市，意味著資金分階段投資相當重要。任何人都無法預期未來會如何，可能在某一天早上看報時，你看到自己心愛的股票，突然跌30%或者更多。如果你的所有資產全部投入到這支股票上，那你的財富就減少了30%。集中資金，投資於一種股票上，會有極大的風險，資金分散階段投資可以緩和意外的衝擊，並減緩損失的程度，不過，分散階段投資也會降低獲利的機會。信奉股價測不準的小資股票族認為，即使你要把雞蛋擺在一個籃子裡，也得分階段放，不要一下子把所有的雞蛋擺在一個籃子裡，分階段放雞蛋的好處是，最起碼只會損失一個或幾個雞蛋，不會一下子損失全部的雞蛋。

你的利潤來自於風險，
買跌還是買漲？

　　有一天我去一家公司談一筆生意，會後，跟這家公司的一位女助理聊到股票投資，這位薪水22K的小資女談到自己投資股票的慘痛經驗，讓她之後就不敢再碰股票了。

　　小助理：「大哥，股票風險真的很大，一不小心就會賠得很慘！」

　　我問：「妳是什麼時候開始投資股票的。」

　　小助理一臉痛苦：「2008年，剛好碰到金融海嘯」

　　我又問：「金融海嘯之前台灣股市九千多點，妳怎麼敢買股票！！」

　　小助理無奈的說：「我當時認為冒險才能賺錢，所以大膽買股票。」

　　我鼓勵她說：「年輕時，有冒險精神是件很好的事。」

　　小助理苦笑：「我也是這麼想。」

　　我好奇地問：「那大盤跌到3800點，妳應該有大膽買股票了吧！！」

　　小助理皺眉頭：「沒有了，我不敢再冒險了」

　　我問：「那妳現在應該沒有股票了吧。」

　　小助理搖搖頭：「還有一點，在大盤8400點附近買的。」

　　我疑惑地問：「跌到3900點妳不敢冒險，8400點妳卻敢冒險！」

　　小助理：「大哥，我也不知道我為什麼會這樣。」

　　小助理很敢冒險，她敢冒股價最高的風險，卻不敢冒股價殺低的風險，原因是人性害怕損失，大盤跌的時候，大家都害怕損失，所以不敢買股票，諷刺的是，台灣在2008年跌到3955點附近的時候，不怕損失而在這個時候買進股票的人，大多獲利豐厚。

圖2.3 台灣加權指數圖（2007～2014年走勢）

在股市懷抱金錢夢的小資族，買股票看獲利不看風險，是相當危險的投資，從「盈正」這支股票，我們可以看出股票投資風險有多大。

舉個例子來說，以不斷電系統設備為主力業務的盈正，2010年10月21日傳出遭金檢局傳訊調查在高價大量買進盈正的基金經理人，要求這些基金經理人提出相關買進報告，同時須附帶經理人二等親內，有在股市開戶的相關名單，清查是否有不肖基金操盤人涉及不法情事。盈正2010年9月9日以每股185元掛牌上櫃，第一天股票掛牌交易，股價就大漲至505元收市，相當不正常，且在掛牌第六天即飆上565元天價，但是，飆漲的風光日子卻相當短暫，在飆上天價後，股價連續12天重挫，且在2010年10月19日創下258元的低價，股價腰斬一半，換言之，盈正在股票上櫃交易短短一個半月內，飆新高後又破新低，這其中是否有不當的人為操作，引來金管會金檢局的主動調查。

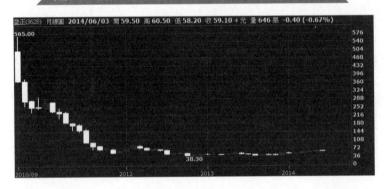

圖2.3 盈正股價走勢圖（2010～2014年6月）

　　金管會金檢局針對任何有買進盈正股票的投信基金經理人，尤其是在高檔不斷加碼買進者調查，清查這些投信操盤人，是否利用向外界募集而來的基金資金，在高檔亂買股票，是否有涉及與特定關係人，有不當的利益輸送等不法情事。

　　小資族如果買到這種股票，或買到這種股票型基金抱到現在，可能會賠到連當初的本金十分一都不到。投信基金的錢是大眾的錢，輸錢輸再多也是輸在小資族這類散戶投資者身上。因此，一些不肖投信基金操盤人，很容易在有心人士的利誘下，與大股東、主力、其他法人等特定人士，炒作股票換取個人龐大利益。

　　像盈正這類短時間內大幅下跌的股票，股價跌價風險極大，當股價走勢疲軟，緩慢持續地下跌，會讓小資族這類散戶投資者多年辛苦的積蓄泡湯，小資族面對這類股票下跌只能乾瞪眼，等著有一天股價能夠回升。台灣2008年受到金融海嘯衝擊股市崩跌，當時投資風險相當大，如果當時小資族沒有風險意識，貿然投資股市，想必受傷很深，在金融海嘯期間不管你投資股票的公司體質有多好，過去的紀錄有多輝煌，財力有多麼堅強，公司未來遠景多麼美好，遇到大盤崩跌，再好的股票都擋不住跌勢，投資股票的風險，殘酷存在於小資族的生活圈裡。除非小資族瞭解風險的

嚴重性，並且已經準備好與這些股票共存亡，否則我會勸22K小資族不要投資股市，畢竟薪水有限，能承擔的跌價風險有限，只有經得起風險考驗的小資族才能獲得超額利潤，類似前面提到的小助理，經不起跌價風險的考驗，終歸是股市輸家。

在我的觀察裡，小資族股市贏家，能承擔財務風險與心理風險，從財務風險來看，小資股票族必須知道如果由於某些不幸的原因，手中持股股價平均跌落20%、30%甚至跌落逾50%的時候，該怎麼處理手中持股。一般來說，承擔得起財務風險的股票小資族，擁有足夠的生活費用可維持基本生活，並可以撐過金融海嘯，直到股市復甦為止，最重要的是還有勇氣在金融海嘯末端加碼買進，直到股市反彈回升為止。從風險的心理層面來看，承擔得起心理風險的股票小資族，不會如同前面提到的小助理一樣，一直擔心自己投資的股票會出現什麼變故而睡不著覺。

承擔不起心理風險的股票小資族，很多常因為一兩次差勁的股票投資而被朋友、上司、以及親人所消遣，使得他們失去信心，這些失去信心的小資股票族，心理風險承受的能力太弱，常常會受到股市消息驚嚇而認賠殺出手中的持股。

從財務風險控管來看，只要把資金分配好，不要把生活的資金全部投入股票投資，風險自然不大，難就難在心理風險的控管，心理風險完全是個人心情問題，小資族有時候沒辦法控制自己的恐懼而殺出一些本來應該獲利的股票，因此，風險分析相當重要，小資族在投資股票之前，潛在的風險必須仔細加以評估，列出他們能夠承擔的風險等級；然後問自己。有足夠的財力承受風險嗎？選出來的股票虧損風險有多大？如果財力與虧損風險都能承受，那麼我們該不該把資金拿出來投資，冒這個險呢？這些關鍵問題，都可以做為小資族必備的投資決策條件。

算算你能承擔多少風險？

投資股票為什麼要先看風險？答案很簡單，看不出風險就看不到利潤，舉幾個投資組合來解釋——

投資組合一：

有支股票每一股歷史最低價是4元，歷史最高價是15元，如果你在6元時買進，最大跌價風險率是（6/6）100%＝100%，最大利潤率是（15/6）100%＝250%。

250%（利潤率）－100%（風險率）＝150%

這個投資組合風險是值得冒險的，賠6元賺15元，最起碼利潤是1.5倍，如果小資族賠得起6元，又能賺到1.5倍的價差，何樂而不為，畢竟跌價風險很低。

投資組合二：

現在換個角度看，有兩支股票每一股歷史最低價是128元，每一股歷史最高價是1005元，如果你在800元買進，最大跌價風險率是（800/800）100%＝100%，最大利潤率是（1005/800）100%＝125.6%。

125.6%（利潤率）－100%（風險率）＝25.6%

這個投資組合風險太高，利潤太小，風險不值得冒的，賠800元最多只能賺205元，連投資的三成不到，價格又太高，如果小資族賠不起這800元，投資又只能賺25.6%，那麼這險就冒得很不值得了。

高風險不一定有高利潤，從以上的例證可以證明，但是沒有風險也不可能有好的利潤，以最沒有風險的國債，跌價風險雖然趨近於零，但是

利潤率約2％以內，雖然跌價風險低，相對利潤也低。

前面提到買一支股票，如果公司股票價格跌到零，跌價風險率為100％，如果你把買股票的錢拿去買國債跌價風險率趨近於0利潤率為2％，國債利潤雖低但是保本穩定獲利，股市利潤雖高但損失相對也大，在今天的銀行存款利率很低的情況下，很少人會覺得國債利潤率2％是值得接受的利潤。現在我們從投資組合三，發現低風險低利潤的投資，並不適合年輕的小資族。

投資組合三：

假設小資族50％資金投資國債，風險率為0％，50％資金投資股票，風險率為100％，此一投資組合有50%的綜合風險率：

綜合風險率＝（50%資金*100%）＋（50%資金*0%）＝50%

此一投資組合的預期利潤則為：

50%資金投資國債（平均利潤率2％）＝0.5×2％＝1.0%

50%資金投資股票（平均利潤率9％）＝0.5×9％＝4.5%

總利潤率：5.5%

如果小資族能承受50%的風險率，又能找到利潤率為20％投資標的，很明顯地，50%資金投資國債，50%資金投資股票的投資組合就不是很高明的投資組合，因為它的投資利潤與風險不配。在我們假設的風險中，當風險程度為1.0時，最起碼提供20％的利潤率才對，5.5%的利潤率顯然偏低，小資族不該屈就於低風險低收益的投資。當然，小資族不可能傻到去買風險高利潤低的投資組合，像是前面提到的「投資組合二」。

長期來說，股票市場對那些有能力與意願承擔風險的小資族來說，從過去幾十個年頭的統計，股票投資超額利潤，高出國債約7％；而這7％的額外利潤，多年累積下來，對於財富的貢獻頗為可觀。為了達到此一超額利潤，小資族必須在財務上及心理上能夠持有風險性資產，且持有一段漫長期間。

投資風險等級，從最沒有風險的國債到波動劇烈的股票，不管小資族把資金投資在哪裡，小資族必須權衡風險與利潤點，將資金分配在各種不同資產上，做出自己能承受的風險投資組合。

從股票高低價看風險

對於小資族來說，風險越大利潤越大，損失也越大，跌價風險是小資股票族必須了解的投資決策之一，買股被套牢是常態，任何一個投資專家都不敢跟你保證，他選的股票百分之百不會跌，如果有這種專家，請不要相信他的鬼話。這些鬼專家只會跟你說賺錢有多好，不會跟你講賠錢有多痛。換個角度看，如果做好賠錢的心理準備，買賣股票的心理壓力反而不大，這就好像你預期爬山會被蚊子咬傷、被陽光曬傷，你就會先準備防蚊液、防曬乳液，同樣的，如果你預期投資股票會賠錢，心理就不會慌張，錯殺股票。但沒有一個投資人會期望他的股票下跌，但殘酷的是我們無法預期突發事件對於股價的沖擊，只要在股市一天，虧損永遠都是我們必須面對的課題，小資族應該在投資之前就先瞭解即將會面臨的潛在損失。

股票賠錢風險的計算，大多數用最低本益比（P／E）或某一股利水準的股票價格多少等，做為衡量工具來衡量股票潛在損失，但都不怎麼靈光。2008年在台灣股市，許多小資族看到股市裡的股票出現前所未見的低價，那一年有投資股票的小資族了解股票投資有不小的風險，在那個崩盤的年代，太多的股票跌到新低價，遠低於任何人可預見的最低本益比，那時候股價到底還會跌多少，沒人知道。

小資族如果想知道自己投資的股票跌價風險有多大，股票價格漲跌波動程度，是有用的風險指標。股價漲升快速者，相對崩跌的速度也快，這是很明顯的道理。我們可以從台灣熱門股票的年度價格差距衡量出股票漲跌風險程度。

「表2.3」顯示台積電從2005年至2012年期間，每年最高價、最低價，以及價差幅度。

0.5×（最高價＋最低價）＝均價

【（最高價－最低價）／高低均價】×100%＝價差（%）

表2.3台積電（2005～2012年價差統計表）平均價差：34.91%

表2.3 台積電股價價差表

年度	最高價	最低價	價差（%）
2005	64.30	46.20	32.76%
2006	70.00	52.30	28.95%
2007	73.10	57.40	24.06%
2008	69.80	36.40	62.90%
2009	65.20	38.70	51.01%
2010	75.00	57.00	27.27%
2011	78.20	62.20	22.79%
2012	99.40	73.80	29.56%

台積電年度最低價差為2011年的22.79%，次低是2007年的24.06%。另一方面，在2008年的空頭市場，價差最大高達62.90。台積電曾對長期小資族提供優渥的利潤；然而，卻也有可觀的價差風險，其股票價差在一年之內，達到50%以上，八年的平均年度價差34.91%。換句話說如果你投資台積電，平均利潤與跌價風險約34.91%，投資100元平均賺賠34.91元，相對於神達電腦這類小型股來說，投資台積電風險要小得多，當然利潤就不會像神達電腦那樣高。從「表2.4」顯示神達的價差資料，八年平均價差64.77%，投資100元平均賺賠64.77元。神達電腦股本為新台幣151.11億元，相較於台積電股本2592.82億，神達電腦算是小型股。它的

股價波動幅度極大。波動幅度最穩定的年度是2012年：這一年該股的年度價差有35.24%，幾乎等於台積電八年平均價差。神達電腦的最大價差為2005年的104.09%，六年平均年度價差居然高達64.77%。大約是台積電的兩倍，這也就是我們為什麼會說小型股波動很大的原因。台積電是相當安全的股票，而神達電腦則屬於波動較為劇烈的股票之一。

價差比率的計算，是小資族衡量股票波動風險，最公平的指標。以價差做為風險的衡量的標準，最主要是想強調，**股票價格價差幅度越大，風險越高，相對利潤越高**，投資價差幅度高的股票，雖然賠得多，但相對也賺得多，投資價差幅度低的股票，雖然賺得少，但是賠得也少，利潤與損失相對，22K小資族如果想知道自己投資的賺賠風險有多大，價差計算是一個不錯的評估工具。

表2.4神達電腦——股價價差表平均價差：64.77%

表2.4 神達電腦股價價差表

年度	最高價	最低價	價差（%）
2005	52.00	16.40	104.09%
2006	55.30	24.80	76.15%
2007	49.80	27.50	57.70%
2008	28.85	9.50	100.91%
2009	17.00	10.70	45.49%
2010	16.90	11.70	36.36%
2011	15.60	8.20	62.18%
2012	12.85	9.00	35.24%

台灣股市在2008年慘跌的空頭市場裡，股市整體趨勢會因為某些特定利空消息而急遽崩跌，大多數股票也會跟著下跌，沒有任何股票能夠

倖免於難。在2010年強勁的多頭市場裡，股市整體趨勢緩慢上揚時，大多數股票股價會上漲，可是，沒有一支股票，會跟著大盤漲跌幅度同步漲跌。不管大盤如何變動，某些股票在某一天中創高價或跌破新低價，而特定股票的多空消息，可以造成某些股票價位跟大盤呈現不同步的關係。

　　如果某一天，台灣整個大盤走勢因為經濟或政治上的利空消息而崩跌，而台積電股票那時卻有特殊利多消息宣佈，極可能大盤走勢下跌情況下，這支股票的股價是抗跌的。消息面與大盤漲跌，是影響個股票價格的兩個因素，有時候這兩個因素相輔相成，促使股價大幅度上漲或下跌；有時候，這兩個因素互相對立沖銷，使得利多或利空效果大減。

　　財務學研究，已發展出有效的衡量風險波動的指標。此一指標稱之為 β（beta）值，此係數衡量股票與大盤指數之間的互動關係，β 值表示當整個股市變動幅度1%時，股票價格會跟著變動百分之幾。以「表2.5」顯示台積電 β 值為0.61，即意味當整個市場股價上漲1%時，台積電股價上漲幅度只有0.61%。台積電股價漲跌幅度，相較整個大盤指數漲跌幅度小，對股市的反應比較遲鈍一點。而 鴻海 β 值為1.35，當整個市場股價上漲1%時，而鴻海上漲幅度是1.35%，相較於整個大盤指數漲跌幅度小，對股市的反應比較活潑一點。

表2.5 2013年9月18日 十大權值股β值

股票名稱	收盤價（元）	占大盤權值比重（%）	對大盤β（beta）值
台積電	103	11.63	0.61
鴻海	75.9	4.34	1.35
台塑化	80.4	3.34	0.87
中華電	94.9	3.21	0.11
南亞	63.5	2.19	1.19
聯發科	370	2.18	0.25

台塑	76.6	2.12	0.94
國泰金	42.15	2.06	1.07
台化	77.8	1.99	1.02
富邦金	41.35	1.84	1.1

　　22K小資族可依 β 系數選擇自己能夠承擔的風險股票，比如說在大盤處於多頭上漲格局，選擇 β 值越高的，意味著股票波動性越大，股價也漲得比較快。當 β =1時，表示該股票與大盤指數同步，但是這種股票較少。在空頭市場選 β ＞1的股票，跌得比較快，所以通常這個時候，小資族可以選擇 β ＜1股票會較抗跌。以「表2.5」中 β =0.11的中華電來說，相對於大盤，中華電波動度很小，小資族如果將它當成長期投資標的來投資，報酬率雖然不能一下子獲利很高，但是穩定度夠，不易暴漲暴跌，風險相對小，非常適合小資族做為存股投資標的。

　　小資族存股投資，最好不要把所有的投資資金放在一支股票上，也不要一次性把所有投資資金都用光。假設你預備以十萬元投資股市，可以零股買賣分三次進場，如果大盤上漲至8400點，多頭氣勢強，可買進 β ＞1的股票跟隨多頭攻勢賺取利潤，萬一不幸看錯趨勢，大盤從8400點回跌至7800點，這時第二次資金三萬元可買 β ＜1的抗跌股票等待下一波的多頭攻勢，總之，股市投資單單將資金壓在一、兩支股票相當危險。如果小資族把大部分資金投在一、兩支股票上，其他股票投資很少，這並不能降低風險，這種資金低度分散的投資組合，極具風險性，有時比將一部分的錢投資在單一股票上還大。當然，這種資金低度分散的投資組合也有可能大賺，但無法照你的投資組合讓你一定大賺，雖然個別股票的非系統風險（天災、人禍）較低，但是依賴 β 投資股票的策略，如果股市整體走勢預測不準確，相對損失一樣會出現，如果預測股市正確，你的投資組合即可獲致利潤股，如果錯了，只有認賠了事，不然就是繼續等待股市回升，

所以預測市場適當的投資時機，便成為股市獲利的重要關鍵。

這也意味著，投資股票抓對時機進場，有時候比分散投資來得重要。為了避免減少預測投入時機錯誤，小資族必須將資金分散於不同的投資時機，即使你有一百萬投資資金，也得分成3～5等份的資金，分批投入股市。

有些比較臭屁的小資族認為這樣的投資方式，太慢了，萬一股市大漲那時只有五分之一的資金投入股市，那不是少賺很多嗎？這就是人性，**人在投資時只會想到賺錢，想到最好的狀況，很少會想到萬一突然有天災人禍的時候，虧損該怎麼辦**。想要從事股票投資，切勿太急，急中生亂，投資布局也會大亂，慢慢分段投入股市才是王道，尤其是每天無法看盤的上班小資族，資金控管分段投入股市相當重要，投資股票經過幾個月或更長的時間，分段完成投資，可降低投資時機預測錯誤的風險。以這種時間分段方式的方法投資股票，你可以在預測股市走勢錯誤時，耐心地等待股市跌勢趨緩時，加碼買一些較低價的股票；當股市回升時就可反敗為勝，贏得獲利。所以股市投入時間的分散，與投資標的分散，一樣重要，一樣需要注意。

分散資金投資股票，無法降風險，如果你擁有50萬投資資金，將這筆資金投資在十種股票，這十種股票在大盤崩跌時，不管是波動大的小型股，或者是波動小的大型股，都一樣照跌不誤，你只能完全依據金融市場的興衰，來變更自己的投資方案。在金融市場中有些投資標的，可能具有較低的市場風險，例如長期債券市場，遠比大多數股票的市場風險為低，有些可能沒有市場風險，像是國債或其他短期公債。

甚至有些投資標的可能與市場風險相反，像是一些潛力股，它們有時在大盤崩跌時逆勢上漲，這些逆勢上漲的股票，在股市走勢疲弱時大漲特漲，有些在股市多頭走勢出現後，急速大漲時，它跌的速度也跌得快，這些 β 值大於1的飆股，跌下來的速度有時會讓投資股票的小資族有點措

手不及。債券也許可以分散小資族的資金風險功能，但相對而言，債券的收益比股票低，在某些情況下，債券可減少資金投入的總風險，雖然債券的收益，缺乏特別吸引人的地方，但是若能合併在一個投資組合中，至少在金融市場不好的狀況下，可以減少一些損失。

哪種投資風險適合你？

　　小資族投資股票關鍵，是先問自己的投資組合風險有多大？這些風險你能承擔嗎？小資族投資股票之前應可能了解已經投入的投資組合，與目前正在考慮中的投資組合，風險究竟有多大。以目前的股市現況來說各種股票的風險值不一，**如果風險值1.0代表跌價風險跟大盤一樣，1.5則高於大盤風險0.5，當大盤跌的時候，股價會比大盤多跌50%**，其他風險值以此類推，大致上的風險如下：

　　市場總風險1.0—最分散的股票投資組合。

　　市場總風險1.5—單一的公用事業股票。（中華電、台灣大……）

　　市場總風險2.5—單一產業的最佳股票。（大立光、王品……）

　　市場總風險2.0—單一的熱門股。（台積電、日月光……）

　　市場總風險5.0—單一潛力股。（未來產業有願景如生技股）

　　以上列出的風險數值，主要是讓小資族算出自己的投資組合風險有多大。將資金投資在單一投資標的上，其風險要比投資在分散的投資組合，要來得大。前面提到神達電腦具有相當大的總風險，若是將全部資金投入這支股票，短期內獲利雖然高於市場，但是一旦預測錯誤，損失也必然高於市場很多，獲利與損失的波動程度，比分散的投資組合大很多，如果將風險值小的股票，納入分散的投資組合之中，其資金投入的總風險會變小。

　　還有，很多小資族認為生技股之類的潛力股，漲幅很大，賺得比較快，有些賭性堅強的小資族，可能將其大部分資金，集中投入在風險值大

的潛力股上面，承擔極大的風險。這時小資賭徒一族的總資產將變動得很快，有時候是大賺錢，有時候是慘賠。無論如何，如果只將一部分資金投在潛力股上，而將其餘資金分散投資於其他投資標的上面，其風險變動結果就會小得多。前面對於各種投資對象的風險計算，已經清楚地列出來。現在我們將以個別小資族，所持有的投資標的來計算其投資組合風險數值。以下我們舉出兩個例子來做比較，說明小資族適合承擔的投資風險。

例一：一位35歲領28K的小資族A先生將資金10萬元，分四次投入市場，每一次分散在不同的投資組合，資金比例如下：

◎10％—公用事業股票總風險1.5。

◎5％—單一產業的最佳股票總風險2.5。

◎5％—單一的熱門股總風險2.0。

◎5％—單一潛力股總風險5.0。

※A先生資金投入總風險＝1.5*0.1+2.5*0.05+2.0*0.05+5*0.05＝0.625

35歲的A先生，所有投資組合的市場風險數值加起來，我們可發現他的資金投入總風險為0.625。這種投資組合所產生的風險，比持有一半國債、一半股票還要低。對於一個即將步入中年的小資族來說，這種投資組合很適合他。

例二：前途無量的年輕小資族B小姐，她薪水22K，依她現在的年齡跟35歲的A先生比起來，相對可以承受較大的風險，因此可以安排風險較大的投資組合，她的資金分三次投入股市，每一次投資資金比例如下：

◎5％—單一產業的最佳股票總風險2.5。

◎5％—單一的熱門股總風險2.0。

◎23.33％—單一潛力股總風險5.0。

B小姐的「市場風險」數值，依據投入資金算出：

5％×2.5＝0.25—單一產業的最佳股票。

5％×2.0＝0.2—單一的熱門股。

23.33％×5＝1.165—熱門股票。

※B小姐資金投入總風險＝0.25＋0.2＋1.165＝1.615

將B小姐所有投資組合的市場風險數值加起來，我們可發現她的資金投入總風險為1.615，由於她將投資標的分散，所以她的投資組合風險雖然較大，但並不是非常高。假設她並未將投資標的分散，而將所有的可用資金，投入風險值高達5.0的單一潛力股，其資金投入總風險值高達5.0。風險比整個股市高出五倍之多，比分散投資危險度高。儘管如此，此一投資組合總風險達1.615，也算是相當偏高了。它代表極高的風險，會導致迅速獲利或者遭致急遽虧損。這樣投資組合可能適合年輕單身沒有太大經濟負擔的小資族，至於年紀較大有家庭負擔的上班族，則比較適合A先生的風險投資組合。

 ## 哪種風險投資適合你？

你能容忍多大的風險？多大的風險才適合你？這沒有固定的答案，因為有的小資族有學貸壓力，有的沒有，有的早婚有家庭負擔，有的單身沒家庭負擔，生活狀況各不同，本書僅就提出風險案例，提供多方思考給小資族參考，小資族可以參酌自己的財務狀況，擬出自己的風險投資組合。

以台灣股市風險投資組合來說，我們假設台灣整個股市成分股的市場風險數值為1.0，當小資族投資自己選股票所組合風險數值為1.0時，代表自己的資金投入股市時，風險與股市一致，如果小資族的投資組合風險數值為2.5時，表示投入股市的自有資金，跌價風險性較整股市高出250％，漲升利潤也高出250％。

假設，台灣股市全年只上漲5％，如果甲乙這兩位小資族，同樣投入

市場30萬，甲小資男風險數值為1.0，則年利潤為──

30萬*5%（上漲）* 1.0（風險值）＝1.5萬。

乙小資女風險數值為1.5，則年利潤為──

30萬*5%（上漲）*1.5（風險值）＝2.25萬。

乙小資女比甲小資男多50%的利潤，相對損失也比甲小資男多50%，以這個例子推到你自己的投資組合，如果你增加風險負擔，遭致較大損失的機會可能增加；然而你獲致較多利潤的機會也同樣會增加。必須牢記於心的是，只有充分分散風險投資組合，才可能有低於一的風險。將全部的可用資金，投入風險值高達5.0的單一潛力股，其資金投入風險比股市高出5倍之多，如果人家投資100萬只賠5萬，你可能要賠25萬，就是別人的5倍。

之前例子提到，B小姐與A先生，投資組合風險分別是0.625與1.615，如果他們像甲乙兩個小資男女一樣，都投資30萬，而股市漲跌比率為±5%，則：

B小姐損失與獲利：30萬×1.615×±5%＝±2.423萬（四捨五入）

A先生損失與獲利：30萬×0.625×±5%＝±0.938萬（四捨五入）

B小姐的預期利潤稍高，因為她承擔的風險大。當B小姐為了獲取此潛在的超額利潤時，你會問我適合承擔這樣的風險值嗎？這個問題只有你自己可以衡量。如果你覺得自己的經濟狀況可以像B小姐一樣承受2.423萬的損失，你的風險值組合就可以跟她一樣，問題是你可以嗎？這個答案只有你自己能回答。

不過，我們可以從財務狀況、心理壓力、市場情況這三個關鍵因素，來衡量B小姐是否適合風險值1.615的投資組合。

從財務狀況來看，B小姐年輕有固定收入，而且單身沒有家庭負擔，她不需要依賴此一投資來獲取所得。財務上，她極有能力來承擔此一風險，負荷更大的股價波動。

　　此外，衡量B小姐心理壓力，是另外的一個決定她是否能承擔1.615風險值的關鍵因素。如果B小姐在某天早上看報時，發現手中股票價值已跌掉10%時，心理上會過於恐慌，使她精神恍惚、影響工作績效，甚至無心與同事和朋友一起出去玩，造成失眠、頭痛、心悸的現象，那B小姐就不太適合這樣的風險投資組合，失眠是心理風險一項重要衡量標準，如果B小姐看到自己的資產突然縮水，還能正常過自己的生活，那她就很適合這樣的投資風險。

　　最後，還必須從目前股票市場狀況，來衡量B小姐適不適合這樣的風險，前面已證明過，整個股市指數波動，對於投資組合的價值，有極大的衝擊與影響。只買一兩種股票或某一類股票，可能無法跟股市多頭一起上漲獲利，如果以分散化的投資組合，則能與股市同步大漲獲利，B小姐只要注意大盤大趨勢即可，不需要擔心選錯股票的問題。

　　許多22K小資族對市況覺得樂觀時，也會希望增加其投資組合的市場風險，雖然風險大，但是利潤高，反過來說，當股票市場呈悲觀時，小資族會希望降低其投資組合的市場風險。較保守的投資組合適合於市況悲觀時期，較積極的投資組合，適宜於有明顯漲勢的多頭市場。

　　在此並非建議我們那位35歲已經結婚有家庭負擔的A先生，採取像B小姐一樣風險性的投資組合。但是A先生可以在市況特別好的時候，在他能力範圍許可之下，採取稍微積極的做法，多承擔一點風險，只是風險最好能控制在自己能承受的範圍內，才能保有健康的投資心態。

　　22K小資族選擇適合自己的投資組合時，必須從財務狀況、心理壓力、市場情況這三個關鍵因素，選擇適合自己能承擔的風險性投資組合，在財務許可之下，定下心來看清楚市況，看看自己的心臟夠不夠力足以承擔股市上下波動的風險，並做出與市況預期一致的投資計畫。

　　選股與風險之間的關係，我們可以看出低風險傾向的小資族，在財務上需要較高水準的投資收入，投資的資本對小資族將來的收入來說，相

當重要。一般來說，偏好低風險的小資族，他們的投資資金無法從其他所得來源來彌補股票投資的虧損，尤其超過35歲的小資族，收入來源不多，市場又不太能接受超過35歲的工作者應徵工作，這時無收入來源又投資虧損，反而讓自己陷入財務窘境。

年輕單身又有閒錢，就適合做高風險的投資嗎？這答案也不一定，因為有人神經比較脆弱，經不起一點點虧損的痛苦，通常這類低風險傾向的小資族，即使有閒錢，也不該做高風險投資，在投資心理上，如果缺乏投資知識與經驗還出現投資失眠症狀，這類小資族並不適合投資股票，尤其是那些怕親朋好友會嘲笑自己投資錯誤的小資族，儘量不要投資高風險股票投資，免得錢沒賺到，先嚇死自己。

偏好高風險的小資族，屬於風險承受力較大的一群，這一群本身年紀輕，相對於年齡大的人有較長的投資期，投資風險承受度較大，而且財務與心理方面也較為健全，是適合提高投資風險的族群，一般來說高風險傾向的小資族，不需要靠很高的投資收入過活，即使投資失利也還可以從其他收入來源，彌補自己的資本損失。這類高風險傾向的小資族為將來的需要而投資，不是為了短期的利益而投資，投資的金額也不會過於龐大，與其他所得來源比較，投資收入只佔很小的一部分。

在心理層次上，耐高風險小資族比一般小資族更有冒險精神，對股市的壞消息，不會過度反應殺出持股，也不會因為過度緊張而有失眠的症狀。這類小資族對於投資的知識掌握度高，比較有自信看待自己的投資標的，所以在投資上不會隨市場起舞，對於投資的展望比一般小資族樂觀。

一般來說，投資成功的小資族，他們在做每一項投資決策、每一次證券買賣時，都會依據自己的財務情形、心理狀況，以及看準多頭或空頭趨勢，選擇自己容忍的風險投資標的，算出風險值之後，再進行投資。

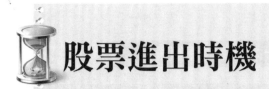

股票進出時機

　　2008年對於台灣市場是個壞年頭，那年台灣股市大部分的股票，都跌得面目全非；所有股票平均下跌幅度相當驚人，排名前十大的權值股來說，如果你在空頭時期持有這些股票，股票平均下跌幅度—50.43%，平均報酬率負50.43%。假設以投資人長期投資平均報酬率，每一年賺9%來看，光2008年一年的空頭市場，不只吞噬一年所賺的錢，還倒賠41.43%（9%—50.43%）如果在2008高檔進場買股票，可能要等好幾年才能夠解套。

　　信奉股價測不準理論的小資族認為，如果投資股票選擇2007年10月至2008年5月這段時間進場，即使選的股票再好，一樣是賠錢。可見進場時機很重要，選到不對的時間進場等於是做白工。

　　依據「2008年十大權值股跌幅表」顯示，請看下頁「表2.6」，在2008年的跌勢中，所有台灣交易所的股票，只有很少的比例得以倖免於難。

表2.6 2008年十大權值股漲幅表

股票名稱 (代號)	權值比重 (%)	2008年1月 (元)	2008年12月 (元)	跌幅 (%)
台積電（2330）	4.35	62	36.5	-41.13%
鴻海（2317）	3.29	202	58	-71.29%
台塑化（6505）	3.16	105	64.9	-38.19%
中華電（2412）	2.17	80.9	49	-39.43%
南亞（1303）	2.16	72.2	50.4	-30.19%
聯發科（2454）	2.13	429	177	-58.74%
台塑（1301）	2.07	103	41.4	-59.81%
國泰金（2282）	2	85.3	31.5	-63.07%
台化（1326）	1.85	88	39.5	-55.11%
富邦金（2881）	1.73	36.1	19	-47.37%
平均跌幅				**50.43%**

　　只有少數股票投資，得以避免遭到虧損的命運。很明顯地，即使是最優良的股票，在劇烈下跌的2008年空頭市場裡也不應該持有，最好在2007年7～10月間，大盤達到9800點附近，股價達高峰時候拋出股票；然後在跌勢市場裡將資金存在銀行定存裡，以等待大盤價位跌低以後，再投入市場買股票，總之，戰略應該是，在股市起漲時長期持有績優股，在行情下跌時，讓別人去持有。這並非說投資股票一定要經常短線進出，這是說每隔一、兩年，小資族必須思考，多頭市場的時機何時開始，經過思考做出重要決策，並根據該決策執行投資。一般來說，在多頭起漲點買進股票，長期來說，績優股股價會從短期的大盤崩跌後開始回升，並提供小資族優厚的投資利潤。根據「2009～2011年十大權值股漲幅表」資料顯示，請看「表2.7」，只要你在多頭時期，持有十大權值股兩年半，你的

投資報酬率平均有117.12%，這還不包含每年配股配息的利潤。

表2.7 2009-2011年十大權值股漲幅

股票名稱（代號）	權值比重 (%)	2009年1月最低價	2011年7月最高價	漲幅（%）
台積電（2330）	4.35	38.7	84.9	119.38%
鴻海（2317）	3.29	58.4	99.5	70.38%
台塑化（6505）	3.16	55.2	112	102.90%
中華電（2412）	2.17	50	111	122.00%
南亞（1303）	2.16	32.4	82.1	153.40%
聯發科（2454）	2.13	228	326.5	43.20%
台塑（1301）	2.07	43.15	112	159.56%
國泰金（2282）	2	31.8	46.2	45.28%
台化（1326）	1.85	35.4	110	210.73%
富邦金（2881）	1.73	19.95	48.75	144.36%
平均漲幅				**117.12%**

　　從小資族投資角度來看，如果2008年開始投資股票，假設以零股買賣，買進十大權值各一股，從2008年一月持有至2011七月，即使歷經2008年大跌，最後還是能在2011年之後以多頭漲幅抵銷掉空頭跌幅，平均報酬率如「表2.8」所示，仍有66.69%，這還不包含每一年配股配息的利潤。

表2.8 2009-2011年十大權值股報酬率差距

股票名稱（代號）	2009/1～2011/7漲幅(%)	2008/1～2008/12跌幅(%)	報酬率
台積電（2330）	119.38%	-41.13%	78.25%
鴻海（2317）	70.38%	-71.29%	-0.91%
台塑化（6505）	102.90%	-38.19%	64.71%
中華電（2412）	122.00%	-39.43%	82.57%
南亞（1303）	153.40%	-30.19%	123.20%
聯發科（2454）	43.20%	-58.74%	-15.54%
台塑（1301）	159.56%	-59.81%	99.75%
國泰金（2282）	45.28%	-63.07%	-17.79%
台化（1326）	210.73%	-55.11%	155.62%
富邦金（2881）	144.36%	-47.37%	96.99%
平均報酬率	117.12%	-50.43%	66.69%

 抓對時機的小資族利潤可觀

　　我記得從前認識一位小資女叫小玄，她買股票是以股市多頭市場波段操作，作為長期投資股票的依據，小玄在股市大盤低點附近買進台積電這支與大盤近乎同步漲跌的大型股票，然後在接近股市大盤高點附近賣出台積電，小玄這樣波段操作，造成相當可觀的投資利潤。我將小玄進出股市的狀況列表如「表2.9」所示，1999年9月第一次多頭起點附近小玄買進台積電至2002年12月賣出。

表2.9 小資女─小玄波段操作表

股市多頭期	低點買進	高點賣出	報酬率
多頭第一期台積電股 （1999/9～2002/12）	56.5	222	292.92%
多頭第二期台積電股 （2001/9～2002/4）	44.1	97.5	121.09%
多頭第三期台積電股 （2003/5～2004/5）	46.7	59.5	27.41%
多頭第四期台積電股 （2004/8～2007/7）	42.4	73.1	72.41%
多頭第五期台積電股 （2009/2～2011/2）	40.5	77	90.12%

　　小玄在這12年之內，做五次賣出決策與五次買進決策，此種投資模式，小玄在市場低檔時機買進股票，在高檔時機買出股票。此一投資方法並不要求要把股票賣在最高點，也不要求買在最低點。而是在股市接近低價區時買進或者在接近高價區賣出，小玄順勢而為，在12年內，如此買賣來回操作5次，簡單的計算即可發現，台積電這檔股票在這段期間，每年平均利潤率為62.21%，高出整個市場年平均利潤率許多。明顯地，懂時機進出股市買賣，比起長期持有不賣股票，獲利差距相當大。如果2002年12月小玄在222元買進台積電，即使放到2013年9月股價也只在100元附近，放了十年還是賠錢。小玄的投資方法，就算沒有在股市最低點買進股票，只在接近股市低價的地方買進，一樣可以有不錯的獲利，依據此種方式，投資效果是相當戲劇性的。

　　以小玄來說，她操作台積電12年是同一套資金來回買賣操作。如果以複利計算的報酬率是：

$$292.92\% \times (1+121.09\%) \times (1+27.41\%) \times (1+72.41\%) \times (1+90.12\%) = 2704\%$$

　　換句話說，小玄投資股票12年變成，資產放大至27.04倍。以她當初投入的6萬元資本起算，目前小玄資產膨脹至162萬2793元，如果小玄沒有在適當的時機來回買賣五趟台積電，那資產變成27倍的可能性很低。小玄只是稍為避開空頭市場，即可獲致與其他人截然不同投資利潤。

判斷進場時機

　　像小玄這樣判斷進場時機，看起來很難，其實沒想像中那麼困難，最起碼小玄是真的做到了，大多數22K小資族希望投資股票買到最低價，賣到最高價，但是小玄是信奉股價測不準教義的投資者，她不認為低價與高價測得出來，但是她可以看出哪裡是起漲點，漲到哪裡漲不上去，她不求買在最低點或最高點，她反而希望自己買在起漲點賣在漲不動的點，許多人懷疑是否有人像小玄一樣，能研判反轉的可靠信號，判別股市的高峰點或谷底。如果有這種信號存在，小資族如何利用這種信號，做出正確的投資決策。針對股票市場趨勢反轉，某些判斷因素頗有參考價值，其中最重要的還是經濟的前景。以前每個人判斷台灣股價指數的趨勢，以政治穩不穩定來判斷大盤的趨勢，但是現在不像過去那樣處於一種戰爭緊張狀態，政治影響經濟上的衰退已變得較為短暫而且較不嚴重。反而是全球經濟前景影響台股指數趨勢甚深，尤其是美、中、日、歐這四個大經濟版塊，牽動台股指數的漲跌，最明顯的是2008年的美國金融風暴以及緊跟在後的歐債問題，使整個國際股動盪不安。股票市場一直擁有預期經濟走下坡就要崩跌的壞習慣。在股市衰退半途之中，正好是經濟消息最惡劣的節骨眼。舉例來說，2007年至2009年期間許多美國與歐洲的經濟壞消息不斷出來，台灣股價指數，受到2008年美國金融風暴最深，最終在2008

年底觸底，2009年領先回升。2007 年開始美國的次貸風暴已悄悄展開，當時台灣指數在高檔震盪，直至2008年9月美國第四大銀行雷曼兄弟破產，遂擴散至全球，各主要國家之金融市場，台灣股市一樣跌得很慘。

表2.10 2007～2009年金融海嘯大事紀表

2007.02 HSBC大型金融機構損失報告首度被披露。

2007.09 英國 Northern Rock Bank 爆發擠兌風潮。

2008.03 美國第五大投資銀行獲得美過政府300 億美元貸款支持。

2008.08 法國市值最大銀行因投資美國次貸產品虧損。

2008.09.美國兩大房貸融資機構瀕臨破產而被美國政府接管。

2008.09.美國第三大投資銀行 Merrill Lynch 被 BofA 收購。

2008.09 美國第四大投資銀行雷曼兄弟，提出破產保護申請。

2008.10 冰島國家銀行 Landsbanki 和 Glitnir 銀行被政府接管。

2008.10 美國第一大保險集團AIG面臨財務困難，受美國政府援助。

2008.11 歐盟委員會批准法國及荷蘭兩國 4600 多億歐元救市計畫。

2008.12 法國提出 260 億歐元的刺激投資方案。

2009.01 台灣政府發行振興經濟消費券，每人新台幣 3600 元。

2009.03 美國決定在 2009 年期間購買 3000 億美元的長期公債。

2009.03 美國政府再提供給 AIG 300 億美元資金援助。

從「2007～2009 年金融海嘯大事紀表」對照台股空頭跌勢，早在2007年2月HSBC大型金融機構損失報告首度被披露，那時台股在高檔震盪，已事先預告跌勢的來臨，那時的小資女小玄便覺得一個這麼大的銀行，都掩蓋不了這樣大的財務窟窿，想必銀行體系已經出了問題，從那時起小玄已經開始慢慢地出脫自己手中的持股。

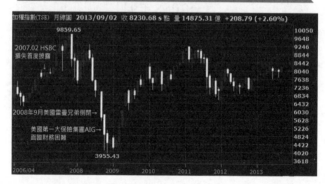

圖2.5 2007～2009年台灣股市月線圖

　　2008年10月美國第一大保險集團AIG面臨財務困難，受美國政府援助。那時大部分的分析師都看壞未來經濟，大部分都評估要好幾年全球經濟才能復原，但實際上那時台股從2008年11月就已經開始跌不下去。如「2007～2009 年台灣股市月線圖」所示，台灣股市在2008年11月底跌到最低點3955.43之後，在2009年3月開始回升，小玄是在2009年2月以50～40.5的價格開始陸續買進台積電持有一段時間之後再賣出。

　　2008年這種現象可以說明當經濟明顯走下坡的期間，台灣股價指數通常在經濟衰退的中途，創最低點並開始回升，之後繼續上漲至最高點，在2008年9月經濟大衰退之前。2007年11月台灣股市已經開始劇烈大跌之後再小反彈，直到經濟衰退期的中途，才又開始隨著預測經濟好轉而回升。2008年的大跌跟經濟衰退的關係不大。主要是金融市場投機風潮過盛，衍生性商品過於氾濫，導致突發性債務壓垮銀行，銀行又波及到產業，造成整個連鎖效應。整體說起來是大銀行玩錢玩過頭，使得銀行裡面一堆爛債還不出來，開始引發連鎖倒閉潮。

　　2008年經濟衰退終止後，經濟開始小成長，小成長又造成更大的成長。經濟上某一產業的繁榮，導致另一個產業的榮景，接著連鎖反應所有產業的繁榮。一般來說，市場經濟領先復甦的產業，是建築業。由於人們

於對新建築有需求，帶動建材、家庭用品以及傢俱新一波的需求，這些需求轉提供人們更多的工作，而較高的就業，意味著更多的所得；因而導致更多的產品與勞務需求，這些需求會刺激更多的消費，消費又再製造更大的勞務需求，良性循環之下，經濟不斷擴張復甦，經濟榮景開始，股價指數就開始漲升，如圖2.6所示，內圈的台灣股市指數循環，隨著外圈的經濟循環而變動，由盤整漲升到過熱崩盤都有軌跡可循。

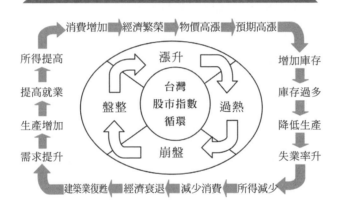

圖2.6 景氣循環與台灣股價指數關係圖

當經濟榮景不斷發展，會產生經濟過熱、物價高漲的現象，這種現象的產生，是因生產無法跟上需求，需求超過生產，而生產無法迅速擴張。於是，呈現物資短缺。消費者與企業預期物價高漲，所以會提前訂貨以防缺貨情況下，更造成其本身的短缺。這種過度需求造成物價壓力，並促使通貨膨脹加速。結果就是過熱的、飽受通貨膨脹之苦的經濟。

經濟大概就在這個時候，通貨膨脹變成嚴重的政治問題。這時的股市指數也呈現過熱飆漲，投機風日盛，為了壓抑過熱的景氣，政府當局開始擬訂政策對抗通貨膨脹，試圖緩和過熱的經濟。其目標為降低經濟成長，直到生產能量可以趕上需求為止。政府當局負責財政政策者開始談論增加稅收以減少過度需求，並降低通貨膨脹。這也就是當美國聯準會縮減

貨幣量化寬鬆政策時，為什麼全球股市會跟著動盪不安的原因，因為美國聯準會緊縮貨幣供給，降低貨幣供給量，相對會讓世界的貨幣利率跟著提高，台灣無法倖免於美國緊縮貨幣政策，台灣央行也必然會推出緊縮貨幣政策，最常見的台灣緊縮貨幣政策是升息，調高銀行貸款利率，這使得一般消費者購房、企業銀行借貸資本支出及存貨成本加高，抑制市場過熱的需求。

由於社會大眾預期台灣央行會推出升息策略，大家預期升息後物價會變貴買不到貨品，企業會提前訂貨並且維持存貨，以因應預期的持續高度需求，當企業擁有太多的存貨，而政府又緊縮貨幣，使得企業借款利率提高，企業可能因為利率太高或者本身缺乏借款能力，無法再對存貨融資轉換現金，使得企業無法再訂貨，這時企業倉庫存貨已達高水位，一旦消費者停止購買，企業存貨過多，擔心存貨銷售不出去，所以開始削價出清存貨。由於企業出清存貨，不再累積存貨，相對生產就會減少，企業也就不再釋出工作機會，使得失業人數迅速增加，人們所得減少，消費支出也會變小，經濟衰退就成為不可避免的結果。

企業出清存貨大都是因為急需現金，因為銀行融資不易加上消費需求不振，使得企業不得不出清存貨以自保，這時往往是企業財務最脆弱的時候。當市場需求增加時，企業大量借錢購買貨品，堆積存貨，是怕貨品未來價格會上漲，所以不得不在價格更高以前，強迫自己買進，不斷累積存貨降低成本。不過，一旦市場需求呈現呆滯狀況，存貨拋不出去時，物價就急遽下跌。當企業發現，他們以貸款堆出的高價存貨，銷售量與利潤都下跌，他們必須趕快折價拋售存貨，以便籌措資金償還銀行貸款，才能避免巨額的損失。存貨如果沒有賣出，廠商將沒有現金來彌補損失，破產就是唯的一途徑了。簡言之，繁榮時必須借款，而一旦經濟衰退出乎預料地來臨時，銀行債務就成了企業的致命傷。

從圖2.6我們可以看出，股市循環跟著經濟循環，當你投資台灣股票

時，一樣也可以看出，一家公司進入營收銷售創高峰期之後，開始有存貨過多的現象，這使得這家公司不得不將存貨出清，相對也使得公司的營收不如以往亮麗，公司賺錢不多，股價當然也就由盛轉衰，宏碁電腦即是明顯的例子，宏碁曾因存貨過多，導致公司虧損，致使股價狂跌。如果你投資的股票公司賣的產品是電腦、汽車之類非生活必需品，當市場消費需求不振時，這些非生活必需品的購置時間延遲，代表企業必須想辦法消化存貨，當存貨減少到某一個合理水準，企業購買力又開始復甦，這種存貨購買力由衰轉盛再由盛轉衰，是企業經濟自然調節的力量，消費者雖然延遲非生活必需品的購置時間，但是他們繼續購買食物等必需品。汽車或電腦等非必需品，自然會在經濟穩定之後再開始趨於擴張，存貨循環就在經濟衰退與擴張之間，周而復始地不斷循環。

現代的經濟環境，各國政治領袖大都不願面對高度通貨膨脹的風險。美國聯邦政府為阻止經濟走下坡，實施寬鬆貨幣政策反過來助長通貨膨脹率，放寬貨幣供給與政府支出，通常被用來刺激經濟，並幫助經濟從衰退中復甦。

美國聯邦政府此種放寬貨幣供給策略，有高度的財務風險。如我們前面所提到的，在經濟繁榮時，台灣企業過度舉債融資，以高價囤積存貨，而放寬貨幣政策造成台灣出口貨品銷售價格降低，廠商還會怕商品賣不出去，急於倒出他們的存貨來，企業賤價傾銷，意味著更多的便宜貨品在市場流通。流通的便宜貨品促使整體物價跌落得更低，台灣廠商只有賠本殺出存貨，導致無法回收成本，應付銀行貸款與其他應付款項。這些應付款項，就是其他廠商的應收款項。上游廠商無法付出貨款給下游廠商，導致破產，上游廠商破產連累其他下游廠商，導致下游廠商也破產，這就像骨牌效應一樣，破產的連鎖效應，造成重大的經濟傷害。

經濟衰退是市場的自然現象，也是必然遇到的循環週期。經濟衰退雖然造成許多個人的嚴重經濟傷害，相反的，經濟衰退也有其積極的效

果，例如淘汰一些惡質無效率的廠商。然而，大體來說，沒有人能在衰退中獲利，所以股市是有理由事先反應經濟即將衰退的現象。

如圖2.5所示在2007年2月已出現大銀行債務問題，經濟衰退的跡象初現時，隨後台灣股市在2007年10月即創下最高點9859.65，2007年11月開始反轉向下；同樣地，台灣股市在經濟消息最惡劣時，股市事先反應，2008年10月美國第一大保險集團AIG面臨財務困難，受美國政府援助時，市場一片悲觀，隨後在2008年11月股市指數落底來到波段最低點3955.43。在經濟衰退即將告一段落之前，台灣股市即已看到隧道盡頭的曙光，知道經濟復甦即將來臨。在來臨之前，股市就開始回升，2009年3月雖然國際經濟壞消息一堆，台灣股市依然以極強的力道回升。當經濟仍然處於衰退的泥沼中時，台灣股市即已預見經濟蕭條即將結束，景氣將朝上走的跡象，因此股價開始隨之反應。

怎麼看股市與經濟景氣循環週期？

自網路時代興盛以來，金融投資已不分國界，台灣投資光是外資的比例就高達近四成的量，台灣股市漲升與全球經濟興衰步調一致性越來越高，當我們看到歐美中日四大經濟體衰退即將來臨的時候，台灣股市已經先跌了一大段了，這表示投資人想在股市中獲利，必須盡可能努力預測經濟衰退或復甦的前兆，盡量比別人提早一步預測出來，提早布局，那麼，有什麼技術，可以用來預測經濟衰退或復甦的前兆呢？

多年以來政府會公佈一套經濟的「領先指標」，提供投資人參考。每個月行政院經建會網站會公佈「上個月」的領先與同時綜合指標數值；領先指標以製造業新接訂單變動率、股價變動率、貨幣供給M1B變動率、躉售物價變動率，與房屋建築申請面積四項內需面指標，加上製造業新接訂單、海關出口值變動率，以及製造業平均每月工作時數共七項指標個別統計處理後，再加權平均計算形成一個景氣領先指標綜合指數。

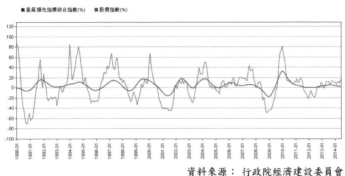

景氣領先指標與台灣股價關係圖

■ 景氣領先指標綜合指數(%)　　■ 股價指數(%)

資料來源：行政院經濟建設委員會

　　領先指標確實領先於經濟的變動，一般在經濟衰退開始以前，即事先顯示出經濟退化的徵兆；並且在衰退結束以前，事先顯示經濟復甦的徵兆。領先指標的強勁與衰弱，確實能指出整個經濟的未來趨勢。如果小資族試圖使用領先指標來做投資決策，必須先考慮到領先指標公布通常在一個月之後，比如說九月之後公布八月的領先指標，投資時效性有落差，有時候股市八月漲了一個多月之後，領先指標才在九月的報告中出現。可是，這個時候股價已經早就實質反應了。所以指標只能提供市場未來方向的線索；這些指標最好還要與其他情報聯合應用，才有益於投資。

你投資的公司股票賺錢嗎？

　　有一些小資族投資賠錢公司的股票，這些股票價格低，有的五六千元就可以買得到，小資族打的算盤是這種低價股如果飆漲，可能是好幾倍的利潤，然而事實卻跟小資族想的不一樣，賠錢公司的股票，它依然會繼續虧損下去，可能股價好幾年都不動。企業公司的利潤，很明顯與景氣循環週期有密切關係。當經濟蓬勃向上時，公司也是欣欣向榮，利潤大幅度地成長。另一方面，經濟走下坡時，公司利潤也會受影響而轉壞。

　　公司利潤可作為經濟指標，了解景氣循環週期與股市反轉的線索。

最典型的線索，是當經濟一切看起來都很好的狀況下，失業率迅速降低而公司利潤直線向上，當公司利潤已達高峰時，公司股價在股市中創新高價，以台積電做比喻，台積電每一股普通股所賺得的盈餘（EPS＝盈餘／流通在外股數）於2009年一月EPS從最低點0.06一路挺升至2013年第二季EPS最高點2。股價也跟著EPS漲升，台積電股價由2008年12月的36.5最低點一路挺升至2013年五月的116.5元。

當台積電2009年第一季EPS處於最差情況時，公司股價股市率先在2008年12月反應見到低點，當時即是低點翻轉向上的徵兆，也是小資族開始要樂觀的時候了。不過，股市指數與台積電的EPS何者為領先指標、何者為落後指標，很難斷定。股市指數遠比其他指標領先預期經濟的未來展望。但是相同的原則是，股票買賣總在消息利多時賣出，在消息利空時買進。就像台積電當初在EPS只有0.06元利空的時候買進，現在持有台積電的人，擁有很好的投資利潤。反過來看也一樣，如果等到台積電這類晶圓產業走向欣欣向榮而股市創新高峰，你才想買進台積電，似乎風險會更高。當然，有些人會告訴你這次情況不同，股市還會再創新高，這種樂觀的說法往往出現於股市達到高峰時，在股市谷底，空頭的說法也一樣，他們會說此次情況不同，股價指數可能還會再創低點。如果你不想股票賠錢，最好能在市場一片看壞聲中，找一家賺錢的公司投資股票，勝率一定比多頭時期大家一片看好時投資，勝算要大很多。

現在市場資金有利於股市嗎？

錢如水，水能載舟也能覆舟，股市也需要錢水，錢水代表資金動能，股市資金的動能，來自於各國央行的貨幣政策，假設美國政府決定要在2014年收回量化寬鬆政策，資金緊縮的結果必然迫使其它國家升息，台灣央行也一樣會跟著升高貨幣利率，這樣股市資金的動能會慢慢減弱。貨幣政策對經濟的重要性，曾被廣泛討論過。貨幣政策確與景氣循環週期

密切相關；事實上它是執政當局用以管理經濟的主要工具之一。美國聯邦準備局的擴張貨幣政策或緊縮貨幣政策，會牽動股市行情，對股市顯得相當重要。

　　貨幣政策的行動範圍，包含三種步驟，調整銀行貼現率、改變銀行存款準備率，以及改變股市融資、融券比率。這三種政策行動，都可以形成擴張或緊縮的貨幣政策。長期的貨幣緊縮活動，用以減緩膨脹過熱的經濟情況。長期緊縮活動的結果，可能造成股市下挫。以現在美國寬鬆貨幣的態度來看，目前經濟要邁入緊縮還言之過早，即使2015年開始調高貨幣利率離美國貨幣緊縮政策開始還有一年的緩衝期，2008年與2013年為美國顯著的貨幣擴張活動，對股市的上漲刺激效果極為有利的，人們似乎有很多機會來觀察美國聯邦準備局的政策動向，並採取行動。當股市下跌時，經濟上明顯是在走下坡，而聯邦準備局開始採取擴張政策時，就是買進股票的大好機會。另一方面，當股市與經濟都處於繁榮狀態，而聯邦準備局已開始提高保證金交易的保證金比率、提高銀行準備率、並提高重貼現率時，股市已經快達最高峰了，正是出清手中持股的時機。

　　利率的變化，影響股市資金的變動，特別是商業票據利率以及銀行貼現率，這些短期利率，對於貨幣政策及經濟很敏感。基本上，當經濟情況開始向上時，短期利率開始緩慢向上。當經濟趨於過熱時，企業活動接近頂峰時，企業活動對於現金需求，使短期利率到達最高峰。台灣央行開始會採用緊縮的貨幣政策，來冷卻經濟並減緩通貨膨脹。

　　在經濟開始步入衰退之前，利率可能仍維持其高水準。當經濟景氣開始走下坡，經濟衰退徵兆已逐漸明顯時，短期利率便會迅速地下跌。經濟活動業開始減緩，相對資金需求也減緩，這時聯邦準備局會放寬貨幣政策，使貨幣流入經濟體以避免蕭條，並使經濟得以重新上漲。

　　在經濟開始要衰退及衰退即將結束時，短期利率的變化，對於投資股市的小資族來說，特別重要。通貨緊縮並提高利率伴隨著經濟繁榮，是

經濟活動到達頂峰的指標。**通貨的緊縮與短期利率的高升，是為了減緩經濟活動而設計的。**此一政策必然成功，經濟必然因而走下坡，由於短期利率為景氣循環週期高峰的預測指標，它所提供給投資人的消息是，股市將要到達頂峰了。

股市到達高峰時，即可看到股市再上漲的可能性極微，而下跌的風險頗大。在股市喪失其動力時，是一個值得懷疑的時候，短期利率提供投資人在分析投資的風險與報酬時，一個極有吸引力的選擇方案。另一方面，無風險的國債與商業票據，提供高的利潤率，吸引小資族投入貨幣市場，將資金從股市撤出，也是預測股市反轉時重要的指標之一。

短期利率的大幅下跌，是經濟即將復甦的徵兆，在經濟衰退中期，股價已達到最低水準，短期利率這時可能震盪得很厲害。通常利率可能下跌50%或更多。短期利率大幅下跌，將改變投資人的風險報酬比率，提供股市由底部反轉極大的動能。所以，短期利率是預測股市反轉時有利的指標。

另一項預測股市的重要因素，是股票價值，傳統上股市分析者，採用本益比作為衡量股票價值的輔助工具。本益比是隨手可算、容易瞭解，並且幾乎是衡量價值的最佳工具。不過這項預測工具有點問題，因為你無法確定未來的公司純益是多少。

本益比通常是以目前的股票市價，來除以下年度的公司純益，所以它有賴於人們預測未來益純的能力。除此以外，過去15年來，股市正常的本益比高低範圍是，15～17倍。當本益比低於15倍時是股票買進的時機。

然而，通常高本益比或低本益比，並不表示股價馬上要逆轉，只是即將逆轉。股價偏高或偏低的本益比，可以保持很長一段時間，往往可長達一年或一年以上。股市在達到谷底以前，有很長一段時間，股票看起來真的很便宜。

　　股市有時因為許多股票的本益比偏高，導致股價與實際價值差距太大，造成股市崩跌。那時候，股市崩跌的原因，顯然與經濟景氣展望或貨幣政策關係不大。這時期股市上漲原因，是由於政府的政策造成經濟上的樂觀所致。

　　當股價已遠超出任何合理估計的價值，投資人買進興趣缺缺時，雖然經濟仍在成長，股價卻大幅掉落。公司利潤雖然持續增加，但是公司營收成長率，已經開始和緩下來了。然而，經濟並未走下坡。主要是投機者買股狂熱，促使股票價位過於偏高。當投機狂熱化為雲煙時，股價便跌入谷底。

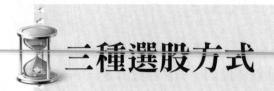

三種選股方式

　　小資族投資股票，如果買進與賣出的時機都錯了，股票選得再好都是浪費時間，小資族之所以無法選對時機賣出股票，原因在於無法克服人性的弱點。

　　我記得在2007年當時經濟繁榮，投機風日盛的那一年，我認識一位月領26K的會計小姐叫小麗（化名），當時小麗積蓄有三分之一放在股票上，2007年五月台灣股市從最低點7306.7點一路漲到七月的9807.1點，兩個月漲了快兩千點，小麗的股票也水漲船高，獲利不錯。只可惜2007年這股投機風於2008年結束，隨即帶來台灣最大的股市崩潰。小麗在台灣股票市場投機狂熱即將反轉向下時，未能及時賣出股票，當股市面臨更糟的經濟消息而崩跌時，小麗繼續抱著股票痛苦地廝守在一塊兒，小麗唯一感到安慰的是他的同事跟她一樣投資股票套牢賠錢。小麗買股票有跟隨群眾的傾向，遇到投資挫折時，只會逃避，不願承認失敗，只會躲在一角，與其他失敗的人一起療傷。這種逃避挫折不願承認失敗的心理，源自於「過度自信」，小麗認為自己選的股票一定沒問題，百分之百一定可以獲利。2007年5月至7月之間，小麗所持有的股票飆漲，她把自己投資的成功，歸功於自己選股眼光犀利，她認為以她會計的長才，選出來的股票一定會不斷飆漲，小麗認為自己是挑選熱門股的天才。她忽略了自己的成功，其實不是自己的天才，而是股市的投機風潮所致，導致所有的股票股價通通上漲，自己才會成功的。

　　小麗自信滿滿地以為在2008年會繼續獲致更大的利潤，於是2008年1月股市回檔時，加大資金操作，把她積蓄的三分之二拿出來買股票，不久

後全球金融危機爆發，可想而知她的股票一路暴跌，資產急速縮水。小麗資金過度擴張的操作，造成嚴重的損失。

　　小麗之所以投資失利，是沒有做好資金風險控管，在股票投資中，選股只是投資步驟中的第三步，**健康的股票投資順序，是風險第一，公司市場前景第二，選股才是第三**，在跨出選股這一步之前，投資股票的小資族必須先做好資金風險控管與市場前景評估，選股方面，必須適合「長期」財務要求，而不是短期獲利需求，從長期的觀點來看，小麗把資金三分之二放在台灣股市九千點附近的股票，這已經不合長期財務要求，小麗必須先算出自己財務的風險。當風險問題都確認好了，再來投資股票，虧損才不至於擴大。

　　小資族過於迷信選股，容易忽略風險與市場前景評估，只有先專心在風險與市場前景評估之後，選股才有意義，選股的流程如【選股流程圖】所示。

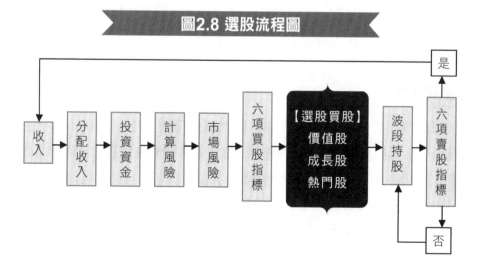

圖2.8 選股流程圖

　　假設小資男阿志收入每月22K，扣除生活開銷之後分配收入每月五千元為銀行存款，一年之後共有六萬元資金，經過風險計算後小志可先投入四萬元於股市，根據六項買股指標標準（請參考166～167頁），2008年

10月股市已進入可投資階段，這時阿志選擇買進熱門股台積電，波段持有至2013年10月還未賣出，未賣出的原因是六項賣股指標（請參考170～171頁）未有賣出訊號，所以阿志繼續持有台積電。

　　阿志持有台積電的成本為每股38元，2013年10月台積電每股價格為104元，如果不包含手續費與交易稅，阿志持有台積電的報酬率【（104—38）/38】%＝173.68%

什麼是價值股、成長股、熱門股？

　　小資族們投資個性形形色色都不同，同樣地，選股的方法也有很多種，如同之前討論過股價測不準理論，沒有一個選股方法是最好的。如果有最佳的方法存在，每個人都會去用它成為股市贏家，大家都是贏家，那誰是輸家呢？沒有輸家的股市，世界上還不曾看過。其實選股方法真要分的話，大概分為價值股、成長股、熱門股這三種選股方式，小資族必須熟悉辨別這三種股票的方式，然後搭配後文介紹的買賣指標適時投入股市，想必會有不錯的投資效益。

價值型選股

　　價值型選股方法，就是以算出股票真實價值為主，如果市場上股票買賣的價格低於實際價值，這種被低估的股票即稱為價值股。最常見的方法是【公司資產÷（所有股數*股價）】如果大於1，代表這個股票被低估。如果有一種股票看起來好像值100元，但是卻因為大家都悲觀看待股市所以降價賣出以45元成交，那這種股票是被低估的好貨。但是被低估的好貨相對也有投資的危險性，因為這種股票可能只是估計起來值100元而已，可是市場上都認為它值50元，即使估計起來值100元也沒人敢買，尤其是投資者對經濟信心崩潰時，即使市價估計值1000元的股票也會一直往下跌，所以價值型股票買了之後，可能短期之內不一定會漲，可能會

停留在偏低的價位一段時間，無法回升。還有，便宜低價的股票，雖然被低估，但是不代表未來會成長，如果這家公司沒有新的研發技術、新的產品來創造更大的市場，公司一樣會退化被競爭對手趕上，永遠也回不到原來的價位。

成長股選股法

　　成長股選股法，是小資族投資股票的另一種方式，成長股指的是公司每一年都有不錯的利潤水準，3～5年盈餘比其他競爭對手公司表現好。假設經過許多年後，一家公司5年平均盈餘成長6%、營收成長10%或15%，甚至更高，就可以被認為是成長股。公司好幾年利潤成長都高於平均盈餘，確實可以證明是良好的投資標的。然而，選成長股比表面上看起來更為困難，因為有些公司明顯地具有優越條件，但卻不一定有好的成長，有些成長股可能盈餘屬於業外收入，有灌水之虞，小資族在選成長股時要特別小心。

熱門股選股法

　　熱門股選股法是最簡單的選股方法，只要朝成交量前十大的股票挑選即可，由於不同的理由，股市的投資人傾向把資金從某一類熱門股票移向另一類熱門股票。股市的資金常會隨著產業趨勢，追逐下一波市場重視的熱門股票，小資族只要稍為看懂趨勢，即可從新的趨勢大獲其利，由於熱門股的漲跌步調與台股大盤步調一致，只要運用六項買股指標（請參考166～167頁），在低檔買進熱門股，相信有不錯的獲利。以外資持有比例最高的台積電為例，漲跌步調與台灣股市幾乎趨於一致，如果小資族能在低檔買進台積電，相信有不錯的獲利。熱門股選股方法雖然是一種可獲利的選股技術，但它也有某些風險性，因為熱門股成交量大，股價漲起來

雖然很猛烈，但是跌下來也快，因為是很多人買的股票，相對來說也有很多人賣，以產業比較觀點來看，我們可以從相同類型產業的聯電與台積電來做比較，就會發現這兩支股票同是熱門股，股價卻不同。原因在技術性的突破，台積電一直領先競爭對手，在製程技術上突破，營業利益也有穩定的成長，所以從長期觀點來看，台積電股票從2008年持有至2013年之後，股價可以跟著大盤同步成長，但是聯電卻不能。所以小資族在挑選成交量大的股票作為投資標的時，最好還要再觀察這家公司的研發技術是否有突破性的發展。尤其喜歡投資電子股的小資族，必須多留心電子公司的技術成長。

小資族投資股票大多數以價值股、成長股、熱門股三種選股方式，篩選出不同種類股票互相搭配成適合自己的股市投資組合。很多投資人都希望找到低價的成長股，但是挑選成長股，是一件困難的任務，就算找到了，也不保證一定成功，因為市場注意力不可能永遠都在同一種股票上，成長股必須看這家公司的產業前景與目前的社會需求是否吻合，就像以晶圓代工為主的台積電，受惠於全球平板電腦、手機等移動裝置的爆發性成長而帶動公司成長，使得股價也持續一步步墊高，這說明了，每一個年代全球成長的方向不同，連帶也會影響到公司的成長。

無論如何，價值股、成長股、熱門股三種選股方式，小資族通常只選擇三者之中的一種，或者其中兩種的組合，三種的組合很少見。有些小資男女曾問我，成長股是否比價值股好？是否買熱門股配合趨勢投資較好？應該購買低估的成長股嗎？

通常遇到這種問題，我的回答都是：「你（妳）就是最好的股票！！」這是說每個人的資金狀況不同，有的人資金可以擺個三、五年不用，所以可以把錢擺在三、五年之後才會成長的股票，如果小資男女的剩餘資金只能擺兩年，這時可以買短期飆漲股票。選股沒有答案，有些投資組合在某些時候表現較佳，有些組合則在其他時候表現較佳。

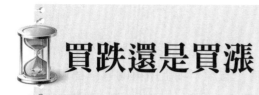

買跌還是買漲

　　我記得2012年六月，台股指數由2012年三月的8100點跌到6800點附近的時候，有一個在出版社工作三年的小資女跟我談起了股票投資……

　　小資女常問我：「大哥！現在買股票，風險是不是太大了一點？」

　　我問：「你旁邊的親朋好友，都覺得現在買股票風險大嗎？」

　　小資女：「大部分都這樣覺得。」

　　我說：「那暫時還不用擔心，可以買股票！」

　　小資女：「現在買股票，那漲到什麼時候賣股票比較好？」

　　我回答：「大家都叫你買股票的時候，你就可以先賣一回了。」

　　小資族投資股票由於資金不如有錢人雄厚，所以不必像有錢人那樣看到哪裡有機會就趕緊把資金投入某支股票上，小資族只要大概知道進場的時機到了，再慢慢進場存一些股票即可。

　　花時間去猜股市跌到哪裡或漲到哪裡對每天上班的小資族來說，沒有太大的意義，從前面提到的一些觀察股市的技巧中，我們可以知道股市在經濟衰退之前，預見未來而下跌，比經濟領先指標及經濟學家預測還早，股市的預測能力遠非任何職業預言家所能比擬，股市的變動因素集合經濟、心理、政治、財務等等各種因素，它匯總了世界頂尖人才所做的消息預測。所以小資族投資股票，研究市場走勢，不能只靠單一指標去看股市的變化，還需要觀察一些利率、貨幣政策以及股票價值合併起來做研判，進場時機才會更貼近市場趨勢。切忌單單用一種股市分析技術，來投資股票這是很危險的。

　　許多成功的小資股票族會思考，市場現在告訴我們什麼？市場是不是已經知道，我們所不曉得的某些事情？假設市場上所有的專家都告訴我們股市會繼續跌，而市場卻開始往上漲方向移動，那這是不是專家弄錯了？小資股票族從這幾個方向思考，並嘗試研判市場行動所得的訊息，將可獲致重大的利益。

　　當然在許多研判股市趨勢走向的工具中，技術分析是小資股票族常用的技巧，信奉技術分析的小資族，他們認為從股市歷史來看，股市上漲的時間比下跌時間來得多，股市由最低點漲到最高點需要花費較長的時間來醞釀，但是下跌的速度遠比上漲的速度要快得多。股市傾向於以較長的時間往上移動，而以較快的速度下跌。股市高點有時候很難判斷，從高點崩盤之前往往有好幾個月期間，價位在高檔震盪，並且成交量擴大。股市慢慢接近波段高點時，上漲速度減緩，這段上漲趨緩的時間信奉技術派的小資族可看出多頭市場即將反轉，並從容地賣出股票，即使股票在高檔比別人賣得早，信奉技術派的小資族也不會因為早賣而賺太少；他們算是靈敏度很高的一群。

　　在股市多頭市場週期即將屆滿時，股市上漲速率有減緩的傾向，這可以很清楚地計算出來。如將過去的多頭市場股市上漲期間平均分成四等分，初升段、中升段、晚升段及末升段，則過去不同時期多頭市場，漲幅百分比如下頁表2.11所示，多頭市場的平均漲升期間，為76個月，將其四個期間，每一期平均漲幅為：初升段113.045%，中升段102.66%，晚升段83.19%，末升段28.59%。多頭市場末期，其漲幅平均只有28.59%。末升段提早賣出的22K小資族，少賺的部分並不多，但是可以避免很大的風險。

多頭趨勢期間

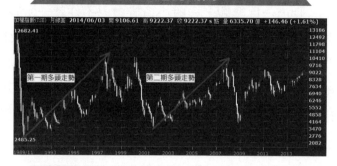

表2.11 多頭走勢統計

第一期多頭走勢（1990/09～1997/07）					
1990/09— 1997/07	總漲幅 295.57%	初升段 6305.22 ↑ 2560.47	中升段 7111.10 ↑ 3171.99	晚升段 10020.50 ↑ 4551.89	末升段 10256.10 ↑ 7893.73
2560.47～ 10128.70					
82個月		146.25%	124.18%	120.13%	29.92%
第二期多頭走勢（2001/10～2007/10）					
2001/10— 2007/10	總漲幅 188.99%	初升段 6448.12 ↑ 3585.46	中升段 6973.90 ↑ 3850.04	晚升段 7859.53 ↑ 5373.85	末升段 9631.53 ↑ 7568.20
3411.68～ 9859.65					
72個月		79.84%	81.14%	46.25%	27.26%
平均上漲 （76個月）					
平均漲幅	242.28%	113.045%	102.66%	83.19%	28.59%

在股市處於空頭市場時，資金的主要避險天堂為國債以及定存等。這個時候，這些避險投資標的收益率往往升到極誘人的水準，而使股市喪

失其誘惑性。這就是要提早賣出的進一步動機所在。一旦多頭市場接近其
終點上漲階段，股市一片樂觀，一般小資族會忍不住就一頭栽下去買股，
多頭末期需要投資更多、更多的資金，將注意力集中於少數穩定的大型
股，來支援其漲勢。結果，會看到大型股票在股市一直漲不動，接近頂點
開始反轉，這就是要提早賣出股票的徵兆所在。以台灣大型股鴻海來說，
2007年台灣股市創新高點之後，鴻海不漲反跌，從圖2.10來看，代表鴻
海的橘線在股價指數黃線創新高之後，率先領跌。

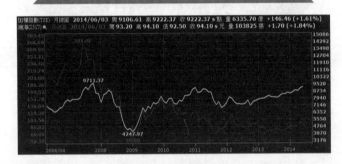

圖2.10 鴻海與台股指數對比圖

　　除了大型股可以做為大盤指數領跌的指標之一外，「利率」也是領
跌指標之一。當台灣央行升息，銀行利率的上漲影響短期利率與股票的利
息分派，央行利率的調高使公司資金成本提高，相對來說，股息分派也會
降低，央行利率調升擴及影響於全體股票。短期利率首先壓迫到的公用事
業股、汽車股、石油股、鋼鐵股，以及其他成熟工業股票，這些本益比相
對較低的股票。對於具有高本益比魅力的股票，可能較少受衝擊，因為沒
有人會為領取股票股息，而購買高本益比股票。

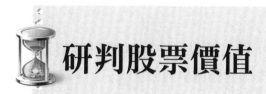

研判股票價值

　　股票價值很難定義，不管你用什麼方法來評估股票，股票真正的價值隨時在變動。從圖2.11可以看出2014年6月10日台灣股價指數創六年新高，這時的台積電股價相對六年前已創新高來到124.50元，但是鴻海卻回不去六年前的高點284元。

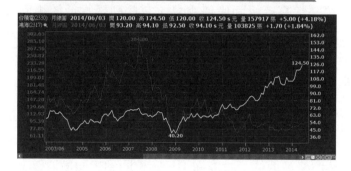

　　這兩家是在台灣赫赫有名的大公司，股票價值隨著時間的變動，相對價值此消彼漲，變動幅度相當大。相對於台灣股價指數，台積電股價漲幅偏高，台積電的股票實際價值與成交量關係不大，主要是投資人對台積電的看法樂觀而投入資金在台積電，接著產生魚群效應，很多人跟進，再推升成交量，量又推升成交價。這其中形成台積電的股價價值的因素相當複雜。

　　公司的帳面價值是其中因素之一，公司的帳面價值是單純從公司總資產價值減去負債除以在外流通股數。會計上的帳面價，與公司股價有某

些關係，但並非完全吻合市場狀況，因為股票很少精確地按照帳面價值成交。以台積電來說，從2013年第二季「台積電帳面價值表」計算結果來看台積電每股帳面價值是29元，但是2013年5月台積電實際股票價格，一股已來到106元

表2.12 台積電帳面價值

總資產（C）	1,169,885,454,000
總負債（D）	423,649,183,000
總發行股數（S）	25,928,305,829
帳面價值＝（C—D）÷S	29

　　有些股票經常高於帳面價值交易，有些則經常低於帳面價值交易。按價值股選股方法，是基於（股價／帳面價值）比例來選。如果該比例低於1.0，該股即被認為股價被低估。假設有一家公司，擁有很多的現金，沒有負債，有很多的土地資產，每股帳面值為35元，並分派優厚的股利。該股目前市價10元，低於帳面價值，表示該股價位被低估，如果小資族購買該股，股價順利回到帳面價值，小資族將會有豐碩的斬獲。但是這種股票雖然價格被低估，股價卻不一定會回到帳面價值以上，相反的可能會有很長的時間處在低檔的位置。例如聯電就是這種被低估的股票，但是股價長期處於低檔，從表2.13的計算中我們可以清楚地看到2013年第二季之後聯電實際的股價來到12.85小於每股帳面價值17元，（股價／帳面價值）的比例為0.77小於1是被低估的股票。

表2.13 聯電帳面價值與股價比

總資產（C）	303,091,873,000
總負債（D）	93,187,892,000
總發行股數（S）	12,654,117,290
帳面價值（V）V＝（C—D）÷S	17
股價（P）	12.85
P÷V	0.77

但是從圖2.12聯電股價長期走勢與加權指數對比，我們可以看出，2003年開始聯電的股價開始處於低檔盤旋，2008年金融海嘯之後股價在19元到7元之間遊走了將近五年，股票雖然被低估，但是股價一點也沒有回升的跡象。所以小資族買股票時，對於低估的股票只能視為一個參考點，還必須參考產業趨勢，公司競爭力，股價才有可能真實反應。

圖2.12 聯電股價長期走勢與加權指數對比

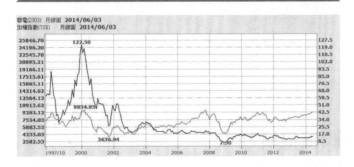

除了估計股票帳面價值之外，更普遍的價值型選股方法，是用本益比選股，本益比（P／E）是股價（P）與公司稅後純益（E）的比率。本益比之所以重要，是因為它與殖利率（Yield）有關，本益比跟盈餘殖利率成反比。本益比為20倍，就是殖利率1÷20=0.05（5%）。換句話說高

的股利殖利率相對是低本益比,低本益比通常是股票價位被低估的一個象徵。要評估出價位被低估的股票,我們可以用本益比比較法找出被低估的股票,首先是將股票現在的本益比與過去數年的本益比做一個比較。

假設某一價位為25元的股票,其每股稅後純益為2.5元;本益比即十倍。現在將該股,在過去數年來高、低價位中的本益比,拿來相互比較,目前十倍的本益比,是否低於以前年度的本益比?如果這問題的答案為「是」,代表股票價位可能被低估。例如從表2.14台積電六年以來的本益比來看,2008年與2010年小於六年的平均本益比,明顯股價有被低估的現象。

表2.14 台積電2007～2012年本益比

年　度	本益比
2012 年	15.13
2011 年	14.63
2010 年	11.38
2009 年	18.7
2008 年	11.5
2007 年	14.98
平均本益比	14.39

成長股價值研判

在股市裡永遠有人在追逐高價,以台股股王大立光來說,2013年10月4日股價來到1030元,仍有人追逐這類成長股,從本益比來看2012年第二季大立光本益比高達124.60倍,股價依然不斷創新高。

表2.15 大立光2011～2013年 季本益比

季 別	本益比
2013年 第一季	56.78
2013年 第二季	63.28
2012年 第一季	88.15
2012年 第二季	124.60
2012年 第三季	70.17
2012年 第四季	36.37
2011年 第一季	89.34
2011年 第二季	112.47
2011年 第三季	55.07
2011年 第四季	65.43

　　當大立光盈利繼續成長時，持有它們幾個年頭，可獲取可觀的投資收益的機會不小，大立光這種成長股，如果以前面帳面價值計算方法來計算大立光的價位，似乎永遠偏高。不過犯不著擔心，這種成長股完全跟它的資產價格關係不大，重要的是它的地位，在同業中無人能及，競爭對手遠遠落後一大段，這跟當初的美國蘋果電腦股價一樣，蘋果2004年至2007年期間可說是領先競爭對手推出新產品，當時股價狂飆，直到三星急起直追，產品銷售量超越蘋果之後，蘋果股價就開始往下走。像大立光這種成長股，只要可以確保盈餘成長的利潤，即可配得上高股價。選擇大立光這種成長股要有耐心等待它的價值浮現。股市、經濟、政治以及國際發展的不確定性，或許成長股價位，有短期的衝擊性；但是經過長期之後，盈餘的成長會拉成長股一把，使這類股票安渡難關。

　　大立光是典型的成長股，具有成長股愛好者所夢寐以求的每一種品質標準。大立光從2009年至2012年每股純益（EPS）的成長幾乎是直線

上漲的。在過去五年也不單單是大立光使小資族獲取最佳利潤，除了大立光屬於成長股之外，像台積電、統一超等，都是具有成長股的價值潛力。

如何辨識某些公司是成長強勁，盈利能力成長股，是小資族最想知道的事，如果將成長股與其股價的挺升，進行一個五年的比較，我們可以發現「營業利益率」與「毛利率」的成長，是促使股價推升的一主要動力。

「毛利率」簡單來說是一家公司製造一樣產品賣出之後的收入，扣掉原料成本所產生的利潤，跟原進貨成本形成的比率，稱為毛利率。比如說賣一塊雞排45元（收入），雞肉原料要30元（成本），那代表賣雞排的毛利率為（45—30）÷45＝33.33%。如果雞肉原料成本低，雞排又能買出好價錢，當然毛利率會更高，毛利率為公司產品獲利能力的指標，享有高毛利率的公司通常表示公司在該領域具有獨特的技術，可以將低原料成本轉化成高品質產品，具有高毛利率公司往往是該領域的龍頭廠商或是利基型廠商。比如說台灣股王大立光即是手機鏡頭市場的龍頭廠商，在產品研發製造掌握獨特的技術，所以可以壓低原料成本，提高產品及毛利率，由於產品毛利率是一家公司獲利能力的最基本指標，因此觀察毛利率變化將可找出公司獲利變化的趨勢。當公司的毛利率往上提升時，常代表著公司有一個劃時代產品出現，就像蘋果剛推出iPhone時，市場上無類似獨特產品，蘋果可以將產品賣到很高的價錢，但是蘋果在海外用廉價勞工生產出來的產品成本卻相當低，這使得蘋果當時iPhone系列產品毛利率成長幅度相當大。相對於台灣股王大立光的毛利來看，也有蘋果這樣的感覺，以大立光毛利率來看，2012年第二季之後，毛利率開始突破40%至2013年第二季毛利率已突破50%。同期大立光股價由2012年第二季5月的451元一路飆升至2013年第二季之後的八月的1130元，短短不到一年半，股價漲幅已達150.55%。

除了毛利率之外，「營業利益率」也是推升股價關鍵因素之一，營業利益率與毛利率的差別在於，毛利率只考慮原料加工成本，但是公司成

品要銷售出去的成本不只這些，還需要扣掉廣告行銷、人事、店面租金等成本。營業利益率，就是在公司取得產品收入的過程中扣掉一切開銷所賺到的利潤，這些利潤與原成本的比率稱為營業利益率。比如說賣一塊雞排45元（收入），雞肉原料要30元（成本），店租、水電等管銷成本平均一塊雞排要扣掉5元成本，那代表賣雞排的營業利益率為（45—30—5）÷45＝22.22%。營業利益率為公司每創造1元的營收所能得到的獲利，如果今年賣雞排一塊可以賺2毛多一點（22.22%），明年可以賺到三毛多，還能跟以前做得一樣好吃，代表這個經營雞排店的老闆很會管控各項成本，相對於雞排業競爭對手，會更有競爭力。營業利益率為反映一家公司本業率獲利能力的指標。由於營業利益的計算已將過程中所耗用的一切成本均列入考量，因此在關注本業的獲利能力時，營業利益率便為重要指標。當營業利益率發生變化時，通常代表著公司管理能力的提升。

　　從大立光毛利率與營業利益率來看，我們可以看出2012年第二季開始大立光營業利益率由最低的27.78%一路快速攀升至2013第二季42.16%同期大立光股價由2012年第二季5月的451元一路飆升至2013年第二季之後的八月的1130元，短短不到一年半，股價漲幅已達150.55%，從這裡可以顯示出電子產業如果擁有獨佔技術領先競爭對手，且毛利率與營業利益率又能大幅攀升，相對股價來說應該有不錯的表現，不過這還有一個前提，就是內部經營團隊沒有內鬥，在台灣很多電子公司擁有很高的毛利率與營業利益率，但是股價表現不怎麼樣，主要是高階經理人彼此內鬥不合，造成股價表現不佳。

　　從毛利率、營業利益率的資料研判，可解決小資族在股票市場挑選成長股的疑惑，小資族從股市中確認出真正的成長股，買進它們並長期擁有一～三年，想必能獲得一個極可觀的投資利潤。確認出真正的成長股應該不困難，可藉助於今日網路很好的分析工具協助，選出理想的成長股。股市短期的劇烈波動，對於成長股的價值，影響微乎其微，只要小資族不

在乎短期的股市波動,就可以安安穩穩有信心地,以長期盈利成長坐享利潤,確保優厚報酬率。

信奉成長股投資哲學的小資族認為,EPS、毛利率、營業利益率如果能長期成長,最後成長價值必將反應在股票價格裡。儘管這些成長股的優點,在小資族投資圈裡廣被頌揚,但成長股並未像小資族想的那樣美好,那樣神奇,成長股的神奇投資方法,是一項過度簡化的投資方法,更糟的是,此種成長股投資哲學,讓小資族產生偏見,做出錯誤的投資決策。所以小資族在決定投資股票之前,最好不要有以下三種挑選股票的偏見:

偏見1:殖利率小就是成長飆股?

殖利率又稱為股息殖利率(dividend yield)一般用來計算每股股票的最近一期報酬。股票股利及現金股利資料,採最近一次配股、配息的數據來計算。若當年度沒配股配息資料,或是沒配股配息,則採前一年度的資料計算。公式:殖利率=(配股+配息)/股價。

有些小資族通常會認為每年配股配息很小的股票,可能大部分的錢都拿去投資,所以可能是成長飆股,這種推論有點荒謬,有些公司可能窮到沒錢拿出來配股、配息,更別說去做其它的投資,除非這家公司有市場其它獨一無二的產品,可以雄霸市場的殺手級產品,公司為了推廣產品增加投資導致少配股、配息,如果是像這樣的情況,這家公司的股票就有可能成為成長飆股,但這有個前提,這家公司的殺手級產品必須在市場上擁有領先地位,且這家公司的毛利率與營業利益率都能持續成長,如果這些條件都成立,公司股票價格推升機率大增。在台灣股市中台積電、大立光都有這種條件,雖然他們都有強勁的競爭對手,但是他們在同業中,擁有領先地位,再加上營業利益率與毛利率都有不錯的成長,促使他們的股價不斷往上拉抬。

偏見2：長期持有成長股超過十年，一定會有不錯的利潤

並無證據顯示任何人在台灣股市持續地買進並持有成長股超過十年，即可明顯地戰勝整體大勢，甚至於操作成長股的國內基金投資機構，或者國外投資機構，都有可能在成長股不再成長時，賣出股票。

圖2.13 宏達電月線走勢

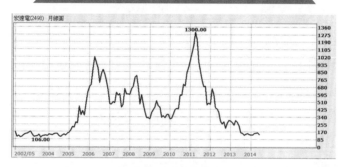

以圖2.13宏達電月線走勢圖來看。即使你從十年前的最低點106元開始持有到2014年6月，股價報酬率連50%都不到。宏達電曾經在2005年與2010年手機產業成長期，爆炸性成長過兩次，當時股價都來到千元以上。不過從2011年手機產業市場開始呈現飽和之後，宏達電衰退情況快速，股價從1300元開始一路狂跌至2014年6月一百多元附近。信奉長期持有股票投資的小資族，如果持有宏達電十年以上都不賣，可能報酬率還比不上2005年初與2010年初持有一年宏達電股票就賣出的人。

偏見3：就算台股大盤指數過高，持有成長股長期依然獲利？

購買成長股而忽視大盤指數，這是許多信奉成長股投資哲學的小資族所建議的戰術，持有成長股就像持有其他股票一樣，市場時機極度地重要。不對的時機，買成長股承擔不必要風險，容易導致投資報酬結果令人失望，浪費不必要的投資時間。假設小資族在2007年大盤9000點之上買

進成長股，不管這支股票體質多麼優良，遇到2008年全球金融海嘯一樣跌得慘兮兮，即使大盤指數從2008年最低點回升到2013年5月8400點附近，持有五年的成長股依然無法獲利，從市場時機的觀點來看，在整體股市循環上，大盤低檔買進成長股比起高檔買進成長股，獲利勝算大很多。

小資族挑選成長股不容易

　　成長股大家都想要，但是小資族很少能買到，當高度成長股在市場被發現時，已經都是漲升一段的高價股了，就如同宏達電一樣，跌到很低沒人敢買，漲到很高又怕下跌而不敢買，等到漲到1000元以上，就算是買零股賺點蠅頭小利，小資族也會擠破頭搶著買進，當成長股股價不斷飆高，大家已經是後知後覺收到成長股盈餘成長的消息，收到成長股經營創下歷史新高的喜悅，當然股價已創新高，追價的人風險越來越高。成長股得以維持高股價，是因為市場期望盈餘在未來繼續成長。投資成長股的小資族在談到成長股時，他們通常只想到從成長獲利的公司中找出成長股，卻沒有在成長股公司還沒獲利之前，把它找出來。之前我們已經證明，EPS、毛利率、營業利益率、大股東是否賣出持股，這些都是成長股股價推升的原因，但是很少有小資族在一支股票還是低價的時候去分析這些因素，一般小資族會看到成長股爆發性成長之後，開始追逐股價，追逐高股價的小資族，願意出更高的價錢去買成長股等待它未來的成長，然而，當這支成長股盈利在爆發性成長沒多久之後股價開始下跌，他們開始知道這些當時被認為的成長股，只是一筆看走眼的投資。

　　有些追逐成長股的基金投資機構在十年前挑選的成長股之中，在今天看來，有某些股票已經不是成長股，而是看走眼的投資。就像台灣十年前的DRAM以及面板產業，在現在看來已經算是台灣的夕陽工業，以此類推到現在，現在所認定的成長股，未來也未必是成長股，這也就是小資族為什麼不容易挑選到成長股的原因。

　　有些成長股在十年前的價位水準，相對地比十年後低，聯電即是一例，十年前被認為成長股，十年後的股價不到十年前的一半，十年前沒有人知道這些成長股，可以戰勝大盤，可是等到成長股開始飆漲之後，市場開始肯定這類成長股。成長股在十年前被低估，而在十年後被高估，這多半是選股偏見，並不是選股遠見。早期選擇成長股的一種方法是，兩支同樣條件的成長股出售時，看哪一支本益比比較高，許多小資族對某些公司未來盈利大幅成長有所期待，使得他們願意用較高的價格買進這類股票，我記得兩年前我認識一個月領24K的小資女林靈（化名），林靈大概在2011年二月以買零股的方式，用每股1010元的價格買進宏達電30股大約3萬多元，這可是她存了好幾個月的錢。

　　我問她：「宏達電本益比偏高，妳為什麼願意買它？」

　　林靈：「高！才有人買，股價才會飆漲啊！」

　　果不其然，宏達電從她買進後開始一路飆到1300元，不過林靈並沒有在1300元價位附近賣出，依然持有宏達電，即使後來跌到她所持有的成本價，她也沒有賣出，因為她認為宏達電還有成長的空間。直到股價跌到八百元，她才承認自己看走眼忍痛殺出持股。林靈當時買宏達電這類高本益比的股票，投資效果並不顯著。本益比是一種期望，林靈對宏達電未來成長有期望，如果宏達電未來盈利會更高，本益比相對也會不斷被高估，並非每一支高本益比的股票，都是因為未來盈利前景看好而被高估，不過從過去的整體經驗來看，大部分高本益比股票都是如此。信奉成長股選股哲學的林靈認為，高本益比股票就是高成長股，也是優良的投資對象。

　　這是選股的偏見，高本益比可作為買股參考的指標之一，但是不能拿來當成唯一的指標，為了追逐飆股而買高本益比的股票，等於是拿自己的資金在冒險。根據林靈買股的假設，她認為本益比高的股票，公司未來將高度成長，股價漲升可期。換句話說，最高本益比的股票，表現應該超

過最低本益比的股票。但是從數據上來觀察，其實不是想像的那樣，我們從2007年10月1日台灣股票裡分別取出十支股票分為兩組，一組為台灣股票「表2.16本益比最高組」，一組為台灣股票「表2.15本益比最低組」。從股價來看，六年後本益比最高組所有股價都走跌，本益比最低組有兩支股票漲幅超過一倍。

表2.15 本益比最低組

代號	名稱	本益比	2007/10/1收盤價	2013/10/1收盤價	漲跌幅
2364	倫飛	0	6.11	3.16	—48.28%
3406	玉晶光	0	61.3	140.5	129.20%
2443	新利虹	0	12.7	2.6	—79.53%
1321	大洋	0	23.1	33.8	46.32%
2837	萬泰銀	0	3.24	15.1	366.05%

表2.16 本益比最高組

代號	名稱	本益比	2007/10/1收盤價	2013/10/1收盤價	漲跌幅
2491	吉祥全	2810	28.1	2.11	—92.49%
1711	永光	1522.5	30.45	26.05	—14.45%
2405	浩鑫	802.5	16.05	12.85	—19.94%
2891	中信金	793.33	23.8	19.4	—18.49%
6235	華孚	462	23.1	9.18	—60.26%

依照林靈信奉的高本益比選股法，本益比低的股票應該表現最差。但結果並不是這樣，這十支股票，經過六年之後分析的結果，股價報酬率最高的是「本益比最低組」的萬泰銀，股價報酬率最低的是「本益比最高組」的吉祥全。

　　此一按本益比分組排名分析的實證結果，目的只是強調，選擇長期持有成長股，並不一定能促使投資成功，有些小資族剛好跟林靈想法相反，這些小資族信奉低本益比選股法，她們認為在低本益比股票中尋求便宜貨，如果用這種方法選股，必須謹慎地注意其他的因素，才不會選錯股票。成長股不能保證提供優良的投資收益，是因為某些成長股成長不如預期，要從眾多股票中，篩選出優良的成長股，有很多的因素要考慮，不能單單只考慮本益比。

 ## 選對股票也要選對進場時機

　　小資男問小資女：「妳為什麼不愛我！」

　　小資女：「因為時機不對，我現在已經有男朋友了。」

　　過一陣子小資女跟她的男朋友分手

　　小資男又問小資女：「這次時機對了吧！妳應該可以愛我了吧！」

　　小資女：「不行！」

　　小資男：「為什麼？」

　　小資女翻白眼：「因為，人不對。」

　　小資族投資成長股，跟小資女談戀愛一樣，要時機對，對象也要對，戀愛才會成功。小資族投資成長股，最大的偏見，就是認為時機不重要，選股選得好就會賺錢，認為選股很重要的小資族，就像想談戀愛的小資男，以為對象（選股）對了就可以談戀愛，卻沒注意到時機也很重要，很多選股派的小資族認為台灣股市波動無法衡量，就長期來說，買好的成長飆股跟股市當時的指數位置無關，所以很多人願意在9000點以上的台灣股市買高價股。信奉選股不選市的小資族，認為成長飆股有時會受到市場的打擊；但是長期看好，很快就會漲回來，這些長期持有股票的小資族，認為他們比那些每天在股市裡殺進殺出的小資族，投資報酬要好很多。真的是如此嗎？事實上並非如此，從股票代號2388威盛來看，當時

它是被市場看好的成長飆股，不過現在來看，如果長期持有威盛十年之後，股價由最高629元跌落到最低只剩4.89元，此後價位一直游走在50元以下超過十年。

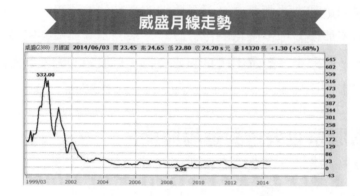

威盛在當年在市場是一支相當被看好的成長股，不過，小資族如果在2000年之後才買入這檔股票，可能永遠都不能回本，持有多少年都一樣，如果是在1999年3月買入這檔成長股至2000年6月賣出，投資一年三個月可獲利3～4倍。這說明了買股時機對，選股也對就會獲利。從圖2.15選股時機座標，我們可以看出時機與選股的相對關係。

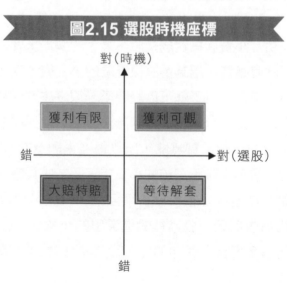

在適當的時機介入成長股並持有一年以上「獲利可觀」，如果是介入時機對但是選股不對，即使大盤漲，同業股票也漲，你選的股票可能依然原地踏步結果是「獲利有限」，選股對但是買在高檔，買股時機不對，但是總有一天會回到原來價位，不過要等很久，結果是「等待解套」。當然大家都知道最慘的是買股的時機不對，股票體質又不好，結果當然是「大賠特賠」。以台灣的股市經驗來看，成長股持有十年，投資收益未必很優厚。而且成長股的短期波動很大，可能幾個星期內的大跌，就把之前好幾年累積的獲利完全抵銷掉。

從表2.18所選擇的20種大型績優股表中，我們可以看出小資族如果從2003年10月9日持有這20種大型績優股至2013年10月9日年平均漲幅約337.08%，證明這20支績優股經過十年考驗，可以確認為成長股。對於喜歡長期持有股票的小資族，這些股票應該具有投資價值。選擇這20種績優股作為小資族的選股標準，完全著眼於它們在過去十年的市場中，提供良好的總報酬。如果小資族買這些股票，不是全部集中在台灣股市最高點附近買進這些績優股，而是台灣股市低檔徘徊期間買進，並耐心長期持有十年，那才是真的可以獲利的投資。

表2.18 績優股漲幅統計

股票名稱	2013/10/09 收盤價（元）	2003/10/09 收盤價（元）	漲幅（%）
2330台積電	105	69	52.17%
2412中華電	93.1	49.8	86.95%
1301台塑	78	49.5	57.58%
1326台化	81.8	48	70.42%
2308台達電	147	45.3	224.50%
3045台灣大	98	29.6	231.08%

1216統一	56.9	12.45	357.03%
2105正新	81.3	47.6	70.80%
2912統一超	213	47.6	347.48%
2207和泰	338	33.1	921.15%
2357華碩	231.5	82	182.32%
3008大立光	995	343	190.09%
9921巨大	217	41.5	422.89%
2474可成	162	100.5	61.19%
1722台肥	72.3	21.3	239.44%
9914美利達	229	15.7	1358.60%
2915潤泰全	75	13.9	439.57%
1101台泥	43.2	14.2	204.23%
2395研華	184.5	51.5	258.25%
1227佳格	92.2	8.65	965.90%
平均漲幅			337.08%

　　不過，在2003年至2013年這段期間，有一次2008年全球金融海嘯崩跌，在這期間這20種大型績優股跌幅可觀。主張買進並長期持有的成長股的小資族，如果看錯時機在2007年10月買入這些績優股，持有至2008年底，如表2.19所示平均跌幅38.66%，要等到相當長的時間，才會有損益兩平的機會。

表2.19 績優股跌幅統計

股票名稱	2007/10/01 收盤價（元）	2008/12/01 收盤價（元）	漲幅（%）
2330台積電	63.9	40.8	—36.15%
2412中華電	61	51.7	—15.25%

1301台塑	93.9	49	—47.82%
1326台化	85	47.5	—44.12%
2308台達電	124.5	64.5	—48.19%
3045台灣大	43.65	47.7	9.28%
1216統一	52	33.5	—35.58%
2105正新	73.5	30	—59.18%
2912統一超	93.4	78.7	—15.74%
2207和泰	81.9	49.4	—39.68%
2357華碩	98.7	38	—61.50%
3008大立光	358	200	—44.13%
9921巨大	84	80	—4.76%
2474可成	238	56.1	—76.43%
1722台肥	83	51	—38.55%
9914美利達	73.2	17.9	—75.55%
2915潤泰全	30.3	17.9	—40.92%
1101台泥	54	24.6	—54.44%
2395研華	96	42.5	—55.73%
1227佳格	19.05	21.2	11.29%
平均跌幅			**—38.66%**

　　選錯時機投資股市，對小資族來說是相當大的震撼。2008年金融海嘯衝擊性太大，績優股平均38.66%的崩跌，必須回升40%以上，才能有損益兩平的機會。前面所提及的20種大型績優股，在長期持有狀況下，確實提供良好的投資收益。此一收益較台股指數42.16%大很多，此正顯示，何以我們現在仍認為這些股票為「大型績優股」。在投資收益的表現上，較整個市場高出294.92%，任何投資股票的小資族能擁有此一紀錄，必將欣喜若狂。

績優股與大盤指數比較	
名稱	2013/10/09～2003/10/09漲幅（%）
20種績優股平均漲幅	337.08%
台灣股市指數	42.16%

　　現在來考慮這些成長股長期的收益，與市場平均38.66%的下跌及337.08%的回升這幾個因素，我們可以知道，如果小資族利用市場適當時機買進並賣出，收益相當可觀。從台灣股市股票類型來看，大型股、中型股、小型股，這三類股票的表現，代表台股多頭循環特性。大型股為市值1500億以上，中型股為市值500～1500億股票，小型股是500億以下的股票。

　　當多頭市場起漲時，小資族厭惡風險，較不願投資大型績優股，這時候大多數的人都對小型股比較感興趣。所以小型股會先領漲一段時間之後，漲勢才會開始消退，第二波漲勢接著轉而投資中型股與大型股，這段上漲期間，中型股會先見高點之後開始獲利回吐，大型股則繼續其漲勢一段長期間，這時的股市已經多頭的最後一波漲勢，這段期間大多數股票以顯露出敗象開始下跌，但是大型股依然繼續挺揚達到最高點之後，開始反轉，接著整個大盤趨勢開始往下，空頭走勢來臨平均崩跌約40%左右。這種大幅度的下跌，可以抵消掉前一段漲勢的大部分或全部漲幅；而且對於那些在漲勢最後階段買進的小資族，打擊特別嚴重。盲目在最後一波買進成長股且長期持有的小資族，風險很大。

 ## 選股該注意的事

　　選到好股是大多數小資族所樂見的，但是小資族對於好股票的認定，存在著許多錯誤的觀念。多數小資族所認定的好股票，指的是現在市

場公認的成長型飆股，幾乎所有股市列出來的好股票名單，都是當時盈收獲利相當成功的股票，但是這些股票將來會不會繼續成長，誰也不能保證。小資族投資這類股票，對於何時買進與何時賣出，時機掌握並不明確，有些小資族持有某些他們自認為的好股票，這些股票是當時市場上被公認為最佳的好股票。當小資族持有這類股票經過三年後，投資報酬率並沒有戰勝股市，其績效與整個市場報酬率類似，顯示它們在持有好股票的這段期間，買進與賣出的時機不對，有些股票買在高檔套牢，有些則是在低檔忍痛殺出，這一套牢一殺出之間抵銷操作績效。

以前面板產業曾經在台股獨領風騷，而且領頭的公司的股票都被市場認為是未來具有潛力的飆股。不過，這只是當時那段期間的偏見而已。當時潛力飆股並不一定是未來的飆股，隨著時間的過去，型態總是會改變。有些成長股如宏達電則風光一、兩年後，即喪失其地位。

選擇好股票。有需要從時代潮流獲利新趨勢做分析。類似現在的環保議題，造就的新興環保工業，例如太陽能產業、自行車產業，自行車產業成長最明顯，從美利達、捷安特、桂盟這幾家公司股價的大幅成長，我們可以知道在物價與油價高漲的年代，人們的代步工具，回歸到人力踩踏的自行車，一方面環保、二方面也可運動健身。在全世界各大城市，大多開始重視自行車交通，各國政府積極在各大交通要點上，規劃租用自行車給民眾使用，使得自行車全球市場需求逐漸增加，進而推升台灣自行車產業龍頭產廠商的地位。當人們重視健康保養，醫療保健生技股也開始在台灣獨領風騷。這證明了選好股必須向前看，這些在2009年之前不太起眼的自行車產業、生技產業在2010年後開始受到重視，在2013年10月股價相繼來到相對高點。

選好股票不是往過去的歷史看，雖然有些公司目前營運良好，被當時的市場認可，這都只是參考，檢討昨日成長的好公司，並不能代表一定能選到未來的好股票，研究目前市場的好股票，它只是一個起步。

市場上所認定的好股票，不是如許多擁護價值型投資的小資男女所說，只要長期持有不要隨台灣股市指數起舞，就能獲利。在台灣股市並不是如此，好股票的投資，需要強烈的市場時機感。好股票在股市循環的許多階段，波動得特別激烈。甚至於在過去十年業績最佳的好股票，也常常在幾個月之內跌落很大的幅度。中小型股波動幅度要比大型股波動更為劇烈，在股市初升段的早期，中小型上漲得迅速，但是在末升段也比大型股回跌得更早、更激烈。

要選對未來爆發成長的黑馬股，並不容易，有些選擇標準，可提供小資族參考，這些標準包括一家公司是否有積極進取的管理態度，比如說台積電以效率管理著稱、掌握關鍵技術、符合經濟趨勢潮流、公司產品市場需求增加、低勞動成本、掌握市場彈性訂價、持續的成長率，公司本身足夠的自有資金再投資，本身財務資源可自給自足，這些計量標準，都是小資族在買股之前應該有的思維。

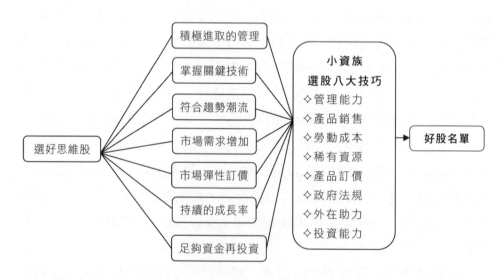

思維是大方向的思考，選股細節的推敲可從小資族選股八大技巧著手，八大技巧內容涵蓋管理能力、產品銷售、勞動成本、稀有資源、產品

訂價、政府法規、外在助力、投資能力，這八個方面篩選出適合自己的股票投資組合。

技巧1　管理能力

　　檢視公司專業管理能力是否傑出聞名？比如說台積電建立開放型管理模式 。「開放型」代表員工間互相以誠信、坦率、合作相待。樂於接受意見，也樂於改進自己。同時，更將透過集思廣益的方法接受各方看法，而在做成決定後，就能集中力量朝共同目標戮力以赴。另外像是台灣連鎖餐廳龍頭王品，公司管理以相互信任著稱。公司上、下、裡、外不安裝監視器，因為安裝監視器會帶給公司同仁不安，王品內部不派出特別人馬來監督公司同事，因為大家整天忙裡忙外的非常辛苦，王品內部管理希望留給公司同仁一個可以休息的空間，把同事當做自己的家人看待，這樣公司同仁在歡迎顧客上門時的笑容，也就能夠呈現最天真、自然、真心、誠意、燦爛的笑容，沒有被監視的壓力。在王品的管理制度裡沒有考績制度，王品董事長戴勝益認為考績每個月都會不一樣，考核來考核去，沒有一個標準，王品唯一的考核標準，就是不能接受客戶或廠商超過100元的東西，拿了就是貪污，馬上開除。王品與台積電的管理，掌握信任與誠實兩個要點，小資族如果選到這種股票，最起碼公司被掏空的風險會小一點。

技巧2　產品銷售成長

　　主要是看公司的產品銷售是否有成長？比如說台灣自行車品牌雙雄巨大及美利達2013年1～9月在中國大陸市場銷售以30%的高幅度成長，除了自行車雙雄獲利表現突出外，自行車鏈條業者桂盟企業也因主要供應巨大、美利達，受惠於新興市場高階自行車的需求以及新車旺季效益，桂

盟企業的效益開始顯現。預期未來在節能環保、運動休閒、觀光旅遊等生活態度逐漸改變人類對自行車運用的觀念帶領下，全球自行車產業勢必能穩定成長，自行車產業的營運還有很大空間。

技巧3　勞動成本

　　勞動成本是一家公司獲利的關鍵之一，勞動成本必須適當合理，公司才能永續成長，小資族選股票買賣，如果買到一家血汗工廠，以低工資壓榨勞工，終究會爆發內亂，導致生產停擺，營運不順利，所以小資族在選股之前，須考慮公司經營態度是否以永續經營的角度，處理勞工問題，是否對工作環境有很好的規劃，以台達電來說，公司經營以永續經營為主，台達電曾連續三年入選道瓊永續指數（Dow Jones Sustainability Indexes， 簡稱DJSI）之「世界指數」（DJSI World）。台達電在道瓊永續指數評比中的「風險管控」、「水資源風險管理」、「勞工健康及安全」等面向獲得滿分。此外，台達電也積極投入綠色解決方案的研發創新，同時兼顧不同利害相關人的利益，在「創新管理」、「行為準則」、「勞工人權」等表現亦居全球電子設備產業之首。小資族可選這類具有勞工人權觀念的公司，當成投資標的，成長較為穩定。

技巧4　稀有資源

　　這是看一家公司是否有能力能控制原物料來源，還有他們所仰賴的供應者是否對稀有資源有大幅度加價的能力。如果一家公司有掌握稀有資源價格的能力，相對也能掌握整個市場，以油料資源來看，台灣由台塑與中油掌控原油，雖然近年美國以新技術開採出頁岩油，一度使油價下跌，但是以目前的世界來看，在還沒有其他能源能替代石油之前，台塑依然有其掌控台灣原油市場的能力。以台塑的長期價位來看，隨著原油價位走

高，從2001年的最低價位27.3元到2011年四月最高點117元，走勢於原油走勢同向發展，隨著資源越來越稀少，像台塑這類握有稀有資源的公司也會水漲船高。

技巧5 產品訂價

公司對市場價格的掌控力，影響本身的產品訂價策略。比如說手機廠對成本的考量，採購仍以塑膠鏡片為主，大立光在產品良率不斷提升，成本具競爭優勢。手機鏡頭方面往高畫素發展，使用的鏡片數也逐漸增多，由於大立光自動化程度高，在多片數的鏡頭上，較其他競爭對手擁有較佳的競爭優勢。產品定價彈性空間大，大立光提高較先進規格產品比重來拉高產業進入障礙，如800萬畫素採用5片鏡頭結構、HD前鏡頭、大光圈、1000萬畫素以上的鏡頭等，尤其在高畫素及HD鏡頭技術上，良率上已領先同業。藉由技術的提升，大立光在產品定價上，比其他廠商更具產品訂價優勢。小資族在選股時，可多比較一家公司的產品在市場上，是不是在產品定價上比其他廠商更具優勢，以做為往後投資股票參考。

技巧6 政府法規

在台灣股市真正有操控股價、匯價的人是政府，台灣政府法規政策影響股市很深，2012年初至2013來10月期間政府政策多有利於金融股，金融開放政策利多不斷，包括兩岸金融業務開辦、放寬證券商辦理有價證券借貸業務，收受外幣擔保品限額與用途，並活絡股市交易的證券業務相關措施，有利金融證券股表現。這使得台灣金融指數從最低點727.55一路漲至1048.32，金融相關股價也跟著水漲船高。

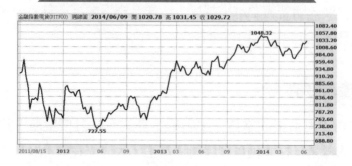

圖2.16 金融指數現貨週線趨勢

技巧7 外在助力

　　水漲船高，水為外力，沒有外力推動，公司業務這條船也漲不起來，所以外來的助力對一家公司來說相當重要，以中華電信這家國內老牌電信商來看，中華電信至2013年9月為止，主要營收及獲利仍來自行動通信業務，受惠於行動上網客戶持續成長（外力），至2013年9月為止已達357.4萬戶，帶動行動加值營收成長近4成，另智慧型手機熱銷也使得銷貨收入成長逾57％，整體行動通信業務營收較2012年同期增加14.8％。小資族在選股之前，可以先看看類似電信這類外在產業趨勢，看看是否有利於自己的選股。

技巧8 投資能力

　　判斷一家公司投資能力的高低，不是看投資了多少錢，而是看他投資的方向對不對，以台積電來看，台積電版2013年3月開始投資新台幣5000億元（約170億美元）建台南新廠，並為新工廠招募7000名員工，以便能夠趕上在2014年初時，能順利量產首批採用20奈米等級的行動晶片。台積電的新廠區位於南臺灣，佔地面積相當於20個足球場。台積電

的投資重點有二：一個「產能效率」一個是「製程研發」，在晶圓代工業，誰先領先這兩項，誰就有控制市場的能力。台積電將因為訂價能力強且技術領先，首度出現20奈米製程出貨的速度優於28奈米製程的情況，而在16奈米製程市場的部分，則因為進入門檻更高，更具主導性地位。種種優勢皆有利台積電擴張市占率。可見台積電的投資方向正確，投資能力可算是在台灣上市公司的翹楚。

　　真正的好股票，不是看現在的獲利，而是看未來的外在趨勢是否有利於這家公司，如果小資族投資的公司經由選股技巧八法篩選出之後，又能配合市場成長需求趨勢，相信股價在未來將持續成長。一般來說穩定成長的公司，會給那些耐心投資的小資族優厚的投資報酬率。這種股票並不難找，很多公司在台灣都屬於老字號的公司，只要耐心運用本書各項技巧去觀察自己想要買的股票，並耐心等待好股票在相對便宜的時候買進，然後穩定持有它，並在高價時賣出，相信會有不錯的獲利率，五年累積一百萬不是夢。

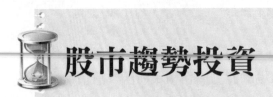

股市趨勢投資

　　當然，還有一大堆的重要股市漲跌因素，無法予以量化或預測。戰爭、政治事件，甚至政治人物的健康都包括在預測範圍內。台灣股市曾由於陳水扁遭槍擊之後連任總統的消息而大跌；也曾因馬英九當選而大幅漲升。然而，大體上這些事件，對股市只有短暫的影響，最後還是會回歸到經濟基本面。

研判買進趨勢

　　投資股票的小資族也許會問，那什麼時候是買進股票的大好時機呢？在這裡要告訴小資族，沒有一種買進訊號，是百分百正確的，也許你可以等待零股交易擴大短期賣空交易大量增加等等訊號出現後再投入股市，不過等這種信號可能要等上幾個月。無論小資族怎樣做訊號判斷，在接近股市谷底的任何地方買進好股票，風險總是勝過在高峰買進者。

　　小資族研判進入股市買進股票時機，有四種徵兆值得留意，當徵兆顯現時，可以開始考慮進入股市投資股票。

　　徵兆一：經濟衰退，景氣處於低潮，大盤指數低檔徘徊好幾個月。

　　徵兆二：投資機構與分析師普遍悲觀，一般散戶也不敢買股票。

　　徵兆三：各國央行採行貨幣寬鬆，貨幣短期利率處於低檔。

　　徵兆四：基金投資機構滿手現金，並對股市後市看法悲觀。

　　小資族日常上班，無法隨時注意股市變動，所以在預測股市漲跌的能力上較專業投資機構薄弱，幸運的小資族也許能在預測短期走勢上，突

然猜中一兩次走勢。但是很少有小資族能幸運到每一個投資時點，都能做出精準的短期預測，那些企圖在短期內做出正確預測的小資族，大多以賠錢收場。如果想在股市獲利，儘量將注意力集中於較長期的股市循環上，每兩年看看整體市場趨勢變化，問問自己當下的市場狀況是否是買進時機，如果已經買進股票了，也該問問自己是不是該賣出股票了。

在決定股票買進與賣出的投資決策上，有許多可用的指導原則。之前我們已討論過幾種觀察股市買進賣出的方法，但這只是參考方法，最終還是必須活用這些方法，做出屬於自己的市場預測，判斷自己的買賣股票的時機。

大多數時候，小資族無法百分百確認當下是應該買股票呢？還是應該把手中的持股賣出，在多頭市場，通常必須觀察多頭市場是否繼續發展，才能決定自己是否要賣股票，或者是繼續持有股票。好的股票投資者通常投資期間長。小資族一般買進股票最佳買進時機，每兩年產生一次，因為小資族資本不大，只能等待時機慢慢投入股市，無法像股市大戶有充裕的資金每天在市場殺進殺出。小資族的投資重點在於先建立目標，而不是像大戶一樣控管資金時時找機會進出股市，小資族只要將大部分的時間與注意力，建立在投資目標上，根據股票買賣時機做出適當的決策，就可避免資金曝露於風險之中，提高投資成功的機率。

為了讓小資族適時抓住股票買進股票的時機，在此將各類股市贏家的買賣原則，歸納成六種買股時機指標，讓小資族思考自己的進場時機，**這六項買股時機指標包括「景氣指標」、「貨幣指標」、「價值指標」、「交易指標」、「漲跌指標」、「心態指標」，訂出這六項指標的目的是給小資族一些思考題去主動挖掘情報。**這六項指標中每一項指標都有1～6題思考題讓小資族去思考答案。六項買股指標思考題的資訊在台灣證券交易所官網以及其他網路新聞資訊媒體都可找到，這六個買股指標的思考題，幾乎每個小資男女都可輕鬆回答完畢。這些思考題，在每一個時點，

答案不一定是肯定的，答案經常在改變，所以小資族買股票之前，必須隨時拿著六個買股指標，問自己是不是該買股票了，隨時保持警覺，即時更新六個買股指標的最新答案，做出適合自己的投資分析。

$ 買股時機指標之一：「景氣指標」思考題

1.台灣的商業投資活動衰退趨緩，逐漸邁向復甦之路。	□是□否
2.通貨膨脹減緩	□是□否
3.經濟領先指標顯示景氣逐漸復甦	□是□否
4.公司獲利（營業利益率）衰退趨緩，預期盈利未來即將轉好？	□是□否
5.企業存貨累積減少，市場消費開始去消化存貨？	□是□否
6.民間團體預測經濟過度悲觀，大多數經濟消息都不利股市	□是□否

$ 買股時機指標之二：「貨幣指標」思考題

1.各國央行是否持續採取貨幣寬鬆政策，持續維持銀行借貸低利率。	□是□否
2.各國央行行長關切經濟成長、失業率議題。	□是□否
3.國債、公司債、定存利率處於低檔，繼續促使經濟擴張。	□是□否

$ 買股時機指標之三：「價值指標」思考題

1.股市平均本益比，比上次股市指數低檔的平均本益比還低。	□是□否

$ 買股時機指標之四：「交易指標」思考題

1.公司大股東少賣股票。	□是□否
2.新上市股票變少。	□是□否
3.零股交易、短期放空（融券）大減。	□是□否
4.基金投資機構，滿手現金不敢大規模出手買股票。	□是□否

💲 買股時機指標之五：「漲跌指標」思考題

1.從高點下跌期間已至末端，如以下空頭週期表，平均下跌11個月。	□是□否
2.從高點下跌幅度已至末端，如以下空頭週期表，平均跌幅為68.75%	□是□否
3.股市處於加速末跌段，多數股票大幅加速下跌。	□是□否
4.股市利空不跌，低點一波比一波高。	□是□否

漲跌指標──空頭週期表

	最高點	最低點	跌幅	下跌期間（月）
空頭期一（1990/2～1990/10）	12424.5	2560.47	79.39%	8
空頭期二（2000/2～2001/9）	10393.6	3411.68	67.18%	7
空頭期二（2007/7～2008/11）	9807.91	3955.43	59.67%	18
平均下跌時間（月）				11
平均跌幅	─68.75%			

💲 買股時機指標之六：「心態指標」思考題

1.股市加速下跌──買股票就套牢，虧了不少的投資本金。	□是□否
2.沒人有興趣買股票，親戚朋友以及公司同事都勸你不要買股票。	□是□否

　　如果上述六項買股時機指標思考題答案為「是」，即可開始將你的資金分批投入股市，投資順序如「買股時機思考流程圖」所示，小資族先將薪資收入分為存款與生活收入，再將存款的三分之一用做投資股票預備金，投資股票前，先用六項買股時機指標檢視目前是否適合投入股市，如果答案為「是」可慢慢布局好股票，如果答案為「否」，可繼續保留現金，等待下一次的機會。

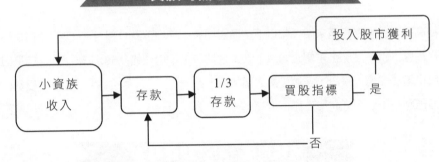

買股時機思考流程圖

投入股市獲利

小資族收入 → 存款 → 1/3 存款 → 買股指標 — 是

否

 研判股票賣出趨勢

懂得買進股票不懂賣出股票，一樣是賺不到錢，小資族股票投資，雖然無法精確預測下個月或明年的股市，將如何發展。但小資族可以掌握四個徵兆，開始考慮出清持股——

徵兆一：市場上漲一段期間，大部分人對市場看法樂觀。

徵兆二：公司盈利加速成長而失業率下跌。

徵兆三：股票交易量增高，股市利多消息出籠，大家搶著買股票。

徵兆四：央行升息緊縮通貨，銀行利率上漲。

在這四個徵兆中，徵兆一最為明顯，舉一個例子來說，2011年1月台股站上9000點，幾乎所有券商將台灣大盤指數目標調高，最高看到12682點，隨後股市一路往下跌，跌至2011年年底的6609點。當初喊到1萬多點券商，在2011年底又開始悲觀調低台股目標價了，諷刺的是在調低目標價之後，2012年1月開始反彈至2月的8100點。

2011年1月台灣內資與外資大盤預測

外資看法		內資看法	
券商	指數目標	券商	指數目標
摩根士丹利	11000	寶來投顧	10000
里昂證券	10888	元大	10200
高盛	10200	凱基投顧	9800
花旗	10000	保德信投信	12680
瑞銀證券	9650	富邦投顧	10500
美銀美林	9600	元富	10000
瑞士信貸	9500	寶來投信	12682

　　從2013年1～9月台灣股市變化狀況來看，整體經濟屬於持平的態勢，說起來經濟成長率不是大好也不是大壞，所以股市指數會在這裡震盪來回，以整個局勢來看，屬於初升段步入中升段的格局。還未到末升段階段，在這裡大部分股票價格屬於箱型區間整理。假設台灣股市在某個時期進入末升段之後，市場上大部分的投資機構與分析師，開始強調台灣經濟情況，已脫離衰退的陰影，經濟前景正大好，漲勢現在才要開始。這個時候就可以考慮賣出股票，從2013年1～9月的局勢來看，台灣股市的機構與分析師預測的看法兩極，有的看好、有的看壞，這個階段符合中升段驚驚漲的格局。

　　如果有一段時間，百分之九十的投資機構，都把股市的指數目標點大幅調高，小資族賣出股票的決心，應該更為加強。當大部分投資者一片樂觀的狀況時，股市其實已逐漸接近高峰；高峰可能在一個星期、或一個月、或幾個月內到達。沒有一個人曉得高峰期間，投機風潮會延續多久；有時候投機氣氛可以延續很久，有時候反轉很快，瞬間跌盤。然而聰明的小資族這時該變得十分謹慎，並且開始考慮將資金撤出股市。沒有人可以

告訴你，這種撤出行動何時開始或是怎麼做，但是朝前面提到的幾個反轉徵兆去思考，多少可避免不必要的損失。

為了讓小資族適時抓住賣出股票的時機，以下將各類股市贏家買賣原則，歸納成六種賣股時機指標，讓小資族思考自己的出場時機，這六項賣股時機指標包括「景氣指標」、「貨幣指標」、「價值指標」、「交易指標」、「漲跌指標」、「心態指標」，訂出這六項指標的目的是給小資族一些思考題去主動挖掘情報，去思考答案。六項賣股指標思考題的資訊在台灣證券交易所官網以及其他網路新聞資訊媒體都可找到，這六個買股指標的思考題，幾乎每個小資男女都可輕鬆回答完畢。這些思考題，在每一個時點，答案不一定是肯定的，答案經常在改變，所以小資族買股票之前，必須隨時拿著六個賣股指標，問自己是不是該賣股票了，隨時保持警覺，隨時更新六個賣股指標最新答案。有這六個賣股指標在，必可處於有利投資位置，做出適合自己的投資分析。

💲 賣股指標之一：「景氣指標」思考題

1.台灣的商業投資活動過熱，逐漸邁向高峰期。	□是□否
2.通貨膨脹加速	□是□否
3.經濟領先指標顯示景氣逐漸衰退	□是□否
4.公司獲利不再成長，高獲利的公司難以持續獲利	□是□否
5.企業存貨增加，市場消費停滯，無法消化存貨。	□是□否
6.民間團體預測經濟過度樂觀，大多數經濟消息都有利股市	□是□否

💲 賣股指標之二：「貨幣指標」思考題

1.各國央行是否持續採取貨幣緊縮政策，提高銀行借貸利率。	□是□否
2.各國央行行長關切通膨過熱議題。	□是□否
3.國債、公司債、定存利率處於高檔，央行打壓減緩過熱現象。	□是□否

💲賣股指標之三：「價值指標」思考題

1.股市平均本益比，比上次股市指數高檔的平均本益比還高。	□是□否

💲賣股指標之四：「交易指標」思考題

1.利多消息出籠，大公司大股東大量賣出股票。	□是□否
2.新上市股票變多。	□是□否
3.零股交易、短期放空（融券）大增。	□是□否
4.基金投資機構，滿手股票。	□是□否

💲賣股指標之五：「漲跌指標」思考題

1.如大多頭週期表所示，以平均上漲76個月以上。	□是□否
2.如大多頭週期表，平均總漲幅已超過242.28%以上。	□是□否
3.股市處於加速末升段，多數股票大幅加速大漲。	□是□否
4.股市利多不漲，高點一波比一波低。	□是□否

💲賣股時機指標之六：「心態指標」思考題

1.股市加速上漲，一買股票就大漲，利潤很高。	□是□否
2.人人都有興趣談股票，親戚朋友以及公司同事都叫你買股票。	□是□否

　　如果這六項賣股時機指標思考題大部分答案為「是」，即可開始將資金撤離股市，資金撤出順序如「賣股時機思考流程圖」所示，小資族先檢視持股部分，資金撤出股市之前，先用六項買股時機指標檢視目前是否退出股市賣出股票，如果答案為「是」可慢慢撤出資金，如果答案為「否」，可繼續保留持股，繼續增值。

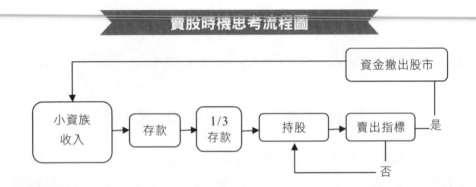

買股時機思考流程圖

股市專家不能說的祕密

很多檯面上的股市專家名嘴，很少告訴你掌握波段低檔買進股票很重要，為什麼他們不說呢？既然波段低檔買進股票很重要，他們為什麼不告訴你呢？這其中原因很多，當股市低檔時機來臨時，大多數人沒有勇氣去做買股的第一個英雄，即使面對股市強而有力的反轉跡象，還是沒人敢大膽買股票，如果當時大家認為股市後市不如預期的好，那些不經常在股市出沒的小資族，會懷疑自己在低檔買進股票，是對的嗎？即使是對的，小資族也不敢大膽跳進股市買股。小資族認為既然操作好幾億台幣的投資機構專家都說不能買股票了，每個月領22K的小資族怎麼敢買，其實這些擁有大筆資金的投資者，有一些不能說的祕密沒有告訴你。

擁有大筆資金的投資者，他們買的股票交易量比小資族大上好幾百倍，這些人認為在波段低檔賣出買進，太累贅麻煩，花費交易成本過大。這種擁有龐大投資金額的投資者（大戶、投信經理人、自營商），可能發現依賴簡單易行的選股策略，獲致長期投資收益，較為輕鬆。買進並忍耐持有的買股政策，多年來一直都有很好投資的報酬。何必要進進出出麻煩的買賣策略，這就是為什麼這類擁有大筆資金的投資者，不儘早在高點撤出資金，等待跌勢趨緩之後，再買進股票，賺下一個波段的優厚利潤。擁有大筆資金的投資者通常都怕出錯，賣出與買進，其中任何一項做錯了，

都會錯過大賺的機會。與其這樣不如保持不動至少可以與股市同進退。

另外一種投資機構專家，永遠鼓吹人多買股票，不管時機對不對，它都會鼓勵你買進股票，這些投資專家大多出於證券經紀商，仰賴小資族參與交易，交易越多他們就能從手續費中取得佣金，以獲取他們的收入。所以，即使股市投資時機不對，這些人還是會鼓吹你買股票，我們從證券經紀商下面這一段投資報告就可以看出，證券經紀商只在乎你買股票：

今 日 盤 勢 預 測

台股在8100點左右震盪，由於宏達電、F—TPK等指標性個股，Q2財報不佳，Q3展望看淡，Apple延遲推出iPhone 5S，Apple概念股亦陷入整理，台股缺乏指標族群及個股，技術面上，落入120日的半年均線8025點至20日的月均線8150點的區間震盪格局，8/1美股DJ上漲128點，收15628點，8/2（五）台股預測為8050—8150點區間。

未 來 注 意 事 項

美國迄7/27的一週，首次申請失業救濟金人數減少1.9萬人，降至32.6萬人，創2008/1來新低，7月ISM製造業指數55.4，優於6月的50.9，創2011/6來新高。

個 股 建 議

股票代號	個股	當日支撐	當日壓力	五日支撐	五日壓力
3189	景碩	106	109	105	110
4119	旭富	75	79	74	80
2458	義隆	57	59	56	60

前面的報告只告訴你，在哪一個區間買賣，並沒有告訴你這個區間的價位是不是好的進場時機，大部分證券商投資報告都屬於這類鼓吹型報告，告訴你多買一些股票，證券經紀商寧願建議他的客戶在不對的時機買進股票，也不願他的客戶不買股票，因為若是沒有人買股票，他們就沒有任何佣金收入，甚至有的證券商還會請一些短線投資贏家（有出過書的那一種）鼓吹短線進出買股票的獲利有多豐厚，聽信這類理論的小資族，據我的觀察他們的投資經驗都很不愉快，到現在我身旁沒有一個小資族告訴我，他買股票完全是靠炒短線賺大錢，當然，有些人會駁斥我。

小資男：「大哥，有些人炒短線的確很成功。」

我說：「是沒錯，這些人的確成功了。」

小資男：「那你為什麼不教人家買短線呢？」

我回答：「如果我要教，我會教買短線為什麼會失敗。」

小資男：「為什麼？」

我說：「因為失敗的人比成功的多，避免失敗才能成功。」

在我身邊很多人都像這個小資男一樣，只看到一個短線投資成功者，就認定自己會跟那些短線投資贏家一樣成功，但實際上我看到的現實狀況失敗的很多，幸運成功的少，有些人幸運炒短線獲利，最後幸運用完了，開始走向賠錢之路，這例子比比皆是，證券經紀商會管你的失敗嗎？不會！！他們只在意那些短線成功者，希望這些短線成功者幫他們辦辦講座鼓吹更多人去買股票，沒有證券經紀商會勸告投資人將鈔票擺在銀行裡，證券經紀商是個需要靠佣金過活的經濟體，每一個部門都在財務市場特殊區隔裡，維持他們投資的既得利益。證券商的股票與債券部門，大多在這「多多交易」的偏見下營運，這些人會想辦法，大量買賣股票，把買出來的錢移轉資金給債券部門，藉此收取大筆佣金，至於買賣股票時機對不對，是不是符合投資報酬率，這些人只會丟給你一句話：「那是你家的

事！！」

另一種叫人買股票的投資專家是一群不敢說真話的專家，他們不敢在即將崩盤的點上，告訴客戶現在整體經濟可能造成嚴重的問題。許多投資專家的客戶，對於股市並不內行。這些人聘請專家理財，當股市欣欣向榮，一切都很順利的時候，客戶便很少聽到投資專家勸告客戶說賣出時機到了。投資專家不想掃客戶的興，因為當每一個人都在大賺特賺時，突然建議客戶賣出股票，那可能會得罪客戶，與其如此不如不說。當股市在谷底時，這些不敢得罪客戶的投資專家，也不敢叫客戶買股票，當內行的投資專家，看出買進時機時，正要開始進場大展身手時，他們的客戶卻信心盡失要求要賣出股票，投資專家在股市谷底時，不僅要說服自己買進股票，同時又要說服客戶，買進股票的時機到了，這兩重阻力很大，投資專家們也不想做這種吃力不討好的事，所以他們選擇閉嘴，不敢談股票的買賣時機。

另一種投資專家只看短期利益，不看長期價值，所以他不會告訴小資族這類小散戶，投資時機的重要性，這類只看短期利益投資專家，只看自己短期投資的績效，不在意投資人長期投資的價值。有些管理基金的投資專家，即屬於看短期利益的投資專家，這些短期投資專家，由於短期投資成功而被選聘，在這種情況下，許多不同的機構，自然會將資金交給這些短期突然獲利很高的投資專家。這些委託短期獲利高手操盤的投資機構，往往以極短的期間，如三個月或六個月來衡量，哪一個基金經理人做得最好，做得最好的那位，可以管理更多的錢，更多的錢意味著更高的佣金。這種鼓勵短期投資競爭的環境，造就了一些只重短期利益，不重長期規劃的短線投資專家，這些專家永遠無法體會真正的股票買賣時點為何。他們只能不斷地在短時間內衝出大業績吸引更多的資金靠近他們。

在講究短期操作績效的投資環境裡，聰明的投資專家，如果覺得目前的股市太過於投機，預測股市即將到達高峰，並賣出所有的股票。假設

這個聰明的投資專家比其他人預見高點先賣出股票，而其它的投資專家卻保持滿手的股票，並且告訴客戶繼續買進股票。這個聰明的投資專家會被人罵成笨蛋，因為他賣得早了一點，雖然離高點還有一個月，但是那時可能所有的股票還一直在飆漲，太早在高點之前賣出股票的聰明專家，會被客戶罵成笨蛋專家，但是那些繼續在高檔持有股票的「真笨專家」，卻可能在當下被他的客戶在臉書上按個讚，說他是投資高手，在這個時候，聰明專家在高點前一個月賣出股票擁有現金，投資績效顯然比真笨專家差勁。這時真笨專家就會趁機詆毀聰明專家說：「在這種獲利百倍的時候，賣出簡直是瘋狂，這種基金操作方法對嗎？」在互相競爭攻擊之下，有些聰明的投資專家不敢說真話，告訴客戶正確的賣出時機，因為大家為了保有飯碗，為了保持高績效，不敢輕易賣出自己獲利的股票，在競爭激烈的情況下，聰明的專家只有跟著「真笨專家」一起在股市末升段，持有滿手股票，最後不管是聰明的還是笨的專家，大家都跟著股市一起載浮載沉，一起在崩盤中毀滅，股市專家依然領著他的薪水、他的佣金，賠的卻是你的錢。

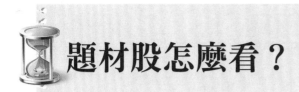

題材股怎麼看？

　　股價波動不定彷彿微風掃過水塘，有時北風，有時南風；有時強風，有時微波蕩漾。股勢趨勢如水，經常朝某一方向流入，然後又突然轉而朝向另一個方向。股勢趨勢有時在短期內似乎形成，不過別高興得太早，冷不防，股市風向突然轉變，整個型態也跟著改變。每一天股市開盤，股價變化；甚至於股市收盤時，股價依然不斷在變化。有些股票上漲、有些下跌，同時有些隨波逐流，不知道走向何處。

　　股價漲跌因素包含社會、政治、經濟，以及財務因素，在台灣這種淺碟型的經濟體，大部分公司都是出口導向的公司，股價的漲跌因素很多大部分跟產品的未來銷售量有關，當投資人看好一家公司的產品未來銷售狀況，連帶也會推升股價，這預期心理，多半跟公司題材的想像空間有關。題材可以說是一種新的趨勢，比如說環保省油概念興起，我們就會聯想到省油的電動車與踩踏自行車等相關產品銷售量將不斷擴增，連帶地也會推升電動車或是自行車這類股票的股價。

　　事實上社會、政治、或經濟新趨勢所產生的題材，對於一般消費者而言，只是一項困擾而已，但對於投入股市買賣股票的小資族來說，題材是買入股票的暗示。如石油價格創新高這個事件發生之後，可能造成主要汽車生產工廠股價跌落。也可能讓太陽能股不斷狂漲，當某些單一事件題材擴大時，股市連鎖反應，會使股市投資人的投資態度改變。從題材選股的小資族必須有所警覺，某些題材會讓某些股票上漲，只要你對題材有所了解，並做出正確聯想判斷，領先別人採取行動操作個股，在股市先行卡

位，就能獲得相當好的報酬率，五年內投資累積百萬，相信一定能輕易達成。

　　舉一個例子來說，小資上班族小華，我在三年前認識他，當時我們聊到股票投資的時候。

　　我問小華：「你有投資股票嗎？」

　　小華：「有啊！！」

　　我問：「你投資哪一支股票？」

　　小華：「美利達跟捷安特。」

　　我好奇：「怎麼都是自行車啊！！」

　　小華分析：「我覺得環保健康概念，是未來推升股價的題材。」

　　小華運氣很好，剛好抓到那時最夯的環保健康概念股，而且他買進的這兩支股票每年配股配息都有水準之上的演出，股價三年內也的確不斷的上漲，以圖2.17來看，美利達與巨大（捷安特）的股價從2012年開始，兩家公司股價不斷飆升，美利達漲幅336%，捷安特漲幅144%，超越台灣股價指數漲幅很多。

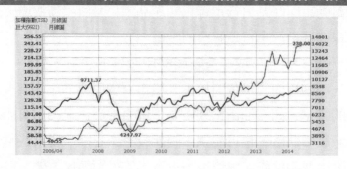

圖2.17 巨大（捷安特）與加權指數月線漲幅比較

　　小華順應題材趨勢，於2011年買進美利達與捷安特，並持有至2013年10月16日，不含股票股利報酬，光是股價平均報酬率已有兩倍以上，

小華看懂市場未來的題材，洞悉股價大勢所趨，使得他的股市投資相當順利。

圖2.18 美利達與加權指數月線漲幅比較

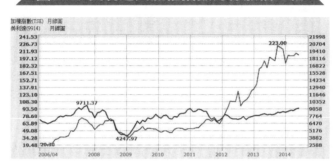

　　相反的，如果你不能像小華一樣去洞悉未來的題材趨勢，這可能會讓你的投資虧損連連。比如說友達這家台灣面板公司，在三年之前已經不再是市場主流的炒作題材，如果三年前持有這些不是主流題材的面板股票，股價可能一跌再跌，你的投資也就跟著完了。股票的題材現象總會有結束的一天；題材可能持續幾個星期、幾個月，甚至於一、兩年，但它終將成為過去。股價將會因題材不受市場關注而下跌。

　　有題材想像空間的股票，比較能獲得市場的注意，他們會以最合理、最具說服力、最令人確信的論證，散佈於市場之中，使投資人相信此一題材是千真萬確可以推升股價。當題材發生效力之後，這些有題材吸引力的股票，會改變股價趨勢，不過，題材趨勢終有結束的一天，從台灣股價指數（TAIEX）與友達股價漲跌幅度對比來看，2007年之前友達與台灣股價指數幾乎同步漲跌，至2009年之後友達這類面板題材不再是市場的熱門話題，到了2013年10月16日大盤已上漲13.8%，但是友達的股價相對於台灣股價指數，跌幅高達84%。

圖2.19 友達與加權指數月線漲幅比較

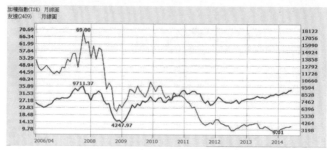

　　從友達與美利達這兩支股票，我們可以發現股票市場題材注意力會轉變，可能在某個時候市場喜歡友達這類面板題材股票，但是過了一段時間焦點又轉移到美利達這類環保運動健身題材的股票。小資族買股票只能在題材剛開始被討論時買進股票，在題材討論最火熱時，趕快脫手，並將資金轉移到新題材的股票上再投資。有些小資族認為，題材現象在整個市場炒作，令人難以捉摸，所以不要去碰有題材炒作的股票。

　　這些不喜歡題材炒作型股票的小資族，只會死抱一些價格呆滯的股票，頑固地抱著一些股本很大的股票不放，希望有朝一日這些股票會再變成主流，受市場追逐。也許等得夠久，這些股票可能會在新的市場關注下，成為投資人所鍾愛的股票。不過死抱這類股票不一定安全，像友達也曾經是大型績優股，如今跌到2013年10月16日只剩新台幣9.89元，這叫長期持有友達這類股票的投資人情何以堪。忽視市場題材而投資股票的小資族，不僅無利可圖而且相當危險。

　　股市裡永遠有不同的股票題材被討論著，大多數的題材，壽命都很短，許多股市題材短暫到只具有教育價值而已，無法藉以獲利。精明的小資族，買題材股之前必須知道，儘管應該瞭解所有的題材趨勢，卻不能完全只靠題材來進行交易，還必須搭配小資選股八大技巧去篩選（請參考

160～164），以降低買股風險。

　　環顧股市一些重要題材，當每一次題材發酵時，賺到題材錢的人，都是那些鼓吹題材的投資者，這些投資者因股票持有成本低，所以想盡辦法來說服那些還沒買股票的人相信題材股，推升股價。但是當這些鼓吹被證明是錯誤時，題材便完蛋了。漲勢也就消失了，接著新一波的題材戲碼又上演，股市又開始用一些似是而非的題材，來說服投資大眾快一點來參與買股，所以小資族在買進題材股之前，要能分辨真題材還是假題材，真題材是有基本面支撐，如自行車銷售量從台灣乃至於全世界的統計量顯示，銷售量仍然在成長，所以可以說這題材能經得起時間考驗。

為什麼題材總令人相信？

　　小資族要買題材股，一定要有邏輯推理的能力，要能推理出市場投資大眾，為什麼相信題材。講一個很久遠的股市，也許你就能了解為什麼股市的題材故事，每一次都吸引投資人投資股票。時間回到民國六十二年，那時美蘇還在冷戰時期，台灣與大陸還在敵對緊張的狀態，那時股市最夯的題材叫石油上漲與物價膨脹題材，很像前一陣子油價高漲的情況，那時以美國來說為了抑制通貨膨脹，美國管制工資與物價，不過在民國六十二年一月美國總統尼克森突然宣布放寬工資與物價管制，試圖讓物價與工資，由自由市場經濟來管制，股市解讀這類題材稱為「物價膨脹」。此一股市題材解讀，使得銅、鋁、鋼鐵等相關能源產品為主的公司的股價上漲，這個通膨題材，延燒了一整年。這類題材投資人之所以相信，那是因為題材故事的推理邏輯，相當合理，這類運用當時趨勢，敘述一個題材故事的情形，讓大部分的投資人都相信，通貨膨脹是全球性的問題，還有當時的石油禁運，更讓投資人相信，全球各國通貨膨脹持續延燒，從任何合理的觀點來看，原物料短缺與通貨膨脹似乎在當時都是股市的炒作題材。有原物料短缺題材的股票，在那個年代的股市中演出上漲秀。同樣來

到現在，股市中一直在鼓吹生技股是台灣產業未來的明日之星，但是邏輯上並不能完全說服投資人，畢竟目前能獲利的生技公司不多，如果政府政策有利於生技公司，而且大部分生技公司也開始獲利，這時生技股股價上漲的邏輯就說得通。

長期持有到底對不對？

只要大富豪巴菲特不死，大部分的股市投資人都相信「長期持有」這個題材，因為巴菲特就是這樣致富，巴菲特的操作模式，到底適不適合台灣股市？很多小資族都在問。從大型基金這一類機構投資者的看法來看，他們是認同的，因為這些機構聲稱投入資金部位太大，所以他們股票買進後不再做賣出決策；換句話說，只做單單一次買進決策，買進永遠受喜愛的成長股，像台積電這類大型股，然後長期持有，即可高枕無憂。大型機構投資者，有龐大的資金在手上，對他們來說，時常買進又賣出的交易，成本太高，就某一程度來說，這些大型機構的買賣政策，傾向於買進一種股票之後，永遠把它擺著，不能隨便賣出。

懷疑長期持有這種說法的人，認為這些大型股，經常在空頭市場裡大幅崩跌，特別是在嚴重空頭市場接近尾聲時，跌得更慘。在股市榮景時這些大型股在當時的價位似乎過度偏高。但是外資、法人這類大型投資機構，都會告訴小資族們大型股還有更高的價位，要買請趕快買。站在大型投資機構的立場，他們不論發生什麼事都不會賣出大型股，這也就是之前鴻海這檔股票為什麼外資會持有很高的水位，因為外資會永遠支援鴻海股價。就算股價下跌，長期來說，鴻海的盈餘成長會把虧損扯平。這些大型投資者，聲稱不能買進小型成長公司，因為它們在成長上可能有所不足，大型投資者說自己太大了，無法任意賣出，要小資族放心，他們絕對不會殺出股票。

 ## 買小型股好嗎？

股本小的小型股，一直是小資族最喜歡的題材股之一，他們喜歡的理由，是認為籌碼集中，持有者買賣不會太過凌亂，所以股價上漲空間很大，小型股由於規模小，不像大型公司那樣官僚與缺乏彈性，因而能夠成長、繁榮，並提供立竿見影的報酬。除此之外，小型股被合併，對小資族來說是個瘋狂的題材，以股本134.94億的聯發科與股本53.26億的F—晨星來說，這兩支股票相對於台積電2千多億的股本，屬於籌碼集中的小型股，當2013年8月兩家公司合併成功之後，股價即迅速飆漲，聯發科與F—晨星合併案8月28日核准後兩家公司股價齊揚。合併完成後，F—晨星消滅並下市，成為聯發科子公司，聯發科合併晨星案，換股比例是聯發科將以0.794股加1元現金換發1股晨星，推估合併晨星溢價近19%，吸引買盤搶進，F—晨星8月28日跳空漲停開出後，盤中一路鎖死在漲停價位263.5元；聯發科則以366元小低盤開出後股價翻紅。

小資族喜愛的熱門小型股，不是那些成長太快速的小型公司，而是緩慢成長具有前景的小型公司，這些公司一旦合併到大型公司裡，就具有「綜合效應」F—晨星被合併之後，公司股價扶搖直上。類似聯發科、F—晨星這類小公司，在股市的表現上比大型公司好，並且超越當時台灣股市指數很多，搭上這波題材熱潮的小資族，大部分有令人驚奇的收益。

雖然很少小資族能幸運地在低價買到這些股票，並且在其高檔賣出，但是這一類型股票的獲利想像空間大，甚至於在較晚期的買進者及較早期的賣出者，都可以獲致優厚的利潤。不過這類題材遇到2008年金融海嘯這類空頭時期，依然會被打回原形，當合併題材不再被注意時，接著投資績效就很差勁，不管它股價是否偏低，一切回歸基本面，風平浪靜。

 ## 預期公司盈餘成長才是重點

股市題材來了又走，每一個年代的題材都不一樣。台灣股市從

DRAM、面板、太陽能到現在運動健身、生化科技、3D列印等題材變化的過程中，可以看出整個時代的趨向，不管題材如何變換，公司盈餘長期成長才是重點，題材只會被暫時關注，在台灣股票市場裡，題材強勁的力道能主宰股票市場某些股票股價一段期間，然後退化，再被另外題材所取代。一種題材出現之後必然會結束。股市題材具說服力，被這個題材所支持的股票，雖然繼續不斷地上漲，但它必定會結束。預測股市題材何時結束或許很困難，甚至不太可能，精明的小資族必須警覺，沒有什麼新的真理，能永遠主宰股票價格趨勢，股市題材必定會結束在最熱烈討論階段，小資族可利用題材的變化性來選股獲利，題材股通常與當時的社會、經濟、政治與財務金融環境有關。股市題材的一項重要特性就是預期心理，如果投資人對未來公司盈利期望會更好，即會造成新一波的熱潮。

　　比如說熱錢至2013年8月底開始流入台灣，台幣從30元一路升至29元附近，這時投資人預期擁有台幣資產的公司價值，將因台幣升值而增值，連帶推升其股價一路上漲。2013年10月15日台幣兌換美元升破29.5元，收盤價以29.445元價位、創台幣匯率近8個月收盤新高，新台幣升值題材，推升南紡、台火、台肥、農林、三陽等這類台灣老牌資產族群的股價。

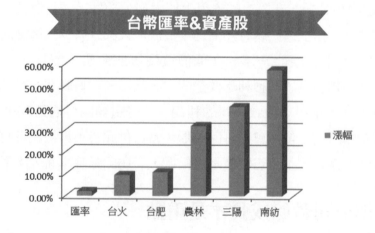

台幣匯率&資產股

收盤價	2013/8/27	2013/11/15	漲幅
匯率	30.06	29.445	2.05%
台火	16.8	18.4	9.52%
台肥	67.1	74.4	10.88%
農林	18.2	24	31.87%
三陽	35.7	50.2	40.62%
南紡	14.3	22.5	57.34%

　　南紡股價由2013年8月27日的14.3元附近起漲，2013年11月15日收盤價已來到21.3元，短線漲幅近六成。南紡最受市場關注的是台南總廠3.65萬坪土地。台火則從2003年8月27日16.8元附近起漲，最高攻達21.9元後拉回整理後，近來維持在18元附近整理。近年台火逐漸轉型為開發商，與欣翰建設合建的士林官邸旁的商辦案，此合建案，台火可分回六成，分回的樓地板面積約有1348坪及35個停車位。

　　台肥擁有全台51.45萬坪土地，台肥股價從台幣升值以來股價不斷漲升至2013年10月15日收盤價以來到74.4元作收。農林全台擁有3600公頃土地，是僅次台糖第二大地主，2013/8/27至2013/11/15期間農林從18.2漲至24股價已創下近2年半來新高。三陽內湖舊廠開發案為資產題材，三陽股價隨台幣升值而推升股價，2013/8/27至2013/11/15期間從35.7漲至50.2，漲幅超過四成。

　　這些資產股儘管在通膨壓力下，還是被市場認為能夠持續成長，小資股票族預期資產股資產價值成長，即使經濟上有許多不確定性，但是它仍受小資股票族偏愛。通貨膨脹與台幣升值屬於經濟因素題材，與這類經濟因素相關的資產概念的股票，在台幣升值期間都表現良好，那是因為小資股票族預期這些公司，最後必將會有盈餘成長。說到底，股市題材通常追逐公司盈餘成長。如果盈餘未能滿足小資股票族的期望，台幣升值題材

便告結束：資產股的股價，也會因而下跌，畢竟股市題材並不能永久支撐公司的盈利。股市題材與盈餘績效之間的關係，代表盈餘持續成長，能使題材熱度持續久一點。有能力維持盈餘成長的公司，能使其盈餘年復一年地複利增加，更能獲得小資族的青睞。

前面提過在每次空頭市場即將結束時，不管是大型股或是有題材的個股都會加速下跌。等到股市復甦後，題材股才會再度成為被追逐的對象。這種情況台灣股市在1997年、2000年、2007年、2010年曾經發生過。景氣循環週期，與小資股票族預期盈餘成長有關係密切，房屋建築往往在衰退谷底的早期，股市就開始起步；並且在整體經濟仍然停滯時，股市便開始上漲，台灣股市2009年初最為明顯。房屋建築往往在整體經濟開始上漲時，就已欣欣向榮。然而，房屋建築常常在整體經濟發展的中途轉向下坡，在一般經濟達到高峰前好幾個月就到頂。

建築業在經濟繁榮初期盈餘顯著增加。建築股在經濟復甦的早期，股價率先表態，營建股票會變成新的題材股。在經濟復甦早期表現強勁，在經濟擴張的晚期，由於經濟開始過熱、物料短缺造成通膨，投資人轉而期望原物料個股有新一波的盈餘，通膨股變成新題材，成為被鍾愛的對象。

如何解讀題材股

小資男問：「大哥！！什麼是題材股？」

我說：「公司有讓大眾關注的議題！」

小資男頑皮地說：「那……宅男宅女是一個題材嗎？」

我分析：「算！你可以找網路商城、網路遊戲這一類的題材股！」

小資男：「股價會大漲嗎？」

我說：「不一定！！」

小資男：「那幹嘛買股票啊？」

我說：「如果大家都相信宅男宅女商機，股價就有機會漲！」

小資男把題材過於簡化，在股市裡的題材股，通常不是「單元劇」而是「連續劇」，它有一套劇本在演，比如說，暑假到了，學生多半在家玩網路遊戲，網路遊戲商機就會興起，接著有家網路公司在暑假的營收開始成長，這時網路公司發出新款遊戲，接著宣稱會員數不斷上升，於是大家認為網路公司未來可能盈餘會成長，然後市場開始有人收購這家公司股票，接著這家網路公司股價慢慢推升，直到營收創下歷史新高之後，股價開始噴漲，大批的股票族跳入股市買進這家網路公司股票，股價接著創下歷史新高。

有發覺到嗎？這一個股價噴漲的題材，是有連續性的，而且每一個事實被市場驗證過了，大家都相信這是真的，股票就會噴漲。股市題材影響股價趨勢，題材與當下的社會、經濟、政治與財務金融特性有關。而且這些題材股常被市場解讀為，未來潛力無限，「公司盈餘持續成長」。大部分題材股劇本裡都有「公司盈餘持續成長」這一句話，這已經是題材股的標準台詞了。

當然有正面解讀的題材股，就會有負面解讀的題材股。請看以下這則是市場負面解讀的消息……

2013年10月16日台股即將挑戰前波高點8439點，卻有不少電子股股價腰斬破底，曾為股王的宏達電跌幅高達57.57%。曾經價位在千元以上，貴為台股股王的宏達電，2013年以來遭三大法人大幅調節6.38萬張，外資甚至將目標價大砍到百元以下，江山代有才人出，股票市場同樣也是不斷輪動，若產業趨勢在半年、一年內看不到向上可能，建議投資人還是不宜貿然低接。

通常負面解讀的題材股，大多會被市場看成公司盈餘未來成長停滯，產業前景看不到向上的可能。精明的小資族買題材股必須先評估市場投資人對公司盈餘預期，是往上看還是往下看，當市場將新題材被加以擴

大渲染，並預期未來公司盈餘往上看，小資族即可投入資金買入有題材想像空間的個股。例如房屋建築興起，預期資本性支出增加，帶動其他產業盈餘潛力無限，它意味著景氣循環週期發展。就經濟循環來看，股市在接近漲勢的末期，有題材且盈餘持續成長的股票，會成為市場注目的焦點。

舉一個例子來說，月領28K的小華從財政部海關出口統計發現2013年1～9月的統計報告看出1～9月台灣自行車出口到大陸的總金額成長82.2％，成長爆發力居各國之冠，小華認為台灣有品牌的自行車銷到大陸的成長空間大，未來必是股市炒作的題材之一，小華再從台灣自行車品牌美利達與捷安特這兩家在中國大陸經營有成的公司中，發現捷安特2013年第二季每股盈餘（EPS）2.22元 而美利達EPS 2.62元這兩支股票盈餘都有成長，代表美利達與捷安特未來有出口成長題材加持，再加上盈餘成長，代表股價還有向上的空間，像美利達這類股市題材與預期盈餘結合的股票，使得它隨著經濟繁榮，成為另一波市場關注的題材股。產業前景與盈餘持續上升創造題材，使得投資人願意拿現金來追捧這類股票。

有些小資族會問我，他買的股票EPS表現不錯，股價也不高，為什麼一直都漲不動呢？我拿美利達與遠雄兩支股票來比較，你就可以知道為什麼高EPS的股票漲不動。遠雄2013年第二季EPS 2.98高於美利達第二季EPS 2.62，可是股價漲跌幅度，美利達漲跌幅94.37高於遠雄的跌幅0.92。

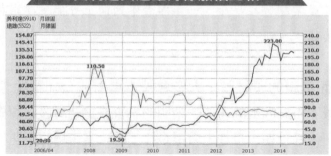

美利達與遠雄月線漲幅比較

圖2.20 遠雄、美利達的題材比較

股名	2013第二季 EPS（元）	股價 漲跌幅（%）	收盤價 2013/11/17	題材
美利達	2.62	94.37%	224.50	預期產業成長
遠雄	2.98	—0.92%	53.7	預期政府打房

　　遠雄看起來股價偏低，似乎其盈餘成長具有很大的潛力，可惜的是，遠雄與市場趨勢題材不合，由於投資人預期未來央行即將升息，再加上台灣房產政策打壓炒房，致使營建股遠雄股價一年多來變化不大，相對於美利達有中國市場成長的利多題材哄抬，股價硬是比遠雄高上好幾倍，只看盈餘基本面買股票的小資族必須記住，用基本分析出來的股票，當盈餘與市場趨勢題材不合，股票價格表現未必強勁，所以小資族選股也應該順應題材趨勢而為。

　　每一個股市新題材出現，足可獨領股市風騷好一陣子，但是股市題材不可能永遠燃燒不滅，總有熄火的那一天，但就題材熄火的那一天，當舊題材下場的時候，新題材又開始上場了，小資族就必須跟著趨勢題材調整手中持股。

　　昔日的DRAM、面板題材已退場，今日的環保健康題材正在上演，明日的3D列印題材是否可以說服投資人，端看這題材是否有足夠的成熟環境養成，以前通訊4G設備還未成熟時，網通這類題材的股票，即使買了也不會有太大漲幅，是因為時機未到，精明的小資族，必須對題材的觀察，保持某一程度的敏銳度，觀察題材的成熟度是否能被市場接受，這樣才能夠在股市的競爭裡活下去，並在股市題材中獲利。

　　不論是原物料短缺、大型股長期持有或者是小型股籌碼集中等等這類題材，全部都是投資股票者的偏見，股市題材所依據的觀念，大多只能參考，不能全信，因為世界不可能永遠不變，人的喜好也不可能不變，當

某一個時代的偏好轉向時，題材就會跟著變。現在網路資訊流通相當快，題材的轉變比以前快上好幾倍，題材流行的時間不長，某些新的投資題材，只能維持一段期間，就不能永遠應用下去。因為我們無法辨別當前的趨勢，是不是跟以前相同，只能順勢而為。

股市新題材在哪裡？

小資女美美問我：「如何在題材興起之前，買入股票？」

我回答：「沒人可以準確回答你這個問題？」

美美：「那你說買進題材股，不就白講了！！」

我微笑：「白講比沒講好！」

小資族想在新股市題材興起之前，買入股票，問題不是題材，是你對題材的敏銳度與感受度夠不夠，即使研判題材無法掌握趨勢，最起碼比不注意題材亂買股票要好，像美美這類小資女只注重股市題材買股票也相當危險，因為股市題材四季變化不同，如果只看題材買股票短進短出，只會讓自己的交易成本擴大，給證券商賺更多的手續費，而不是自己獲得投資利潤。在此提出預期心理來檢視股市新題材，供小資族參考。

股市新題材，與投資人的預期心理步調一致，如果投資人預期台灣央行會放手讓新台幣升值，接下來資產股題材就開始受到市場注意，預期新台幣升值，此一預期心理將反應在資產股的投資行動以及股票價格上。假如投資人預期心理看出資產股有大好的投資機會，資產股便會開始上漲。接著就會看到報章媒體開始談到資產股，寫有關資產股的文章，注意股票成交價與成交量的技術派專家會開始看出資產股的投資機會，在短線上，這些技術派投資專家，就會有人投入資金買進資產股。

除了投資人的預期心理之外，還一件事要注意。為了有效利用股市題材，必須看出事件的類型，看出投資人對於哪些題材有興趣。有些題材是個別題材屬於獨立事件，例如聯發科合併F—晨星屬於獨立事件，並不

能引起所有相關IC設計股的股價一起動起來，但是台幣升值這個題材就不同了，它有連動效應，影響的不只是單一股票，而是影響一堆股票，由於投資人預期熱錢湧入，在新台幣升值趨勢下反而有利降低進口成本，依賴國外進口的汽車、食品等類股則受惠新台幣升值，股價表現走強。

股市一向以即早預知未來趨勢聞名。當大家熱烈關切某些議題，股價已經飛上天了，這類的議題就不能算是「萌芽型」的題材。

一般萌芽型的題材，通常經過一年甚至超過一年以上的考驗才會變成一個成熟的題材，舉自行車產業為例，2009年自行車環保運動風潮，在當時方興未艾，有人討論它，但是在股市裡投資人還不認為自行車環保運動風潮會推升美利達、捷安特自行車銷售量，也不認為股價會有很好的表現，當時運動題材在股市只能算萌芽階段。一年多之後進入2011年環保運動風潮果然帶動自行車銷售量，到了2013年自行車概念股已成為股市成熟的題材，股價有已經漲升了一大段，現在投入這個題材股的人，投資風險相對加大，當報章媒體開始訴說自行車概念股美好的時候，它已經是題材趨勢的末端，題材熱度已過，接下來看的是業績表現。假如小資族能夠及早看到自行車投資新趨勢，預期投資人會看好自行車產業，並從自行車產業股價的個別變動中，瞧出股價向上的大趨勢，並先投入資本買進自行車相關類股，即可比其他投資人保持領先，在股市題材未發動之前，贏得先機。雖然看出題材趨勢買進股票，有利於小資族，但是股市題材不應該用來做為選擇股票的唯一方法，小資族若是只注意題材買股票是極其危險的。最好在買股票之前，把資金控管好，先用小部位資金試試自己對題材判斷的準確度，再慢慢地投入大筆資金投資。

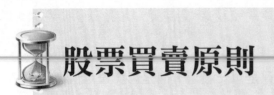
股票買賣原則

　　股價測不準理論、風險評估、進場時機、題材股判斷……等等，這些我們前面提到過的方法，小資族該如何把這些方法融合在一起，做出健全的股票買賣原則呢？建立股票買賣原則的第一步，是檢討股價測不準理論背後的原則。「股價測不準理論」有助於讓小資族了解，股價落點沒有邏輯性可言，股市買賣使股價浮動不定，任何超出預期利潤的投資模式，其實跟賭博沒兩樣，投資股票的買賣原則，是合理預期買股所獲得的利潤，不是每天在股市裡面找飆股，賺幾十倍的超額利潤。大多數專業投資經理人，浪費他們的時間在選股工作上，他們經年累月尋找偉大的飆股，事實上，這種機會賺得多賠得也多，一賠一賺之間剛好打平，等於白忙一場。

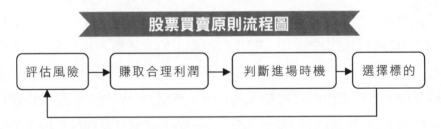

股票買賣原則流程圖

評估風險　→　賺取合理利潤　→　判斷進場時機　→　選擇標的

　　由於挑選獲利飆股是如此困難，所以小資族投資之前必須先行評估投資風險，注意市場進入的時機點，找出適合自己的投資標的，對於自己的投資布局在收益方面不要期望太過誇張，適度的期望是健康的投資心態，如果投資股票會令你失眠，寧可不要賺這個錢，畢竟健康的睡眠比賺錢重要很多，不要為了多賺一些錢，投資一些上漲下跌幅度很大的股票，為了賺大錢承擔過大的風險，並不值得，也許你曾幸運地冒險賺過大錢，

不過我還是想告訴全天下的小資男女，冒險可是從錯誤中找到對的方法，前提是你不能死掉，因為死掉了，這險就冒得一點意義也沒有，如果冒險買漲跌幅很大的股票，賠掉所有的家產，就像冒險玩飛車特技死掉一樣，一點都不值得，真正好的飛車特技人員，一定會做好可能的防護措施，讓自己的小命活下來，才能繼續冒險成為偉大的飛車特技人員，在股市的跑道上，想玩股票飛車特技的小資族，請注意！！做好你的防護措施，先保有你豐沛的資金，再來談賺賠，這樣在股市裡才有可能活得久一點。

風險評估，合理報酬買賣原則

　　小資族族群中，不乏高學歷聰明人，這些聰明人有的剛從名校裡的財經研究所出來，在股市某些多頭時期裡，這些聰明的小資族以小量投資變成巨額財富，這些聰明的小資族認為他們成功賺到錢，是因為他們的聰明才智。我稱這類小資族群為「驕傲族」。

　　驕傲族的成功，事實上並不是因他們的聰明才智，而是因為他們傻傻的勇氣。因為股市多頭時期，風險相對於空頭時期要來得溫和，在這個風險溫和時期，驕傲族憑著傻傻的勇氣，冒險投入股市，他們願意承擔更多的風險，所以他們比其他不敢冒險的小資族能賺到更多的錢。

　　驕傲族在股市賺到錢之後，在他們眼中看到的股市，是充滿賺錢機會的地方，他們不屑保留現金，不虛心接受曾經歷經空頭磨練的投資老前輩所說的話，驕傲族不認同老前輩投資股票只看風險不看利潤，驕傲族認為只有承擔風險，賺更多錢，讓資本能更加成長，才能在股市裡獲得更進一步的成功。

　　驕傲族不懂什麼叫做「適可而止」，適可而止指的是合理的期望，期望投資有合理的利潤，一般來說投資股票每年7%報酬率屬於合理的報酬範圍，按照複利方程式，每年7%滾個幾年，財富可獲致極其顯著的增加。小資族每年賺7%的報酬率，並不代表每年報酬率是固定，有時候是

一年賺5%另一年賺20%，在另外一年賠了4%，平均有7%報酬率。報酬率合理的期望，指的是小資族願意承擔買股風險，即使某一年實質上挺揚，而在另外一年則慘跌，只要報酬率範圍在7%左右都屬合理的範圍，對於期望合理報酬的小資族，他們願意承擔風險，但不會過分地想要一夜致富，願意承擔風險的小資族，股市會多支付給他們一些代價，但有一定的限度，就歷史紀錄來說投資股票大約每年有7%的報酬率。

　　具有較少財富而可望賺個好幾年優渥薪水的驕傲族，很明顯地可以承擔更多的風險，賺更多的額外收益。相對而言，仰賴每個月微薄薪水的不敢買股票的小資族，較無法承擔這種風險，投資較為保守。拿公司來做譬喻，一家小型公司，公司成員較年輕，可以做更為積極進取的經營，不過已定型的大公司有許多退休人員依賴退休金過活，相對經營較為保守。在股市投資中，風險的心理因素與財務情況，同樣重要。那些擔心投資而整晚睡不著覺的小資族，最好是不碰股票為妙。

　　如果真要投資應以最適度、低風險的態度來參與投資，生活會更幸福。因為這類小資族信心不足，可能會在朋友、親戚、老闆的批評下，改變投資態度，錯失投資機會。這類怕被人譏笑的小資族，每天生活在損失的恐慌陰影之下，這樣的投資心態不健康，不如少賺一點，會活得更好。

　　小資族群裡，形形色色個性的人所能承擔的風險程度不同，膽小如鼠緊張兮兮的小資男女，風險承受度較低，不適合投資股市，轉外幣定存投資反而比較適合這類小資族。相對個性大膽喜歡冒險又不期望一夜致富的小資族，風險承受度較高，適合投資股市。精明的小資族在投資之前，應先知道自己能承擔多大的風險，能容忍多大的損失。

　　小資男女在投資股票之前，可以先假想一個情境，如果有一天自己擁有的股票損失達20%、30%，甚至40%，日常生活「是」、「否」不受影響，如果答案是「否」，那千萬不要貿然投資股票，如果答案是「是」，這時投資風險程度可稍微加高，投資資金可再適度地投入。風險承受程度

的高低，純粹是個人股票買賣的原則問題。股票買賣的原則永遠是風險第一，絕對不能像驕傲族一樣因為自己過去的成功而忽略風險，也不要因為看到別人賺大錢，就來個投資大冒險。

　　小資族怎麼判斷自己的風險承受度呢？這裡有一個情境可以測試出來。假設有一天你到賭城旅遊，很不巧地你的信用卡、旅行支票都掉了，你身上只剩下1000美金，你還願意到賭城去賭博嗎？如果願意，你最多願意損失多少呢？

> **答案A** ▶ 輸光了，我也不怕！！誰說我一定會輸！
> **答案B** ▶ 頂多輸50%，就不玩了！！
> **答案C** ▶ 這時候哪還有心情賭啊！！趕快回家吧！

　　【**選擇答案A的小資族**】：風險承受度100%（1），投資資金可完全投入股市，因為這類小資族願意承受完全輸掉的風險，建議可選風險高的高價股買賣，如果資金不是很雄厚，可以用零股買賣的方式，買入高價股，相對報酬率比一般低價股來得高。

　　【**選擇答案B的小資族**】：風險承受度50%（0.5），投資資金可50%投入股市，建議選擇中低價位配股配息穩定的大型股，預期年報酬率設定在7%，如果經過6年之後投資順利，得到本利和（1＋7%）6＝1.5倍的投資報酬率，拿回本金之後，仍有50%的投資報酬率，這50%可再繼續投入股市。

　　【**選擇答案C的小資族**】：風險承受度0%（0），不建議投入股市，如果要投入股市，建議只將資金的15%～30%投入即可，其它可投入外幣定存。

　　這個三個答案，小資男女可用來檢視自己的風險承受度，假設風險水準是1，股票投資資金可運用範圍100%，當台灣股市呈現多頭走勢，

可全部將投資資金投入股市，如果對市場前景悲觀時，風險水準1的小資族，可小量投資甚至不投資也可以。

買股時機原則

　　小資族檢視出自己可承受的風險程度之後，接下來考慮投資時機。小資族投資股票之前，先想清楚台灣股市是不是在大空頭時期的底部，如果是在大空頭底部準備反轉的時期買進股票，那就太棒了！這時買進的股票，股價相對便宜，風險水準相當低。台灣股市大空頭時期，約8～10年走一次，在1981年到2013年這三十二年之間，共出現三次大空頭。

　　1990年～1991年：台灣股市指數從12424.50下跌至2560.47。

　　2000年～2001年：台灣股市指數從10393.60下跌至3411.68。

　　2008年～2009年：台灣股市指數從9859.65下跌到3955.43。

　　這種股市空頭循環週期，不是電子學的波動圖，有一定的規則可循，不過這三次大空頭時期都有相同的特性，那就是當時市場瀰漫著經濟悲觀的看法，簡直悲觀到極點，最明顯的是2008年那一次，你只要打開電視媒體專家評論經濟，全部都說要好幾年整體經濟才會復甦，諷刺的是台灣股市狂跌了一年之後，2009年就大反彈。大約十年才會見到一次的大空頭底部，也是買股票最好的時機。但是在經濟專家眼中，都是風險最大的時機。台灣2009年初公司的利潤已呈現轉機的微兆，短期利率似乎不可能看到的新低水準。美國聯邦準備局採取顯著的貨幣寬鬆政策（QE），試圖使經濟朝上發展，如果市場正出現剛才提到的這些情況，那正是大好的進場時機，勝算相當有利。這時最佳的買股原則是，採取分批買進的較為保險，將資金慢慢分批投入股市，選擇配股配息穩定，營業利益、EPS、毛利率以市場願景好的股票（詳細選股方法請參酌P139「研判股票價值」）買進股票之後，慢慢等待回升，等到投資樂觀氣氛到極點時，資金再度分批出場。

在股市贏家的觀察經驗裡，每當股市一片悲觀時，小資族很難大膽買進股票，尤其是在市場已經悲觀到極點，空頭市場就即將結束，回升行情即將展開。這段期間沒人敢接手買進股票，而使股票價格跌到很誇張的地步，甚至一些好股票都可跌破面值，一股連十元都不到，瘋狂性賣出在這個時點上，經濟情況可能退化，股價跌勢看不到終點，每個人都悲觀。此時股價普遍極低，雖然風險高，但是獲利潛力極大。前面也曾提到，寧可買股市低檔風險，也好過買股市高檔套牢的風險，由於小資族沒辦法預測股市還會悲觀多久，股價可能跌得更低，當大家都不知道股價還會跌到多低的時候，這時觀察股票是否有利空不跌的現象，如果有這種現象則是最佳買股時機。通常這個時候各國央行會開始趨向貨幣擴張政策，以促使經濟發展。這只是線索之一，不一定判斷進場時機的唯一方法。第二章P164「股市趨勢投資」內容可以幫助你，發現空頭結束的徵兆。如果股市跌勢已達十幾個月，這時小資族要注意的是買點而不是保守觀望，沒有動作。

賣股時機原則

小資族持股賣出時機，以台股的經驗值來看，只要站上9000點，代表多頭時期這個階段上漲了很多，而且看起來似乎達到多頭市場的「末升段」，接近多頭市場的尾聲。

這時正是分批賣出股票的時機。從1981年到2013年這三十二年之間，一共有五次站上九千點之後開始振盪往下形成空頭走勢。其中有三次在萬點之上。

第一次末升段（1989年～1990年）—9000點漲至最高點12424.50點

第二次末升段（1997年～1998年）—9000點漲至最高點10256.10點

第三次末升段（2000年～2001年）—9000點漲至最高點10393.60點

第四次末升段（2007年～2008年）—9000點漲至最高點9859.65點

第五次末升段（2011年～2012年）—9000點漲至最高點9220.69點

　　台灣股市指數站上九千點之後，股市指數會像發了瘋似地往上攻擊，九千點之後的台灣股市，通常大家會預估上萬點，不過從2000年之後已經有十幾年沒上萬點了，通常是上了九千點之後，開始劇烈震盪，然後會開始劇烈崩跌一個極短的時間，之後再慢慢回升。小資族如果持股在九千點之上，就可以開始減碼，慢慢將資金撤離股市。這時最佳的賣出原則是，採取分批賣出的戰術較為保險，並將資金投入外幣或國債等穩定投資標的，先在場外等候。等待進場時機，當投資悲觀氣氛到極點時，資金再度分批進場。

　　台灣股市指數漲到九千點之上，由於多數投資人看到股市上萬點的美好前景，過於樂觀，競相將股市價位抬高。在高點即將崩盤之前，有些人還不覺悟，認為目前的經濟美景會永遠持續，台股每次上九千點之後大家都會開始說這一次高點情況不一樣，成長可以持續久一點，就算央行已經開始升息，短期利率偏高，投資人依然看好股市，如果這時小資族想賣出股票，想將資金撤離市場，他身邊的人會說他是呆瓜，太早出場。這時的小資族會猶豫不決，不想撤出股市資金，其實這時正是股市最危險的狀況，也是崩盤的徵兆。有時提早到場外等待買股時機，並不代表自己是呆瓜，而是一種明智的決定，也是遠離投資瘋狂的好方法。

　　小資族持股至台灣股市末升段時期，通常會有一些股票繼續上漲，這個時候小資族到底該賣股呢？還是保留股票再賺一波。這答案見仁見智，沒有標準，不過這裡有一項方法可以提供小資族參考，先撤出大多數的資金，只讓少部分的資金留在大型股就即可，雖然有些大型股看起來價格雖然偏高，但是此種股票在多頭市場末升段，通常還能維持一段高價能力，做最後的推升。在多頭市場末升段，投資人信心減弱，只對大型股有信心，大型股在末升段時期漲勢相當凌厲。多頭市場末升段，小資族必須特別謹慎不要持有，成交量很低的股票或者價格明顯偏低的低價股。這些股票會在末升段結束之後崩盤，跌勢很凶，會令人賠本殺出。

 **選股原則**

　　假設現在股市已來到相對低檔,小資族這時該買進哪些股票?台灣股市有一千多種股票,選股原則在哪裡呢? 前面單元提過**價值股、成長股、題材股**這三種選股方式,小資族可以試試看。網路上也有很多選股工具可以幫忙篩選,不過重點還是風險與時機,理想的選股策略,需要長期觀察一家公司盈餘是否有成長潛力,價格是否偏低的股票 這些股票在市場上還不是很熱門。

　　我遇過一位股票投資績效不錯的小資女,她跟我說,她選股的原則,第一見報炒作的股票不買、第二公司賠錢CEO還坐領高薪的不買、第三大股東大額申報轉讓的股票不買,光靠著這「三不原則」就能讓她有很好的投資績效,股市題材炒作的股票,股價必然偏高。小資族可先用這三不原則暫時先買一些成長普通的股票,可確保資本收益穩定增加。

　　在台灣股市中小資族有題材股、成長股、低價股三群選擇範圍,你不會知道哪一個範圍的股票會飆漲,那倒不如擁有這幾種不同範圍的股票,形成一個分散風險的投資組合,當其中一種股票變成新題材,突然吸引投資人興趣時,至少可以部分獲利,使你的投資組合不致失敗。只要小資族把前面我們說過的風險值先算好,獲利就不至於離大盤太遠。

　　每天研究選股,希望選到飆股,這一直是一件很浪費時間的事情,選飆股這種工作許多人試過了,到現在還是有人在試,不過大部分都失敗,通常突然漲升的股票,是股市大戶布局了很久的股票,小資族在這支股票漲上去之後才去追,已經是中了股市大戶的圈套。所以小資族買股票,目標應該是選擇一個分散化投資組合,不要太過「偏食」,只吃題材股或只吃價值股,偏食性的選股,其實跟賭博一樣,運氣好押賭注的股票全上漲,大賺特賺,運氣不好押賭注的股票全跌,大賠特賠。營養均衡的選股原則(投資組合:題材股、成長股、低價股),可以在股市漲勢中充分跟著大盤上漲。如果股市上漲,投資組合也上漲,那就賺到投資的利潤

了。小資族選股無需跟別人比較賺了多少錢，重點是自己選的投資組合是否達到穩定收益，這樣就夠了，切忌頻頻追逐飆股，短進短出，增加進出交易成本。

四階段股票買賣原則

選擇恰當的股票，必須跟在股市四個階段循環變動，這四個階段包括初升段、中升段、晚升段、末升段。小資族買股票投資，可從這四個階段來分析考慮自己的選股策略，這四階段循環，每一階段漲的股票都不同，小資族投入股市買股，可分階段來思考自己的選股策略。

初升段

在多頭市場初升段期間，大多數股票脫離空頭陰影，經歷一大段重挫之後，許多投資人還是心有餘悸，這股市從谷底急遽反彈上漲；整個市場指數升幅劇烈，通常在初升段升完一段之後，投資人不敢保留股票太久，會因獲利了結賣壓出籠而大幅下跌，在這段期間，大多數投資人都曉得多頭市場，已經開始了，投資人在空頭市場時留存觀望的現金，在初升段期間開始分批湧進股票市場，廣泛的買盤如浪潮，在股市中推波助瀾。

初升段期間股本小、獲利佳、擁有關鍵技術以及產業前景看俏的中、小型股，較有機會領先大盤脫穎而出。中小型股由於籌碼相對穩定，加上股本尚未過度膨脹，所以在股市初升段期間，成為領先指標，但許多聰明的小資股票族發現很多中小型股，本身並不像台積電、聯電、中華電信……等大型股，原本即具有極高知名度；有些小型公司甚至連經營產業的領域，一般投資人也都相當陌生。

回顧2002年10月9日全球股市觸底上漲以來，台股初升段已經開始，雖然在2003年3月初全球股市曾因美伊戰爭與SARS疫情而出現回檔，

但若從2002年10月9日低點進場至2003年底，全球小型股指數期間上漲76.57%、優於大型股51.17%漲幅。而2004年與2005年單年績效，全球小型股也以24.43%的漲幅，擊敗全球大型股15.73%的表現，直至2006年才改由大型股勝出。2006年與2007年正是台股由晚升段步向末升段，這時期像台積電、聯電、中華電信……等大型股漲勢特別凌厲。

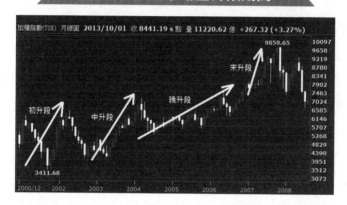

圖2.21 多頭市場上升段期間

中升段

在多頭市場中升段期間，行情也是相當溫吞，在這期間選股變得更為困難了。2004年與2005年台股中升段，全球小型股漲幅才24.43%不如初升段76.57%。這段期間大部分投資人只喜歡漲幅較大的成長股，對其它股價不太動的股票失去興趣，並且開始專注於少數特別的股票。到了多頭晚升段，股市的競爭強度變高，這時選股難度，比初升段與中升段高。

晚升段、末升段

從整段行情期間來看，晚升段期間只有極少數的股票持續上漲，到了多頭市場的末升段，投資就真正艱難了。該漲的大概已經漲得差不多

了，此時賺個一、兩成就很幸運。末升段期間只有大型績優股，和一些少數能在經濟困境獲利的股票，才能繼續上漲。在這個小期間，大多數投資人沒有警覺到，多頭市場實際上已經快要結束了。很多買股票買在末升段的小資族，希望他買的低本益比的股票會受股市投資人注意而上漲，而且有些在初升段不敢買股票的小資族，在末升段竟然不會嫌高本益比的股票太貴，而買進高本益比的股票，完全失去風險警覺性，這些在末升段高本益比的股票，走完末升段終點之後，很快就開始崩跌。

初升段、中升段、晚升段、末升段這四個階段，是以等分方式來切割整段行情，是以相當隨意的方式來界定的。沒有很精確的定義，沒有正確的衡量，也不能精確認定股市目前處於一階段行情，小資族可以粗略地估計他現在處於哪個階段，以調整自己手中的投資組合，以便在未來展望中獲利。

持股買賣策略

小資族持股買賣，選股所形成的投資組合，必須呼應股市的總體績效，任何合理分散的投資組合，必須與股市的總體績效同步，表現如台灣股價指數的績效一樣，如果台灣股價指數實質上漲，大多數分散化的投資組合也會上漲，如果台灣股價指數實質下跌，大多數分散化的投資組合也會蒙受損失。對於主要的分散化投資組合來說，個股表現較不重要，重要的是投資組合是否能互補漲跌，與大盤績效同步。很多小資族看好某一支股票，就把所有的錢押在一支股票上，結果發現當大盤漲升時，自己買的股票股價一點動靜也沒有，股價一直在低檔徘徊，投資組合卻不一樣，選五支股票當一個投資組合，漲跌互見的情況下，通常股票報酬率績效會接近於台灣股市指數報酬率一樣齊漲齊跌。

小資族投資股票主要目標是，盡可能地在漲勢市場裡全部投入，並避開跌勢市場。

處於多頭市場裡，投資股票的小資男女都會問我幾個問題——

問題1 ▶「大哥！哪一種類型的股票，能跟台灣股市指數同步上漲？」
問題2 ▶「大哥！哪一種類型的股票，會受市場矚目而上漲啊？！」

這些問題的答案只有一個，最能顯示盈餘成長的股票，最能上漲。盈餘成長實際上在每一個多頭市場行情中，最吸引投資人興趣。盈餘成長能夠使投資人確信，股票成長可持續到未來。至於短暫的盈餘成長，或許可以吸引短期的關切，不管如何，投資人終究會看到盈餘成長結果，採取買股行動。簡單地說，公司盈餘小成長能夠使投資人轉變投資態度，由於小成長帶動投資人預期公司未來有更大的盈餘成長，這時多頭市場展開時，高價股就會來臨了。

以2002～2007年台灣股市這段大多頭來看，宏達電這檔股票，在2003年3月～2006年5月這段期間，由小盈餘成長變為大盈餘公司，股價由2002年7月最低94.5元一路漲升至2006年5月最高1220元，成為當時的上市股王。

圖2.22 宏達電月線圖

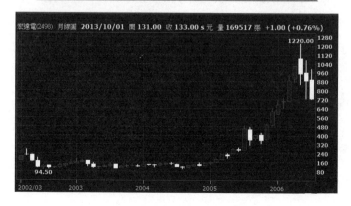

　　當時這種盈餘成長觀點主張，為多頭市場投資成長股的基本方法。信奉技術分析的小資族對這種方法產生質疑。他們認為盈餘成長，會隨著時間而改變。先看公司盈餘成長不代表未來會成長，這是不完美的選股策略。研判股票價值信奉基本分析的小資族也認為盈餘成長選股法，並非投資成功的捷徑。這種盈餘成長股，典型上會在接近空頭市場尾聲時，股價會被慘摔到無底深淵。這種股票往往在空頭時期讓投資人變得更保守，因為在空頭市場最後階段這類股票下跌劇烈。很顯然可以看出，在多頭市場受矚目往上漲的股票，在空頭市場也一樣受矚目往下跌。

　　最後要提醒一下，信奉巴菲特選股哲學的小資股票族，沒錯，巴菲特的方法的確可分析出價值被低估的股票。但這些股票在股市落底時，與許多其他非常便宜的股票一樣被低估。當任何東西價值被低估，不管好股票或爛股票都能引起大多數人買進。在進入多頭市場幾個月後，巴菲特這類價值分析所選出來的股票並不便宜，在台灣持有這種價值型股票，風險未必比題材股來得小。

　　特別是一旦利率開始上漲，股票更不便宜，低估的股票在多頭市場初期表現得不錯，也可能在整段行情裡有所表現。問題是勝算不像盈餘成長股那樣好。在台灣股市上漲的股票中，很少有公司優勢持續十年以上，以宏達電來說，股價兩次上漲的千元以上價位，平均花不到一年半的時間，其他的時候都在盤跌，台股在多頭上漲的股票，多半不是巴菲特講的那種基本分析的大型股票，那一種股票只有美國這種大市場才有，台灣除了台積電之外，很少有這種大型股票，就算有，最後也被分割出去，最明顯的例子就是宏碁與鴻海這類大型股，最後還是必須分割公司，永續經營下去，這就是台灣市場，小資族買台灣股票，要用台灣的投資想法去看台灣，而不是用巴菲特的美國投資思維看台灣。

 ## 初升段買賣原則

　　小資族如果能在台灣多頭市場初升段漲勢行情中，買進股票是相當愉快的經驗。這階段因為大多數股票股價遭遇先前空頭市場過度被壓抑之後，小型股開始先反彈時，這時候台灣幾乎什麼沒看過、沒聽過的股票都會上漲。

　　由於初升段的投資人，對股市信心不足，對股市心有餘悸，沒信心的投資者都在猜測在初升段什麼股票表現最好，什麼股票會成為股市主流題材股（詳細請看P177「題材股怎麼看？」）這個時候小資族試著小買一些高風險股票。這些高風險股票，在空頭市場會被打擊得最嚴重，有走向破產的可能性。在空頭市場投資人都認為這類股票會破產，其實都是自己嚇自己，有些看似要破產的股票，多數是謠傳居多，這些看似破產的股票，股價已經跌到極低的水準。當經濟開始復甦，流動資金開始回流到股市，這些原被看成破產的股票，突然間受到市場重視，投資人開始相信這類公司不會破產，接著這些股票開始從低檔反彈回到較為正常的價位水準。在初升段時期高風險題材的股票，股價表現特別亮眼。

　　不只看似破產的小型股股價亮眼，那些營運正常的小型成長股也開始飆漲。當初股市投資人在空頭時期，擔心在全球經濟困境中，各公司經營可能有財務不穩的狀況，不過這些擔憂在股市初升段時期慢慢消除，大家慢慢相信以前看似不起眼的小型股，似乎不那麼糟糕，買股信心漸漸恢復，在空頭擔心小型股表現不好的投資人，在初升段開始相信小型成長股，台股初升段時期許多小型股股價漲幅大於股本大的大型股，大型股在初升段期間的表現，漲幅跟大盤不相上下，不如小型股凌厲，表現平平。股市初升段時期，為了炒熱買股氣氛，股市大戶與媒體大多以小型股為炒作題材，吸引買盤進駐，大型股並非投資人第一批有題材的股票，原因是大型股太大了，要炒作大型股題材，需要相當大的資金，不如炒作小型股來得簡單，大型股在初升段時期還沒有足夠的吸引力，可以出現在頭條新

闖上。

　　初升段期間，股市指數從谷底回升，每一種股票的價位都偏低。大多數股票本益比偏低，已到歷史紀錄的低點，股價對帳面淨值比率，也是歷史低點。這時候很容易發現價位偏低股票，前面提到看似破產的高度風險股票，可能是初升段時期價格非常偏低的股票，這類股票會在初升段行情中表現得特別受市場關注。

中升段買賣原則

　　多頭市場的中升段行情，對小資族來說，跟初升段一樣，是買股賺錢的大好時光。在這個時候，大多數小資族已經發覺空頭時期已然結束了。已錯過初升段的小資族，不想再錯過另一次賺錢的好機會，這時大批小資族躍躍欲試，引起第二波小資族參與股市，在這段行情中，有盈餘成長的中型股開始大有表現。因為小型股已經漲上天去了，股價在高檔震盪。小資族在這個時期還很害怕，不敢買這種飆漲的股票，也不敢買很多人會賣的大型股，這時盈餘成長的中型股開始冒出頭來，中升段時期中型股的股價表現優於小型股與大型股，中升段投入買股的小資族，已經不像空頭時期那樣害怕，這批人認為未來經濟會轉好，在經濟轉好之前，他們開始布局有盈餘成長的中型股。在這種有利的投資氣候裡，中升段投入股市買股票的小資族往往在想像中形成長股，具有雄厚的成長潛力。中型股在中升段時期受市場關注，買盤紛紛進駐，推漲這類股票價位奔向更高點。中升段時期，大型股也開始有人願意嘗試買進，股價表現優於初升段，但是股價表現不如中型股強勁。

　　有盈餘成長的中型股，在中升段結束後就不再有追逐的價值，因為大多數這類型股票，在這個階段已經漲上天了，中升段結束之後，中型股已經不再是物美價廉的投資標的，此時小型股也不像初升段那樣漲勢凌厲，在中升段結束之後，有些漲多的小型股與中型股會落後大盤漲勢，甚

至漲多回檔。股市本身在這個階段仍有上漲的空間。

晚升段買賣原則

　　中升段結束晚升段開始之後，中小型股高檔震盪劇烈，有些小型股票達到最高點開始走下坡。這時候小資族可考慮將小型股脫手。晚升段的買賣原則，傾向於陸續賣出股本小而有盈餘成長的小型股，移轉部分資金到有盈餘成長中大型股，這類股票在晚升段行情中，漲勢依然維持一定的水準，股價還能同步跟著大盤走勢向上走，這時買出小型股保留中大型股，並在手上保留一部分資金。多頭整體漲勢，到了晚升段，已經是多頭漲勢四分之三的位置，大部分股票此時已經有漲不動的感覺，這時候挑選股票必須相當謹慎保守，只能買進相當績優的大型成長股，準備在末升段退出股市。

末升段買賣原則

　　晚升段結束之後，末升段行情開始，這時是小資族準備撤離市場的時候了。末升段多數股票股價呈現弱勢狀態，唯一強勢只剩大型股，這時候的投資人風險意識薄弱，投資過度自信，會有追逐飆股的「追星族」出現，末升段的追星族宛如股市專家，告訴你哪一支股票長期看好。在這個時期，屬於追星族的小資族通常都會推薦我買股票，這時機警的小資族已開始把手中僅剩的大型股慢慢拋出，這時期賣股票的人多半會被罵成賺不到錢的膽小鬼，這時多數投資人都在多頭氣氛中陶醉，並且會批評賣股者行為不智。末升段通常有一個共同特性，就是出現「通貨膨脹」。股市末升段時期，經濟情況可能過熱，經濟活動運作頻繁，此時的股市題材有關通膨題材與原物料短缺題材的股票，成了追星族追逐的標的，短線投機風盛行。這時空頭市場正好若隱若現地露出，股價飆升的背後，充滿許多下跌的凶險。

在末升段行情裡，大多數股票已經漲不動了，有的甚至處在下跌趨勢中，領先大盤線越過高點，許多股票在末升段時期，股價紛紛回檔。末升段投資人的心裡覺得股價回檔的股票看起來很吸引人，誘使投資人買進並套牢。這些在空頭市場來臨之前，已經進入空頭走勢，股價已不像初升段中升段那樣凌厲，當台灣股市真正處於空頭市場，這些股票會開跌得更低，要很長得時間，才會到多頭時期的價位，以台股歷史經驗來看，如果小資族在空頭時期高檔買進股票，一年半以內股價會急遽下滑到歷史低價，然後花了五～六年的時間才會到原來的價位。以宏達電這檔股票為例，2006年5月來到最高價新台幣1220元，隨後進入空頭整理期，直到2011年4月，才來到最高價新台幣1300元，宏達電足足花了將近五年的時間才會到歷史高價，空頭時期只要花一年的時間平均就可以跌掉50%。換句話說如果小資族持有宏達電五年所累積的利潤，一年就能跌掉一半，心血全白費，很多人都不想在空頭時期擁有宏達電這類股票，理論上大家都希望空頭時期，手上連一張股票都不要留。這對許多小資族來說機率很小，因為小資族無法肯定知道自己的股票是不是在股市的末升段，也不能百分百確定漲多的股市，空頭市場一定會來臨。所以，即使你預期空頭市場即將來臨，將手中的某些績優股慢慢出脫，將資金慢慢轉入國債、外幣定存等投資標的，以確保資金安全。

表2.24 股市四階段持股買賣策略

股市循環階段	投資人心態	個股漲勢強弱	持股買賣
初升段	餘悸猶存	小型股>中型股	分批布局小型股
中升段	觀望猶疑	中小型股>大型股	持有中小型股
晚升段	稍有信心	大型股>中小型股	脫手小型股持有中大型股
末升段	信心過度	大型股漲勢獨大	分批出脫大型股

股市投資累積第一桶金

　　講到最後，如果你還問我，要買哪些股票，才能累積人生第一個100萬，這代表你投資股票的想法還停留在「選股第一」的階段。可惜的是，通常在股市賺到人生第一個100萬的小資族，投資股市的順序，不是選股第一而是「風險第一」、「時機第二」、「選股第三」

 ## 風險第一

　　小資族投資股市成功戰略的第一步，是瞭解自己的風險容忍度。建立一個最大風險分散的投資組合，合理分散投資標的，避免跟不上股市多頭的的上漲幅度，也避免市場下跌時，不會因為自己只把所有的錢放在一支股票而慘賠。

案例一：

　　以小資女微妮（化名）投資組合為列，如「微妮投資組合表」所示：

表2.25 微妮投資組合表

類股	收盤價	2012/11/1	2013/10/21	報酬率
電子	2330 台積電	89.2	101.5	12.12%
金融	2882 國泰金	29.35	42.4	30.78%
食品	1216 統一	51.5	54.7	5.85%
水泥	1101 台泥	36.6	41.7	12.23%
塑膠	1301 台塑	77.2	79.5	2.89%
	平均報酬率		12.77%	
	大盤報酬率		14.72%	

微妮從2012年11月1日起，運用P130「三種選股方式」選出五支股票。把55萬資金分散在台積電、國泰金、統一、台泥、台塑這五支不同產業的大型股，藉由分散投資降低其持股風險。從報酬率來看，2012年11月1日至2013年10月21日，微妮這五支股票所形成的投資組合平均報酬率12.77%（不含配股配息），略低於大盤的14.72%，不過如果加入配股配息計算，微妮的股票投資報酬率是優於大盤報酬率。

如果微妮將所有的資金只放在台塑，則報酬率遠遠落後於大盤很多。以微妮年報酬率來看（不含配股配息），五年報酬率：

$55*（1＋12.77\%）^5＝100.3068$萬

微妮五年內累積第一桶金，第一個一百萬輕鬆入袋！！

案例二：

微妮投資組合讓她獲利穩定，但是小資男戴賽的投資合，就沒有微妮那麼穩定了。以小資男戴賽（化名）投資組合為列，如「戴賽投資組合表」所示：

表2.26 戴賽投資組合表

類股	收盤價	2012/11/1	2013/10/21	報酬率
電子	2330 台積電	89.2	101.5	12.12%
電子	2317鴻海	89.8	75.1	－19.57%
通信	2498宏達電	209	130.5	－60.15%
通信	2412中華電	91.4	92.4	1.08%
電子	2311日月光	21.65	29.35	26.24%
	平均報酬率		－8.06%	
	大盤報酬率		14.72%	

戴賽把所有資金都投入到電子通信產業類股，類股同質性太高，一旦這個產業在每一個時期走下坡，戴賽的投資報酬率不會隨著大盤漲，反而是跌。從戴賽5支股票所形成的投資組合報酬率來看是－8.06%與大盤的14.72%相去甚遠。一年前戴賽認為自己的選股功力很高強，選了這五支股票投資，結果一年後績效出爐，慘不忍睹。跟案例一的小資女微妮比起來，微妮不擅於選股，她只挑每一個產業的龍頭，台積電、國泰金、統一、台泥、台塑這五支股票都是產業的龍頭，微妮不重選股反而重視分散風險的投資組合績效，打敗很會選股的小資男戴賽，所以這再一次證明，投資股市是風險第一，不是選股第一。

時機第二

小資族股市戰略的第二步，關注整體股市進出時機，如案例一的微妮一樣，股市在多頭接近7000點附近即可布局這類分散性投資組合。

圖2.23 加權指數濟線趨勢循環

台股7000點是一個有趣的分界線，通常空頭市場反彈會反彈到7000點之後，再走到谷底為止，多頭市場剛好相反，通常回檔到7000點以下為低擋，會在繼續上攻以1993年到2013年的季線圖來看，2011～2013年

多頭時期，跌落7000點之下再往上攻，但從2000年空頭時期以來，2004年遇到7000點隨即往下，直到2006年才突破7000點之上。兩年之後2008跌破7000點，2009年反彈突破7000點之後，7000點成為堅實的底部。研判台股多空趨勢，前面已提過領先指標、貨幣政策、利率政策……等分析工具。這些指標並非設計來預知股市的每一個波動，只是藉著這些指標來判斷，股市主要的大趨勢是多頭還是空頭。從2009年各國依然採取寬鬆貨幣政策，利率處於低檔，資金還處於浮濫狀況，經濟指標目前也呈現慢慢復甦現象，所以從2013年至2014年仍屬於復甦階段，多頭仍有餘力上攻。

 ## 選股第三

　　小資族股市戰略的第三步，也是最後步驟，就是選擇股票。選擇與股市漲勢一起漲升的股票，試著發現獲利最大的股票。選股方法前面提過有價值低估股、盈餘成長股、題材股這三類選法。

　　題材股可在最短期間內提供最大收益。他們也提供最大的風險，如果你猜測錯誤的話。股市題材股可能會讓你大賠錢。就像前面提到賭城故事，除非你是個風險承受度很大的人，否則少碰題材股為妙，如果要投資題材股，資金控管須相當嚴格執行，受傷程度才會減輕。價值偏低的股票，在台灣不一定是好的股票，原因很簡單，台灣「人為炒作」股票太過嚴重，股市大戶、內部大股東、政府基金，都是炒手，這些炒手各有其立場，不可能放任股價漲跌由市場決定，政府態度不喜歡股票大跌影響其政策的實施，所以在7000點會力守，股市大戶會假外資炒作股票放消息，讓小資族上車套牢在高點。所以買題材股務必適可而止，見好就收。

　　看盈餘成長選股只能當成參考，有時候進場時機才是重點，如果你是在台積電這檔股票盈餘創新高才買進這檔股票，相對買股風險已經加大，如果你是在台積電由虧轉盈的時候，開始買進這檔股票相對風險較

小，獲利較大。在很高的價位上買進盈餘成長股，你的投資收益可能有一陣子是空白，但是比其他盈餘差的股票來說，股票解套的機會較大，不過會浪費投資的時間成本，比起來不一定比定存的投資報酬率高。

　　由虧轉盈的股票在多頭市場的中升段及晚升段行情裡，會加快漲升的步伐，並且在末升行情中噴出；它們通常在末升段多頭市場裡合理地維持高價，隨即在末升段結束之後，成為最後下跌的股票。轉虧為盈的股票的確比其他種股票受市場關注，有可能變成市場的題材飆股。舉例來說，掌握蘋果觸控面板商機的勝華2009年虧損、2010年由虧轉盈，股價從30元起漲，飆了一年，最高來到60元，等到公司獲利穩定後，股價反而漲多回檔跌到33元左右，這類股票一旦轉虧為盈變成題材之後，後續只看獲利是否有成長，直到獲利成長創新高之後，不再有空間上漲，股價隨即下滑。

　　小資男女買賣股票不管用哪一種技巧選股，投資心態一定要健康。心態不健康的投資，通常都先想到獲利，沒有想到風險，也沒想到何時才是進場的好時機，很多小資族以他有限的知識直覺認為某一支股票可以大發利市，隨即就把所有的資金押在這一支股票，等待豐厚的獲利，這種獲利大部分都被有內線消息的人撿走，小資族要在這種股票賺錢難度太高，況且內線交易屬違法之事，有些內線交易的人錢賺到了，還是要坐牢，運氣不好的還會被查扣財產，

　　這種股票投資模式，都不是健康的投資心態，正確的投資態度，是先客觀地評估過風險，已仔細地考慮過自己的投資組合與整個市場會下跌多少，

　　以前面提過的戴賽與微妮的投資組合來看，戴賽將所有資金只投資在電子通信產業，風險等於是100%，可是微妮的投資組合是分散在五個產業，怎麼算風險都小於100%。如果你想要投資股票，發展適合自己的股市戰略。首先，必須學微妮那樣集中精神於長期投資目標，長期觀察值

得投資的標的，比如說產業龍頭股、營業利益成長穩定的標的，然後在投資時分散風險標的，再找一個對的時機買進股票，最後再花一點精神挑選股票，這樣才是健康的投資順序。

大多數小資族投資股票把「風險第一、時機第二、選股第三」這三個順序弄反了，變成選股第一，時機不重要，風險也不要緊，就是因為這樣的心態，大部分的小資族投資股票都成為股市裡那80%的輸家一族，永遠排不進那20%的贏家之列，這樣不可能在五年之內會有好的獲利，更不可能在五年之內累積自己第一個一百萬。小資族必須把投資股票的優先順序搞對，建立自己的股市戰略，成功機率才能大增，五年累積一百萬的心願才能達成。

Part 3

投資基金
賺第一桶金

資金──投資多少錢？

小資男問：「什麼是基金？」

我回答：「簡單說，就是金融機構集合大家的錢去投資？」

小資男：「那如果這些機構賠錢，會賠給我嗎？」

我說：「當然不賠！除非他們用詐欺手段騙你買。」

小資男：「那我幹嘛要投資啊！又不賠我」

我微笑：「那你操作股票賠錢，怎麼不叫證券交易所賠你！」

小資男：「那是我自己要買的啊，怎麼賠！」

我說：「那基金也是你自己選的，怎麼能叫市場賠給你。」

小資男的投資觀念，還是停留在賺賠的投資觀念上，前文提到投資股票是，風險第一、時機第二、選擇投資標的第三，不管投資哪一家投資機構的基金，第一要先問你的資金風險在哪裡。

曾經有一個小資女問我：「大哥，投資金基金會不會賠錢！」

我說：「天底下，如果有穩賺錢的消息，請告訴我，賺錢我一定分你。」

小資女：「那我想買基金，大哥你覺得哪一支基金比較好啊？」

我問：「你準備投資多久？」

小資女困惑地回答：「不知道耶。」

我再問：「那你打算準備投入多少錢買基金？」

小資女傻傻地回答：「我還沒算過耶！！」

我最後問：「那如果投資半年之後，還是虧損的話，該怎麼辦？」

小資女皺著眉頭說：「我會哭死！！」

　　我建議小資女說：「還是先不要投資吧！！」

　　小資女的問題在於她不知道如何規劃自己的投資資金，投資之後是不是能堅持下去，假設小資女預備五萬元資金，她是應該分十六個月每月投入三千元呢？還是一次看準時機，將五萬元一次投入基金買賣。再來，五萬元投入之後，如果賠錢的話，是要向下加碼，還是立刻贖回。如果賺錢那該如何退場，再尋找有利的標的？投入基金買賣的錢是否會影響日常生活費用？

　　這一連串的問題，如果小資男女沒有想清楚，請不要冒然投入基金買賣，基金的買賣跟股票的買賣，對小資族來說，差別在基金的資金運用比較規律，一個月扣款三千，可以累積時間投資的利潤，另外不同的是，基金是選投資機構，股票是選公司。所以在資金分配上有很大的不同，小資族投資基金，第一個要想到的問題是準備了多少資金投入基金操作，只有先知道自己投入的資金有多少，才有辦法規劃出投資的期間，接著是想一想在這段期間內，哪一個投資標的有獲利趨勢，萬一不如預期，那虧損風險容忍度要定在哪裡。

　　很多小資族都以為定期定額買基金，就是投資獲利，卻沒想到定期定額投資，也是定期定額虧損，如果小資族沒有很清楚自己的投資數量、期間、虧損風險，最好不要貿然投入。

　　我遇過最精明的小資族之一叫小梅（化名），這個小資女是我目前遇過，投資頭腦最清楚的一個。

　　有一次我問她：「小梅，我聽人家說妳投資基金都很賺錢！！」

　　小梅不好意思地說：「沒有啦！運氣比較好一點而已啦！！」

　　我一聽，就知道小梅是行家，一般人聽我這樣讚美，都會吹噓自己的投資功力有多高深，但是小梅的回答是，市場千變萬化，神在操控的市場非你我所能控制，只要先把自己的資金分配好，風險控管好，才是投資最好的第一步。

當然，就算是小梅運氣好，我也想知道她的投資方法是什麼？

於是我追著問小梅：「妳是怎樣控管資金的？」

我好奇地問：「妳是一賺錢就每個月投入三千元買基金嗎？」

小梅說：「不是耶，我是存了很久之後才開始投資基金的。」

我問：「大概存了多少？」

小梅說：「我存了10萬8000元，預計扣三十六個月。

我再問：「所以基金的投資金額，只是妳存款的一部分而已嗎？」

小梅說：「沒錯！只佔我投資資金的三分之一而已。」

我問小梅：「萬一三年後虧損，怎麼辦？」

小梅：「我只能讓它虧損百分之十五，這是我的底線。」

最後我問小梅：「那獲利了結之後，妳會收回這些錢嗎？」

小梅：「不會，我會再找下一個標的，擴大扣款期。」

小資女小梅，所有的理財規劃，都有清楚的金錢數量，清楚的投資週期，不是臨時起意，而是運用「金字塔」資金配置法，讓她的財富慢慢累積。

「金字塔」資金配置法

夢想

目標達陣

獲利再投資

資金分批投入

生活費、累積存款、投資資金

　　依小梅的金字塔投資方法,有了足夠的存款以及生活費不愁的情況下,多餘的投資資金才分批投入基金,投入期間以三至五年為主,如果投資獲利之後,不是急於收回資金,而是再做一次布局投入,投資扣款期可能延長至八年。

　　從小梅的例子看起來,小資族投資基金,方法並不複雜,比較困難的部分在於資金控管。大部分投資人投資金基金不順利,多半跟資金分配有關係,小梅跟一般小資族不同,她是先以風險為考量,將投資資金控管在四成以內(10萬8000元)投入市場,再將四成投資金額分成36等份,以三年為一週期投入市場,有獲利就拉大投資期間,慢慢達到三〜五年存一定金額的目標,然後用這些錢完成她的夢想。投資基金失敗的小資族,他們跟小梅正好相反,他們會先談夢想,比如說五年後要出國遊學,接著談目標,比如五年要存100萬,然後你會看到這些人不管自己有沒有足夠的存款,每個月一領到薪水,一定勉強自己先買基金,金額3000〜12000元的人都有,當他們被扣款的時候,突然忘了,人總是有緊急用錢的時候,當他們需要用錢時,剛好基金又處在虧損階段,他們只能忍痛贖回基金,以補自己生活資金不足的缺口。我稱這些小資族投資失敗的方法為「倒三角投資法」。

小資族投資失敗的「倒三角投資法」

夢想超大,來生再說

目標金額太高,難達成

虧損賣出,補生活費

勉強投入市場

生活費
不足

運用倒三角投資法的小資男女，夢想很大，但是資金卻充分不足，2000年網路泡沫的空頭時期，不少小資族省吃儉用拿去投資的錢，一年之內跌得很慘，直到2003～2007年全球五年大多頭來臨時，有的小資族才解套，但是這樣的投資已經浪費很多時間了。不少小資族將大多數的積蓄都拿去投資，一遇到網路泡沫、金融海嘯這些空頭時期來臨時，所有投資的基金全都縮水，如果遇到極需用錢的時候，可能會面臨無錢可用的窘境，這就是沒用「金字塔」資金配置法把資金分配好，所產生的投資後遺症。以倒三角投資法，投資失敗的小資族，最大的問題是他們不知道該投資多少錢在基金上，資金分配的標準每個人並不一樣，如果小資族有學貸要繳，加上父母家裡又需要資助，在這種情況下，硬是每個月扣款三千買基金是非常不適當的資產配置，每個人都有脫離貧窮的夢想，但前提是要活著，如果因為投資連攸關生存的生活費以及應急的存款都沒有，到最後在空頭來臨時，不但虧損白忙一場之外，可能連過日子都有問題。

我們從1987年到2013年這26年的台灣股市來看，1991年～2000年這9年間大多頭時期所賺的錢，2000年幾乎全部跌掉，2001年～2007年間多頭時期所賺的錢，在2008年幾乎全部跌掉。

仔細分析我們可以發現，大空頭時期大概需要2～3年才能慢慢恢復，小資族在空頭時期想逢低承接基金，最起碼要準備2～3年的資金才有辦法在多頭來臨時獲得不錯的利潤，以小梅的例子來說，小梅從2008～2011之間陸續布局，2011年初已經是她的收穫年了。2011年初她贖回基金的時候，台灣股市指數大概是在9000點上下，在2011年基金賺錢的小梅並不急著進場，她開始規劃另一次投資之旅，在2012年台灣股市跌破七千點之後，她陸續布局股票型基金。

台灣股市多頭期間走勢

　　投資資金數量的多寡並不能用每個月3000元或5000元這種死板數字概念來分配資金，舉個例子來說，小資男阿絨（化名）剛從學校畢業後，每月薪水領25K，阿絨每月會撥出1萬2000元的薪水去投資基金，剩餘的生活費到月底全部花完。後來他加薪到月薪30K，基金扣款也增加到每月2萬元，同樣地，除了生活費，他身邊沒有預留其他現金存款，原本以為投資基金會賺錢，報酬率應該會一直往上，在基金扣了三年多之後，2008年本打算贖回一部分來付房子頭期款，可是小絨一看自己的投資成績單，報酬率有些是—20%、—30%、甚至有—70%，小絨三年多來的基金投資碰到金融海嘯全部慘跌，想用錢時卻不敢贖回。小絨的基金大約等到2011年才完全解套，2008年那段逢低買進的大好時機，小絨因為失去信心而停止扣款。像小絨這種用「倒三角投資法」買進基金的人，一開始只看到夢想，只看利潤目標，沒看到下跌風險，都有扣款金額過多的狀況，這種情況很常發生在股市「晚升段」與「末升段」。從2005年末～

2007年末，台灣股市進入「晚升段」與「末升段」，阿絨是在2004年中開始扣款，2004年～2007年這三年多頭的確讓阿絨的投資有不錯的報酬率。阿絨被當時投資樂觀的氣氛沖昏頭，看著報酬率一直增加，阿絨大膽加碼，每月瘋狂扣款，不知不覺丟進太多錢去投資股票型基金，最後2007年全買在高檔；阿絨在2007年時不但沒有見好就收趕快贖回，還反向加碼從每月扣款1萬2000元加碼到一個月扣款2萬，2007年阿絨覺得賺太少而不願意放手。

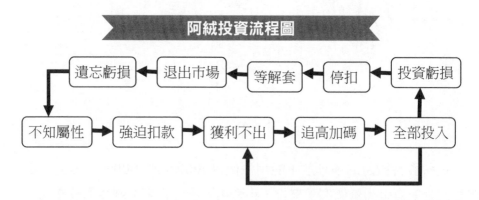

阿絨投資流程圖

從阿絨跟小梅的投資流程中，我們可以看出投資基金成功與失敗的地方在哪裡。

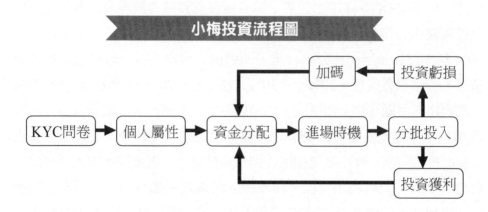

小梅投資流程圖

　　從小梅的投資流程圖，可以知道小梅買基金做過KYC（Know your customer）問卷，測驗自己的投資屬性是積極、穩健或保守，根據測驗小梅屬於穩健型投資者，所以在資金分配上，她選擇將投資資金分成三份，一份資金投入基金投資，另外兩份資金投入股票與外幣投資。分配完資金之後，小梅選擇在股市跌破7000點之後分批扣款買入基金。2008年金融海嘯時期，小梅並沒有停扣基金，她繼續在跌破7000點之後每月扣款，事後證明她的投資流程是對的，因為小梅沒有像小絨一樣在2008年空頭時期停扣，也沒有看到多頭時期就加碼扣款。小梅在台灣股市上9000點停扣，在跌破7000點之後，開始按月扣款，扣款期間在2～3年之間，大部分的小資族都跟阿絨一樣，在金融海嘯時期全部停扣變保守，股市漲上9000點時拼命加碼扣款，而且是賭博式的扣款，連一點應急的存款都沒有預留。

　　小梅與阿絨之間的差別在於資金分配的思考次序，阿絨投資基金考慮的第一是生活費、第二是基金扣款、第三是獲利。小梅投資基金考慮的第一是生活費、第二是應急金，第三是投資資金，第四是投資資金成數分配，第五是投入時機，第六是獲利，阿絨的思考明顯少了小梅好幾個步驟。

　　在小梅的投資思考裡，最重要的是「收入分配」，第一考慮的是預留存款做為應急金，只有當存款超過應急金一定的水位，才用餘下的資金來投資，這些投資資金可以做比較長期的處置，不會影響到日常生活所需的費用，多餘資金隨著市場風險有漲跌循環，不能期待這些多餘資金買進基金之後，就能馬上獲利，孵一顆雞蛋也要22天才有小雞出來，投資更不用說需要耐心等待時機買進之後，慢慢孵育出利潤，這些曝露在市場的多餘資金，我們能期待它獲利，但是不能期待它照你想的時間獲利，市場不會在你需要用錢時，就讓你有很高的報酬率讓你贖回。

　　前面提到的阿絨，他的問題出在他沒有「資金水位」這個概念，我

們在前面章節有談到「阿爾卑斯山」理財法，如果金錢如泉水，只有在泉水溢滿多餘之際取來飲用才不會讓泉水乾枯。阿絨的資金水位只留下日常生活費，其他所有賺來的錢全部投資基金，完全沒有考慮要在自己的金錢水庫，預留一筆錢水備用。

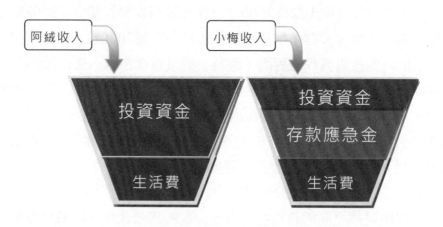

小資男阿絨每月收入的資金水位，投資資金水位太高，應急金全部卡在投資資金，一旦投資資金虧損，阿絨的資金水庫將會耗盡一大半，相對於小資女小梅的資金水庫，可以看出小梅即使投資資金虧損縮水，小梅的存款應急金還可以撐住投資資金水位一段時間，不至於讓資金水庫乾枯。阿絨投資基金的觀念認為，投資基金就是一領薪水扣除生活費，其它的每月要全部投入基金投資，阿絨認為買一點保守型的債券型基金，一定不會像買股票型基金那樣賠錢，只要把錢存入債券型基金，資金一定會很保險，隨時都可以贖回當應急金，阿絨不知道現在市場變化莫測，投資人要是恐慌起來，連債券都會拿去賣，投資沒有那種穩賺不賠的事。

定期定額雖然投資金額不大，但是只要把錢放在市場流動一天，就有一天的風險。所以小資族在投資基金之前請想清楚，怎麼樣讓自己「不虞匱乏」才是理財的上上之道。真正好的投資布局是像小梅這樣，不先去設定自己要在市場賺多少錢，多少年之後有多少存款，而是先建立不虞匱乏

的資金後援,再以定期定額投資法,找到低檔時機分批投入市場,小梅的
投資方法是先排除所有的市場預測,依照計畫執行定期定額投資的計畫。

　　小梅不像阿絨,投資之前先想著每個月投資一點錢,等到三年後存
夠了錢先付房子頭期款,阿絨認為三年後一定用得到基金賺得的利潤,這
種按照自己人生規劃投資的思維,太過天真,因為我們永遠不曉得三年之
後市場會不會有金融風暴、會不會有天災人禍擾亂金融市場。

　　小梅的投資想法剛好跟阿絨相反,她認為人都無法預知市場的報酬
率是正還是負,把存款應急金全部拿去投資等於是拿自己的肉餵食市場這
頭猛虎。所以先有了救急金,再分配投資資金,也還不遲。

　　資金分配好之後,還必須尋找市場時機投入資金,比如說2009年
歐債風暴正盛的時候,大家都說歐洲市場基金不能買進,可是事後證明
2013年10月開始歐洲慢慢復甦,歐洲市場基金也從谷底翻揚,如果小
資族當時可以從2009年開始,將資金定期定額投入歐洲市場,讓資金在
24～36個月內慢慢投入市場,相信在2012年開始,歐洲基金會有不錯的
表現。當小資族在定義自己是保守、穩健還是積極型的投資人時,請先想
想你能拿多少資金比率出來投資,穩健與積極的小資族相對拿多一點,而
保守型的可以少一點。

　　以小資女小梅來說,她定義自己是穩健的投資人之後,她拿出投資
資金的三成買新興市場基金,從投資標的來看,小梅似乎投資了風險很大
的投資標的,其實小梅對於資金的運用很穩健,她不僅預留了三年的緊急
預備金,放在澳幣定存,也買了保險這種保守商品,小梅很清楚她自己每
天要上班,光忙都忙死了,哪有多餘的時間去研究投資,即使有時間研
究,也還不一定能贏過那一些在市場投資的專業經理人,所以她寧可拉長
自己在市場的投資時間,找一個長期多頭的新興市場分批投入,也不願意
每天跟著那些專業投資人殺進殺出。

　　當然,小資族不一定個個都像小梅一樣,沒有家累、沒有學貸負

擔，以小梅的朋友蘇舒（化名）來說，他的月薪3.2K，比起小梅的薪水要優渥許多。但是他是家裡的經濟支柱，又有學貸要付，扣除緊急預備金與必要支出後，每月可用閒錢共3000元。但因為每月閒錢主要來自月薪，若未來3～5個月失業，可能造成投資中斷，所以蘇舒最好先別急著每月扣款3000元買基金，反而應該先將每月多餘的3000元存下來，以零存整付的方式，以兩年期利率存入銀行，累積約36個月後，存到一筆約10萬8000元的金額，再開始考慮運用在投資基金上。

小梅跟蘇舒不同的是，她的經濟負擔不大，雖然薪水只有2.8K左右，不過她沒有學貸，家中經濟也不錯，不需要她幫忙養家，即使是這樣，小梅每個月還是有給雙親5000元的養老金，小梅扣除緊急預備金與必要支出後，每月可用投資資金為一萬元，加上小梅學生時代打工，存下來的十幾萬元，小梅手上的資金可說是相當充裕，即使未來3～5個月收入中斷，還是有辦法不中斷投資，由於小梅即使收入中斷，也不會影響未來投資，因此可根據她自己的風險承受度，去規畫每月要扣多少錢，蘇舒就不一樣了，他必須先累積更多的存款，讓生活更穩定之後，才能談投資。

另一種是收入不穩定的小資族是開工作室或開店的小生意人，這些人看起來是老闆，其實有時候一個月賺得比正常上下班的小資族還少，這類老闆型小資族，最好是先算年開銷、年收入、年存款再算年投資。比如說年開銷租金、水電、伙食費等加起來，假設一年是12萬，如果年收入只有30萬，那麼可用資金30—12＝18萬，18萬可用資金，必須預留12萬準備金，預留一年開銷，剩下的6萬元再拿來投資，會比較穩當。若未來一年的收入無虞，可考慮將6萬元拆成每個月投資3000元分20個月分批投資，若擔心年收入不穩定，則可以保守一點，先累積到10萬以上再慢慢分36個月扣款，每次扣3000元。

有些小資族會問：「到底要存多少錢，才能開始投資呢？」說實話，這答案因人而異，每個人開銷跟資產結構完全不一樣，有些人未必真

要等到存了36個月才投資，有些人即使存了36個月，也不一定能投資，因為有家累、有貸款，種種狀況，很難說得準。小資族的資產只有自己知道怎麼運用，當小資族算出來每月有能力扣款3000元，且能持續36個月，這時小資族要衡量一下，十萬多元要拿出來全部投資，還是將這十萬多元做不同的投資分配，這個問題沒有標準答案，必須看個人的生活狀況而定。

比如說，有個小資女願意拿出新台幣10萬元買基金，保守小資族可能會說：「這筆錢不要全部買新興市場股票基金，應該定存或者買公債，比較保險」可是，這位小資女省吃儉用5年之後，她的可用投資資金有50萬元，她願意承受風險，把錢滾大，所以她可以把10萬元全都拿去買高風險的新興市場基金，因為這10萬元只是她投資部位中的20%。以我們前面提到的風險角度來看，如果這個小資女能容忍的虧損程度是30%。

小資女的風險值是：0.2*0.3＝0.06

也就是說小資女的虧損風險值只有6%，這對小資女來說是可以承受得起的範圍，可是如果另一個小資男同樣拿出新台幣10萬元要買基金，10萬元是小資男100%的存款，如果這個小資男能容忍的虧損程度也是30%。

小資男的風險值是： 1*0.3＝0.3

也就是說小資男的虧損風險值高達30%，這對小資男來說未必是他能承受得起的範圍，假設這10萬元全部投入基金買賣，小資男又沒有多餘的存款，這樣的風險太大，不如將這些錢存入一些像定期存款之類的保本型投資標的會比較適合一點。對小資女來說，如果買到一個長期賠錢的市場，她可以繼續砸錢攤平，因為她口袋還夠深，可是小資男受得了嗎？小資男賠錢就沒錢可攤，所以小資男必須用有限的資金，盡可能先保本再投資。如果小資族每月只有3000元閒錢，那就不用考慮，還是先存起來再說，若手中有更多閒錢的小資族，則要考慮我們剛才提到的風險值，先

算算自己的風險承受度，不一定要全部把資金投下去買基金。小資族投資基金可先試想一個狀況，假設有一天你的基金淨值突然暴跌30%，你有辦法繼續每個月扣款3000元嗎？例如你剛準備好一筆10萬元閒錢，都拿去扣基金，後來你發現你累積投資了5萬元，但基金現值卻跌到只剩3萬5000元，你還願意每月扣3000元，甚至每月多扣錢，逢低加碼嗎？如果無法忍受這暫時的虧損，請先不要將資金投入，先把心理建設做好，再決定是否要投資基金。或者減少投入金額，降到一個即使再下跌時也不會感到有壓力的金額，同時可多留一些錢做為未來投資的預備金。

曾有個小資女問我：「大哥，我打算每月扣1萬買基金，可行嗎？」

我問他：「扣滿一年，要扣12萬元，這樣不會影響生活嗎？」

她說：「不會，我已經有準備好生活經費了。」

我問：「扣滿2年後報酬率負20%，你還敢繼續扣款投資下去嗎？」

假設扣不下去贖回，贖回之後市場回升，報酬率升為正20%，這小資女一定會很嘔，賠錢的時候她殺出，賺錢的時候，她已經先贖回了。通常在低檔時機加碼者，一般等到市場反轉，最後肯定是大贏家；若沒有膽量而中途停扣，結果一定是慘賠。從人對金錢的態度來看，當你損失「1」元，你會覺得還好，損失1千元你會有點小心痛，損失1萬元你會很懊惱，損失10萬元你會非常痛苦，損失100萬元說不定你會想不開，那就更別是損失1000萬元，請你注意看，1、1千、1萬、10萬、100萬、1000萬，這所有的數字前面都有個1，只是後面多幾個零而已，但是後面越多零，就越讓人難以忍受，當投入的資金太龐大了，人就越難去承受。

通常忍受度在10萬元以內的小資男女，投資失敗的機率很高，所以我都勸這些虧損忍耐力低的小資男女，先做好心理建設，再去投資基金，有些基金公司鼓吹「每月扣款三千」的致富法則，並不代表適用於每個小資男女，只有懂得先面對自己虧損的小資男女，投資成功的機率才會大增。

承受虧損的忍耐力低的小資族，投資金額相對也不會太高，像是前

面提到的蘇舒有買投資型保單,但是金額很小,大概從2009年開始定期
定額投資新興市場基金投資型保單,到了2013年報酬率已經到80%了。

蘇舒問我:「該不該贖回?」

我好奇地反問:「80%的報酬率,為什麼不能贖回?」

原來蘇舒雖然有80%的高報酬,但是實際獲利金額只有一萬出頭,
因為他買的是投資型保單;是月扣2000元,可以選幾檔基金,這種做法
投資標的太分散,投資金額也太小,不過對照蘇舒的家庭狀況,能有這樣
的投資報酬率已經是不錯的一件事了。不過對於虧損容忍度比較高的小資
男女,可以不必這樣投資,因為投資太分散,即使報酬率高,報酬金額也
無法符合期望值。不過,從另一個角度看,金額小可分批布局,以時間等
待上漲的空間,蘇舒從2009年到2013年四年的時間,等待新興市場發展
成熟,然後獲得豐收的報酬,如果是虧損容忍度比較高的小資男女,可以
像蘇舒一樣,在四年的期間加大投資金額,集中幾個投資市場,相對報酬
金額比分散投資大。

小梅與蘇舒兩位的財務狀況雖不同,但是兩個人都賺錢,他們賺錢
的共同點是資金長期分配,透過拉長時間壓低成本,這種定期定額的長期
投資的策略,並不是打算期待能在2～3個月看到投資成果,而是從3～5
年看投資成果,而他們跟其他賠錢的小資族不一樣的地方,是她們不會每
天去查看自己的基金投資報酬率,他們也沒有這種投資焦慮感。有些小資
族一旦把錢投入市場,總是對自己的投資金額難以忘懷,每天很介意自己
的投資報酬率,賠錢的小資族往往很介意一時的輸贏,賺錢的小資族就不
一樣了,他看的是他整個人生十年、二十年甚至是五十年之後的輸贏。

**許多小資族投資基金最容易產生虧損的地方,不是因為選錯基金,
而是因為太早贖回,尤其是那些一看報酬率下跌就贖回的小資族,容易因**
恐懼心理,失去賺錢的機會,小資族如果無法克服對市場恐懼的心理,投
資容易吃敗仗。剛進入市場投資基金的小資男女,先用小額的金錢投資,

練練自己的投資膽量，除了天生個性樂觀之外，還得靠後天投資磨練自己，膽量才會越來越大。根據二十多年來，我個人對小資族投資贏家的觀察，通常投資基金報酬率高的小資族，膽量都是在空頭時期練出來的，這些獲利的小資族大多碰一至兩次的空頭市場，在空頭市場他們體會到由空翻多的報酬喜悅，也曾經被由多翻空的恐懼嚇過。

過去二十年間，市場共經歷1998年亞洲金融風暴；下跌時間很長達3年的2000年科技泡沫，以及2008年金融海嘯，以前面提到的小梅來說，她遇到2008年那場金融海嘯，下跌速度很快，有些市場在一年內跌70%，當時的小梅設定的投資期間2008年到2011年之間，在這三年的時間她打定主意以三年投資報酬率，來做為她以後投資參考的依據，2008年她並沒有停扣每月三千的投資資金，2008年的小梅即使對未來很樂觀，但是她還是有點害怕自己辛苦賺的錢會化為烏有，但事實證明，市場從2009年開始復甦一直漲到2011年，小梅的基金報酬率由負轉正，獲得不錯的成果。

大部分投資基金獲利的小資族，都是從空頭市場投資再從多頭市場獲利，這些投資成功的小資族都經歷過多空市場的洗禮，磨練出好的投資技巧。投資成功的老手很了解，投資需要耐心等待，需要等待市場沉澱，才會出現獲利契機，反過來看新手小資族，他們往往過於心急，不是提早贖回要不然就是太早扣款，導致投資不斷慘賠收場。新手小資族不瞭解「三年空頭，七年多頭」的多空循環規律，通常投資老手在三年空頭布局，在七年多頭獲利出場，新手小資族通常在七年多頭高峰布局，在三年空頭慘賠出場。

老手小資族大多先把後路鋪好，不會為了投資基金，把自己的生活費、保險金、房租、房貸等預備應急的資金都投入，老手小資族很清楚，只有在無後顧之憂的情況下，才不會因市場恐慌而影響判斷。新手小資族的資金配置，往往不如老手小資族縝密，他們都以為每月扣款就會賺錢，

一定不賠，所以毫不考慮自己後路，在沒有留任何預備應急金的情況下，就將大筆資金投入市場，一旦遇到空頭市場，加上沒有應急資金的狀況下，最後都會因為太早贖回而失去獲利的契機。

前面提到小資男女阿絨與小梅，投資贏家小梅與投資輸家阿絨不一樣的地方，在於小梅是先把退路想好，資金分配好之後，才進入市場投資，所以就算明天發生金融海嘯，小梅也沒啥好怕，因為她在投資之前，就已經先將每月生活費、房租……等「固定開銷」先扣掉，扣掉之後的剩餘資金，分成「應急金」與「投資資金」兩大區塊，應急金是為了因應突發狀況，所預留的資金，突發狀況包含失業後生活、自己或家人生病以及重大傷害意外所產生的突發性支出，主要是確保沒有收入期間仍有錢可用。小梅將應急金放在風險較低的定存或年金保險，應急金利息再低也無所謂，因為這筆錢是不做任何有風險的投資。小梅認為自己是「穩健型」投資人，所以在她的收入分配裡，如圖3.2所示，扣掉每月36%的固定開銷之外，64%剩餘資金，一半（32%）放在定存、年金保險之類的應急金，應急金可支撐1～2年的開銷，剩餘資金的另一半（32%）則放在外幣、股票、基金等投資資金區塊。

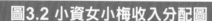

圖3.2 小資女小梅收入分配圖

　　小資族並不是每個都像小梅一樣，屬於穩健型的小資族，有些人屬於積極型投資人，這時預備應急金期間可由1～2年縮短到3～6個月。將投資金額拉大，如圖3.3所示，投資資金由32%拉大到45%。

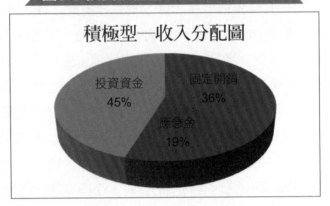

圖3.3 投資積極型小資族收入分配圖

積極型—收入分配圖

投資資金 45%
固定開銷 36%
應急金 19%

　　如果是準備結婚或者有孩子的小資族，收入分配趨向於「保守型」，一定要先把緊急預應急金存下來，再做投資規畫。有家累的小資族預備應急金要比單身無學貸壓力的小梅更多，最好能留下3～5年內確定要花的應急金，例如結婚經費、購屋頭期款等。千萬不要期望想透過投資，來取用應急金。反而分配收入要很保守，如圖3.4所示，應急金要拉大到45%，投資資金縮小的19%。

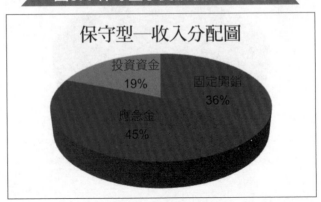

圖3.4 保守型小資族收入分配圖

保守型—收入分配圖

投資資金 19%
固定開銷 36%
應急金 45%

　　以上穩健型、積極型、保守型收入分配，是以同樣薪資水準、同樣生活消費水準所計算出來的比例，也許有些人固定開銷會大一點，會擠掉應急金與投資金的比例，小資族如果希望達到5～8年存入百萬的目標，可能要想辦法節省固定開銷。本書的Part 1部分，我們有談到如何節省固定開銷的方法，小資族只要能節省固定開銷，相對投資金額與應急金運用的範圍會更廣。不管你是穩健型的小資族也好，或者是積極型、保守型的小資族也罷，投資基金定期定額扣款的期間，最好能拉長在24～48個月期間。有些小資族會認為，投資債券型基金屬於定存，可以算在應急金的比例，這種想法，可能跟現代的國際社會現實有一點落差，尤其在希臘債務危機出現之後，沒有人再敢保證哪一國的債券不會違約，即使像美國這樣的強國，都有可能有國債違約的風險，更糟糕的是，沒有一個國家敢叫美國還錢，因為它是國際的老大，可以出兵攻打別人國家的強權，它真的要違約，未必有哪一個國家敢說話，所以我們不能將債券型基金，列入應急金區塊之中，而是應該把債券型基金列入投資資金區塊之中。

方向──投資在哪個區域？

小資族投資基金懂得如何分配資金之後，接下來就是選定投資方向。

曾有小資女問我：「東協國家基金比較好，還是債券基金？」

我問她：「那妳準備投資多少？」

小資女：「每月3000！」

我說：「那挑年化標準差大的，而且Beta值高的東協國家。」

小資女：「那看起來風險很大！！」

我回答：「看起來利潤也很大！」

這位小資女才25歲，月薪24K，基本上可以承受較大的風險值，如果每月只有3000元可選擇年化標準差大一點的基金類型，年化標準越大，獲利幅度越大，將資金放在獲利積極一點的市場，這樣才能將小資金集中火力投資才不會浪費時間成本。小資女投資波動越大的標的，報酬相對也越大，若單筆進場，當淨值20元跌到10元是跌50%，但是10元漲到20元，是漲一倍，一旦買錯時點就會套很久。舉個例子來說，小資女小模（化名）2013年11月13日之前想買東協國家基金，她看中表格3.1中的四檔基金，這四檔基金獲利最高報酬率高達320.37%，其年化報酬率最高為28.86%，但前六個月的虧損也最大為4.64%。

表3.1 馬來西亞基金比較

基金名稱	報酬率（%）					年化標準差	Beta
	六個月	一年	三年	五年	十年		
利安資金馬來西亞基金（新元）	−2.19	13.71	20.16	117.13	132.5	25.14	1.58
利安資金馬來西亞基金（美元）	−2.96	11.49	24.08	161.99	217.81	20.81	1.32
摩根馬來西亞基金	−4.64	11.11	28.11	178.9	320.37	28.86	1.39
富達馬來西亞基金	−4.06	9.2	24.43	148.73	236.09	20.61	1.27

　　所以小模要用每月定期定額3000元一直攤平成本加碼買進經過三年之後，才小有報酬，透過拉長投資基金的時間，把基金的高風險透過時間攤平，等待回彈到高點賺錢，以獲得相對理想的報酬。若小模定期定額去買波動不大的債券基金，報酬率可能無法像投資東協國家那樣理想，如果選擇的是表3.2中的債券基金，五年最高報酬率最高只到20.46%跟東協國家新興市場基金相比，報酬率差了5～8倍左右。

表3.2 基金報酬率比較

基金名稱	報酬率（%）				年化標準差
	六個月	一年	三年	五年	
CI資本國際歐元債券基金B	2.36	8.8	5.18	20.46	8.74
法巴百利達日圓債券基金C（日幣）	1.04	−16.91	−17.36	−2.1	10.06
施羅德英國國債及定息（Acc）	0.01	−2.3	5.93	13.97	7.62

　　第一次買基金的小資族，難免會有疑惑，單靠Beta值與標準差就可以挑選出好的基金投資區域？當然，這只是最精簡的挑選方法，還得加上挑選經濟區域，從簡單的經濟區域布局基金投資標的。一般來說全球分為成熟區域以及新興區域。新興區域包含新興亞洲、東歐、拉丁美洲、東協

等國家，成熟區域包括歐洲、北美洲這類成熟市場。如果從2014年開始進場的小資族，先把焦點放在新興市場區域。

列出一個十分精確的新興市場國家的名單並不是那麼容易，目前以各大金融機構所列出來的範圍，包括阿根廷、巴西、智利、墨西哥、中國、印度、南韓、臺灣、匈牙利、以色列、俄羅斯、斯洛維尼亞、土耳其、哥倫比亞、捷克、埃及、印度尼西亞、馬來西亞、摩洛哥、秘魯、菲律賓、波蘭、南非、泰國。

2013年以來，這些新興市場受QE退場懸而未決影響，多空訊息參雜，雖然新興市場2013年的表現令人失望，但這屬於短期震盪局勢，長期來看，新興市場的長期展望仍樂觀。新興市場影響最大的是中國市場，中國經濟對新興市場有相當大的影響力。中國正致力於轉型以內需推動的經濟體，加上中國對已開發國家的出口呈現放緩趨勢，導致中國經濟成長水平出現下滑。此外，近年來中國公共和私人債務總額飛速成長，目前中國債務總額已達到GDP的200%左右，這樣偏高的債務水平，亦可能會不利於中國經濟的成長。此外，美國聯準會（Fed）未來削減QE規模的動作，也會對新興市場造成衝擊。先前在美國聯準會（Fed）持續將利率維持在極低水平的情況下，大量資金紛紛流向經濟成長較為強勁且殖利率較高的新興市場。在Fed釋出退出QE政策的訊息之後，美國十年期公債的殖利率開始攀升，吸引資金自新興市場回流至美國。然資金自新興市場撤出的情況，卻導致新興市場貨幣匯率貶值，使其通膨壓力及經濟成長趨緩問題惡化」。短期內對新興市場股票風險叫大，中短期內新興市場的風險可能會超過其所可能會帶來的報酬。這段期間，小資族只能等待至2014年後半年，QE縮減底定之後，陸續進場。

從長期投資觀點來看，仍看好新興市場除了一些短期的不確定因素之外，一些新興國家如巴西、土耳其的政治動盪，及印度、俄羅斯、巴西等國家的基礎建設問題，皆使新興市場的風險性增高。儘管如此，新興市

場長期仍應會有強勁的報酬表現。2013～2014前半年新興市場雖然波動幅度較大，但新興市場內的一些企業仍能持續因某些長期趨勢而受惠，如中國的醫療保健與印度基礎建設支出持續呈現上升趨勢。對新興市場投資感興趣的小資族，可藉由投資全球新興市場股票型基金來獲取相關的投資部位。在進行投資前，小資族應多加暸解各檔新興市場股票型基金的投資內容。選擇新興市場相關的投資標的時，小資族可多加留意醫療保健、民生消費品與服務，及金融產品這類的基金。主要是因為新興市場近年中產階級崛起，民生、醫療、保險、金融這一類投資區塊將會興起，連帶使相關產業類股的報酬表現亮眼。值得注意的是，中國、印度這類的新興經濟體中，許多流動性較高的大型股皆是國有企業，但這些企業的經營決策並不會永遠都與股東利益一致，如果你的基金持股中這類企業則需要多加留意風險。

　　小資族投資基金可多加關注新興國家中營運狀況良好的企業，這些企業未來將受惠於當地內需成長趨勢，在東南亞值得留意投資的國家包括泰國、馬來西亞、菲律賓，其它如及墨西哥、南韓都是值得關注的市場，在南韓市場中，存在許多消費電子與汽車的全球大型出口商，這些公司在短期內可能會隨著美國與歐洲經濟復甦而受惠。長期來看，新興市場的內需成長趨勢也將有助於提升這類型公司的獲利表現。小資族如想投資新興國家基金，可以中國為主要投資主體，比重約佔資金為30%，其次則為南韓20%、台灣15%、巴西10%與南非8%。

圖3.5 小資族投資區域比重圖

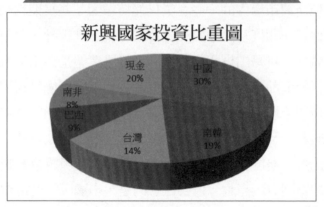

在各產業的投資配置方面，小資族可以民生、醫療、金融服務類股基金投資為主體，約佔資金比重50%，其次則為科技股20%及能源類股10%。

圖3.6 小資族投資產業領域比重圖

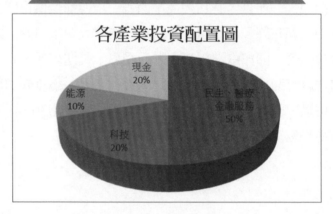

對長期投資基金的小資男女而言，新興市場基金仍具有其投資價值。雖然，先前因為QE即將退場，出現資金大幅撤出新興市場股票的現象，但這同時也為小資族逢低買進新興市場股票的投資機會。不過，小資

族必須有心理準備，在新興市場股票強勁反彈之前，有可能會出現更進一步下跌的走勢。小資一族資金，資金不大，只能將資金火力集中在大型新興市場，並關注整體新興市場的總體經濟情勢，謹慎地挑選出符合自身投資方向的基金。

基金篩選方法

　　基金挑選，可運用網路篩選，比如說小資男小智看好中國內需消費趨勢成長，想投資民生、醫療、金融服務類股基金，他每月有3000元投資資金，他該如何找出屬於他的理想投資標的。小智可先透過區域國家篩選網址：http：//tw.money.yahoo.com/fund_filter，篩選出想要的投資標的。

【步驟】勾選投資地區→選擇投資區域→篩選基金→查看持股明細

時點——何時進場投資？

　　十多年前我認識一對小資夫妻，兩個人的薪水一個是28K，一個是32K，這對小資夫妻十多年前收入還不多的時候，一有閒錢，就拿去買當時正熱的科技基金，後來碰到2000年網路泡沫化後賠錢，於是陸續停扣，此後就不敢再買基金。小資夫妻這筆科技基金投資並沒有贖回，直到2007年全球股市多頭氣焰再起，他們的投資開始回到正常水位，獲利開始出現，小資夫妻既捨不得賣；也不敢再加碼，2008年之後，這筆2000年投資的基金又開始虧損，小資夫妻忍痛殺出，慘賠收場。2009年台股多頭再起時，小資夫妻參加一個講座，聽到專家說看好台股上萬點，最後在台股9000點附近就解除定存買單筆台股基金，結果又賠了一半，而那筆2000年買進的美國科技基金，就在他們2008年贖回之後，一路狂飆，真是令小資夫妻後悔莫及。

　　小資夫妻看投資買賣時機，容易被專家誤導，而且市場不是專家開的，小資族必須有自己一套進出策略，買基金才不會隨著四周資訊起舞。大家都知道高點要小心，低點要買進，但是很少有人可以這樣做，看到高點的人永遠相信還有更高點，他們都認為自己不會買在最高點，再倒楣也輪不到自己，根據我多年接觸散戶小資族的經驗，他們跟前面提到的那對小資夫妻一樣，喜歡追高；而且自信地認為自己是投資之神，可以抓到高點和低點，這是人性很難克服的地方。小資夫妻2000年遇到一次科技泡沫大空頭，過了七年之後完全忘記當初的痛苦，在2007年左右看到多頭正熱，小資夫妻又開始投入市場，後來遇到2008年金融海嘯，忍痛殺出放

了八年的基金，沒想到這筆基金在他們殺出之後，一路狂飆到2013年。

以台灣股市的慣性來描述基金投資者心態，大部分投資人在台股站上9000點之後，開始沉醉，有上萬點的幻覺，接著就有像小資夫妻那樣的投資者像飛蛾撲火般，跳進市場之中，買進大筆的股票基金，很多賠錢的小資族通常會買在台股上萬點，結果賠錢出場的人居多。

台股9000點是個非常奇妙的禁區，通常在這個區間，小資族會有很多幻想出現，很奇妙的是，在9000點之後這段震盪期間，高檔撐了很久，即使大家都知道接下來的結果，有可能會崩跌，但是大家都不捨得下車，這段捨不得下車的時間，小資族會開始聽到一些親朋好友買股票型基金都賺錢的好消息，這時沒主見的小資族，怕沒買股票型基金會對不起自己，於是學人家開始炒短線，大筆投資，這時對想炒短線的投資人來說太慢了，他們衝動進場，在最樂觀的市場氣氛下買進單筆大額基金，也不管有沒有多餘的生活資金，每個沒主見的小資男女，都想在股票型基金上賭一把，一開始賭這一把都會贏，因為在9000點之後大多會噴漲，這時股票大部分報酬率都會是正的。賺錢的人會繼續賭更大一把，直到崩跌之後，多半是買股票型基金賠錢的人。

台股9000點之後是個很奇怪的噴漲區，在這個時候買的人，多半是賭徒，這些賭徒賭大不賭小，如果他們買進股票型基金，三個禮拜內就狂漲30%，他們不會急著贖回，他們會賭一年之內可能漲到100%，結果大多在買了一年，報酬率達到20%或30%，選擇贖回，甚至有人在一年之後賠錢也贖回。這段期間買進股票型基金賺錢的人大多不願意賣，而是繼續續加碼，最讓人難以理解的是這段期間買股票型基金的小資族會擔心買太少、賺太少，而且是非常盲目的樂觀，總覺得明天股市會更好。

他們大多在台股8500點～9000點這段期間，認為股市會上萬點，短時間內漲多，不是噴漲行情的末段，而是高檔震盪換手再向上的格局。當行情越炒越高時，後面的獲利空間越來越有限，越晚進場的人賺得越少。

前面股票部分有談到在末升段期間9000點進場的人可能會開始分批獲利了結，但買台灣股票型基金買在9000點的人就不會賣了，因為他們覺得賺太少，希望指數能躍上萬點。

我們現在可以用兩個投資選擇，就可以測驗出小資族是不是那一隻跳進台股9000點之後，被宰割的小白兔。

選擇1 ► 現在，單筆投資股票型基金，半年後賺到15%。
選擇2 ► 現在，定期定額股票型基金，半年後賠30%，三年後賺2.2倍。

白癡都知道「選擇二」才是正解，但很抱歉，在台股9000點之後這段期間，小資族會往「選擇一」這個方向走，更有趣是，當半年後真的賺了15%，他們會不甘心賣。弔詭的是，在台股9000點之後這段期間上漲的空間開始縮小，市場上多數人投資態度保守，接下來行情就會滑落；當市場結束一個多頭循環，小資族所賺的15%很快就跌光了。

在台股9000點之後這段期間買進股票型基金的人，必須多考慮風險問題，如果小資族想買台股基金，先問一下身邊是否有買台股基金的人，他們從哪時候買？績效怎麼樣？如果小資族發現親朋好友買進的定期定額基金報酬率已經30%以上，並準備贖回，這時為了半年15%的報酬率大力單筆買進股票型基金，幾乎可說是錯的買進時機，買股票型基金，卻沒有過去的報酬率可以參考，想要靠短線賺到最後一段，是很冒險的一件事。

小資族用基金想炒短線是非常困難的事情，基金屬於一籃子股票，其漲跌會受到相互牽動，除非是高手中的高手，否則想用單筆買基金賭一個短期報酬率上漲，是很困難的事情，尤其台灣投信所發行的基金，贖回基準是以第2天淨值為準，而境外基金也有時差的問題，所以短線有時差問題，容易有追高殺低的現象，如果買單筆會賺錢，可說是運氣好。

我曾認識個小資女，第一次買基金是用單筆，短短一個月就賺了

45%，我常說這種第一次的好運，可能是一個不幸的開始，這位小資女運氣好，第一次亂買嚐到甜頭，之後再進場時，換來的就是慘痛的經驗，她認為第二次一樣好運，把賺來的錢再一次單筆投入買基金，沒想到運氣已經用完了，第二次小賠20%出場，後來我告訴她，要以平常心投資，不要失去理智大筆投入、亂投資，後來她才開始恢復理性，慢慢地以長線操作，穩健投入市場，取得不錯的利潤。

在市場有敢賭的小資賭徒，也有怕死的小資守財奴，這小資守財奴永遠在擔心害怕崩跌，但從台股空投歷史來看，崩跌時間不長，大約8～19個月。從1990年2月最高點12424.5點跌至1990年10月最低點2560.47總下跌時間8個月，2000年2月最高點10393.6，下跌至2001年最低點3411.68總下跌時間19個月，2007年7月最高點9807.91下跌至2008年10月3955.43總下跌時間15個月。整體來看1990年至2008年經歷三次大空頭，下跌時間大概在8～19個月，每一次空頭經歷的時間不到兩年，但是多頭上漲的時間卻長達6～10年，多頭從1990年10月2560.47點漲至2000年2月10393.6點，上漲時間共花了112個月，2001年9月從最低點3411.68上漲至2007年7月最高點9807.91共花了70個月。

表3.3 空頭下跌時間統計

最高點	最低點	下跌期間
1990年2月 12424.5	1990年10月 2560.47	8個月
2000年2月 10393.6	2001年9月 3411.68	19個月
2007年7月 9807.91	2008年10月 3955.43	15個月

從歷史經驗來看，多頭很長，空頭很短，抓多頭結束的時間比抓空頭落底的時間要難，有時候在市場不斷高漲的時期，很多專家會告訴你即將崩盤，趕快把手上的基金賣掉吧，好笑的是，市場不但沒崩盤，反而噴漲得更兇猛，在這段噴漲最兇猛的時期，小資族大多會問一個問題……

小資女：「大哥，最近基金可不可以買啊，專家說會崩盤？」

我說：「如果一直漲上去都不跌，你還要等嗎？」

小資族：「對啊！」

我問：「那如果真的崩跌，你敢買嗎？」

小資族：「這個……」

買低賣高誰都想，偏偏天不從人願，低點你不敢買，高點你也會怕，市場下跌大家都知道是好買點，不過你能忍受一進場就賠錢的痛苦嗎？當市場恐慌性蔓延，大家不斷地把手中的籌碼往市場丟，價格不斷往下跌，你能忍受自己的投資標淨值不斷縮水嗎？氣氛悲觀時，小資族投資會更謹慎，加上又不是專職在投資領域，缺乏看市場的準度，那就更不敢投資。比如說我認識的小資男阿源，覺得東協市場很有潛力，他想定期定額投資一檔東協基金，於是他進入http：//www.gogofund.com/ 這個網站篩選出一檔東協基金……

篩選步驟1──搜尋

篩選步驟2──挑選五年報酬最大的三檔基金

篩選步驟3──比較基金淨值

阿源從五年報酬最大的三檔基金中選擇富達東協基金。在2013年10月25日富達東協基金淨值33.112，過了一個月到了2013年11月25日淨值來到31.25。阿源很想買這一檔基金，但是無法判定東協市場還會跌多久，低點深不見底，阿源想等這檔基金跌到30元之後再進場，真的到了

30元，阿源又打算等跌到25元再買。可想而知東協基金越跌越深，阿源越不敢買，結果等到東協市場反彈時，又錯過好時機了。

像阿源這類「空等族」，每天都在等低點的人，等到最後，通常不會進場。2008年金融海嘯那時候，富達這檔東協基金最低跌到2009年3月20日11.21元，像阿源這類「空等族」通常都不敢進場。有規劃的小資族會在2008年與2009年分批布局這檔東協基金，以一到三年的資金規劃，定期定額進入市場，等待2009年3月到2013年5月這五年大多頭的來臨。資金有規劃的小資族，有足夠的意願與閒錢，布局基金低檔時期，如果小資族沒有一至三年的資金規劃，就不要高估自己有本事在低點進場。

現在回頭來看2008年底至2009年第一季，是低檔布局的好時機，但是在那段時期恐慌氣氛使小資族沒有勇氣投資，在那個連美國大銀行都即將倒閉的年代，幾乎所有人都不敢投資，不但不敢投資，連銀行存款都會擔心被倒掉，2008年3月17日，全美第五大投資銀行貝爾斯登（Bear Stearns）因旗下次級房貸相關基金倒閉，終至破產，落得以每股2美元的低價出售給摩根大通銀行（JPMorgan Chase）。2008年9月7日，占全美房貸市場一半以上的「二房」──房利美（Fannie Mae）與房地美（Freddie Mac）因背負高達5兆美元的次貸債務，一夕之間股價重挫近九成，每股市值剩下不到1美元，後來由美國政府宣布接管。2008年9月15日，全美第四大投資銀行雷曼兄弟（Lehman Brothers）因炒作高達600億美元的次貸相關資產、負債超過6,000億美元宣告破產；同一時間，全美第三大投資銀行美林（Merrill Lynch）也被美國銀行（Bank of America）以500億美元收購，保險業巨擘美國國際集團（AIG）也因財務危機向美國聯邦準備理事會（Fed）求助400億美元。至此，全美五大投資銀行已有三家在大浪中慘遭滅頂，僅餘排名第一的高盛（Goldman Sachs）公司與排名第二的摩根士丹利（Morgan Stanley）仍在浪中浮沉。

美國第四大銀行的花旗集團（Citigroup），由於受到次貸危機的影響，其全球信用卡和個人金融業務明顯下滑。2008年11月，花旗股價從每股23美元急遽下墜至每股不到4美元。在全球近110個國家擁有大約2億客戶、員工總數超過36萬人、「大到不能倒」的花旗集團，讓美國政府在2008年11月25日不得不出手拯救。除了為花旗3,060多億美元高風險資產的絕大部分提供擔保外，美國政府還從7,000億美元救市計畫中拿出200億美元，以8%的股息購入花旗優先股。

看到了嗎？那個年代，如果連銀行都快倒了，不要說小資族不敢投資，連銀行存款都會被認為不安全，即使當時台灣有喊出三百萬存款保險。但是對那些有錢人說，三百萬不夠賠，在那段時間很多人把錢存進郵局，郵局游資氾濫到極點，2008年第四季由於全球銀行體系搖搖欲墜，許多存款紛紛湧進郵政儲金，導致郵局存款餘額超過四兆元台幣，穩居金融機構存款首位。

當時很多人把存在民營銀行的錢全部提出來存進郵局，我還見過小資族把定存解約存入郵局，那個時候已經沒有人會問我：「大哥，東協基金可不可以投資啊？」如果我那時叫人家去投資基金，大概聽到的人會叫我一聲白癡，可見當時恐慌氣氛瀰漫，連最保守的小資族定存戶都會做出不理性的行為。

當小資族遇到種恐慌時刻，最重要的是不要否認市場，也不要失去低點進場的勇氣。在我過往二十多年來，跟小資族談論投資的心得，我發現大部分的小資族投資心理都是追求流行，在市場大好時拼命投資，市場大壞時就緊抱著錢，對投資敬而遠之，很多小資族都會教我要危機入市撿便宜貨，這些教我危機入市撿便宜貨的小資族，在2008年底至2009年第一季，沒有一個投資股票基金，可見大家明明都知道要危機入市，但幾乎都做不到，99%的小資族都是這樣。

其實要治好小資族的恐慌症並不難，只要對症下藥就好，第一帖治

療恐慌症的藥方稱之為「滅高等低」特效藥，服了這個特效藥就不會有追逐高價或著等待低價的症頭，「滅高等低」最主要是讓你消滅高點預測以及低點預測的壞習慣，先放棄預測將來會發生什麼事，用最簡單的資產配置，定期定額投入基金市場，自然就會有勇氣進場。而且進場不要問為什麼？如果大家不斷放出籌碼的時候，小資族可以趁這個時候，將資金分成24～36個月徹頭徹尾，執行每月扣款的計畫，完整參與市場高低循環，定期定額是計畫性進場，能消滅預測高低點的壞習慣，每天上班的小資族沒有必要學投資專家，掌握低點一次投入大筆金額進入基金市場，小資族買基金，考慮的不是時機，而是「資金分配」也就是投資之前，先算清楚自己每個月有多少錢可以扣款，而且至少要扣足24～36個月。根據空頭經驗，只要撐過2～3年，自然就能慢慢在回升中享受好的成果。

不過這種方法只能用在急遽下跌的市場，如果小資族在市場樂觀時進去買基金或是高點停利贖回之後準備再次進場，必須有心理準備，可能會歷經下滑而出現負報酬，那就需要看資金是否能撐到五年，也就是60個月，如果每個月扣款3000，你可能要準備18萬元閒錢，繼續扣款，慢慢攤平成本，熬過負報酬率這段時間，等待市場再漲上來，最後的絕對報酬也會很可觀，關鍵在於小資族能不能忍受虧損持續扣款，有耐心就會贏。

當然，有的小資族會說，18萬拿去買股票，漲一個停板就有百分之七的獲利，幹嘛讓資金套在基金三到五年呢？

問題是，你確定買股票一定會賺嗎？萬一賠了，你就得用好幾年去彌補虧損。我見過一個小資族一年內投資股票，報酬率80%，隔年又賠了50%，第三年又賠了50%，本金所剩無幾，連續三年他的投報率是負65%，三年來進進出出的結果是窮忙一場。

同樣用18萬資金投入基金市場，小資女明明（化名）選擇定期定額投資，明明相信大趨勢往上，每月扣款投資基金，報酬率一定由負轉

正，例如2008年金融海嘯走了一年半的空頭，可是明明還是堅持持續扣款到2011年，明明當時設定2009年3月開始定期定額，每月12日固定扣款3000元，持續到2013年10月贖回，最後明明的累積投資報酬率82.23%。明明的投資過程是先利用網站：http：//tw.morningstar.com（晨星）篩選出一檔好的基金投資標的。

篩選流程1─▶點入基金篩選器

篩選流程2─▶根據評級，選擇回報最高前10%的5星級基金。

篩選流程3─▶最後排出GAM Star歐洲股票基金

明明累計報酬率

（1+29.03%）＊（1+1.76%）＊（1─12.26%）＊（1+30.88%）＊（1+20.94%）=1.8223

明明中途歷經歐債風暴，但並沒有停止扣款，一直持續到2013年10月贖回，累積報酬率有82.23%（計算期間如基金淨值圖2009.03.01～2010.10.31）；但如果在2010年或2011年受到歐債風暴影響而贖回，最只能有10%的報酬而已。

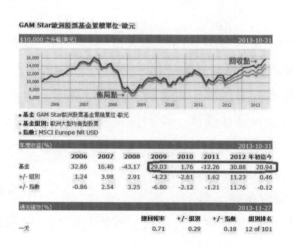

看錯趨勢怎麼辦？

在投資過程中，並不是每個人都像明明一樣，投資如此順遂，有時候也會有看錯趨勢的時候。比如說我認識的小資男Paul，設定2009年1月開始單筆扣10萬元，持續到2012年12月贖回，最後Paul，的累積投資報酬率36%。Paul當時以四四三三法則選出一檔日本基金；四四三三法則的第一個『四』代表一年期基金績效排名在同類型基金前四分之一；第二個『四』代表二年、三年、五年、今年以來基金績效在同類型基金前四分之一；第三個『三』代表六個月基金績效排名在同類型基金前三分之一；第四個『三』代表三個月基金績效排名在同類型基金前三分之一。

Paul的投資過程是先利用網站： http：//www.gogofund.com（GoGoFund 理財網）篩選出一檔基金投資標的。

步驟1 ►點選「TOP10排行」四四三三法則

步驟2 ►篩選出前十名基金如下：

1. IBB—MSCI那斯達克生技指數基金
2. PowerShares Golden Dragon Haltr USX China（ETF）
3. 駿利資產管理基金—駿利環球生命科技基金I歐元累計
4. 景順消閒基金A
5. 柏瑞環球基金—柏瑞日本小型公司股票基金Y3
6. 柏瑞環球基金—柏瑞日本小型公司股票基金Y
7. 摩根歐洲科技基金—摩根歐洲科技（歐元）—A股（分派）
8. 亨德森遠見基金—歐元領域基金
9. 景順泛歐洲基金C（分派）股
10. 安盛羅森堡Alpha基金—安盛羅森堡環球小型企業Alpha基金B

步驟3 選擇「柏瑞環球基金─柏瑞日本小型公司股票基金Y3」

表3.4 柏瑞環球基金年度收益（%）

2009	15.54
2010	19.3
2011	—11.45
2012	11.56

Paul選擇此基金的報酬率：

（1+15.54%）*（1+19.3%）*（1—11.45%）*（1+11.56%）=1.36

　　Paul從2009年1月開始定期定額投資基金，每月15日固定扣款3000元，持續到2012年12月贖回，最後Paul的累積投資報酬率36%。雖然2013年這檔基金有40%的報酬率，但是日圓貶值約20%實際上並沒有很大的報酬幅度。如果你跟小資男Paul一樣發現趨勢不對，可以轉扣其他更有成長潛力的基金；從其它市場，尋找機會，Paul選的日本基金，近五年表現都落後其他市場，雖然日本2012年之後積極讓日圓貶值刺激出口，使日經指數不斷往上攀高，但是日圓貶值與基金正報酬率相抵之後，實際收益率並不理想，Paul在2012年12月贖回這檔基金，已浪費四年時間與金錢投資在這檔基金，Paul如果轉買其它新興市場基金，從別的地方賺回來。也許投資報酬率會更好一點，Paul單筆進場的操作手法屬於市場老手的投資方法，並不適合沒時間注意市場動態的小資族，小資族儘可能還是避開單筆買進，像Paul這樣單筆買進不是不可以，如果Paul能和定期定額互相搭配，應能創造更好的報酬。只要Paul累積足夠的市場經驗，看懂市場底部，投資資金充裕，投資會更有彈性空間。

曾經在一個場合裡，有一個小資女挑戰我的投資想法。

小資女說：「大哥！定期定額賺得好慢喔！」

我問：「那怎樣才賺得快啊？」

小資女說：「鎖定一個市場，在低點單筆大額買進，才賺得快啊！」

我說：「我也希望。但也要能抓準高低點，買進賣出才行啊！！」

小資女：「大哥！你有認識這樣很會買低賣高的人嗎？」

我神祕地說：「有！」

小資女很興奮地問：「誰啊？」

我說：「一個死了，一個還沒出生，另外一個在……」

小資女問：「在哪裡？」

我說：「張友驊有說：『還有一個，我不能說！！』。」

抓高低點進出，或者等崩盤進場，可以說是白費心機，就我見過的小資族可以看準時機進場出場的人，五個手指頭就算完了，很多人都會認為定期定額賺很慢，股票一個漲停板就賺回來，但是跌停板賠的時候呢？賺得快賠得也快，兩相抵銷有時候是白忙一場，單筆投資才賺得快的投資理論，對資金相當充裕的大戶，也許行得通，但是對資金不充裕的小資族根本是一場災難。以Paul來說日本基金是他其中一檔小賺的基金，其它單筆投資金基金都賠得很慘，其中一筆買了10萬元剩5萬元，另一筆是理專建議他買的，在高點買進單筆東協基金被套牢，其它像Paul一樣單筆投資賠錢的小資族比比皆是，最常見小資族賠錢的情況，通常是單筆投資只鎖定一個市場，以我認識的小資男Eric來說，他看準東協市場中的印尼，而且單筆二十萬買一檔印尼股票型基金買在2013年5月，當時的印尼雅加達綜合指數5214.98點，2013年5～11月期間，印尼指數跌了一千點來到4256.44點。Eric買這檔印尼股票型基金買得很悶，2013年5月17日買入淨值35元左右，來到2013年11月29日淨值只剩22元左右，虧損了37%。

若Eric確認印尼市場在低點，並以單筆20萬買入印尼股票型基金，當

然滾錢的速度更快，但是Eric與一般上班族一樣，並不太懂市場的高低起伏，即使Eric運氣好，單筆買進某支股票型基金有獲利，他必須要特別懂得下車（獲利了結），不能因為下車後，看到繼續漲兩個月而感到可惜就忍不住追高，由Eric例子來看，若在高報酬率時買進東協基金，代表市場相對很熱，若想進場，不能進單筆，反而是用定期定額參與下一次的市場循環，以避免將大筆資金曝露在高風險的市場。

獲利——何時該贖回？

　　有個小資男，定期定額買了一檔東協股票型基金，買了18個月，累積本金54000元，可是報酬率不到5%只賺一千多元。另一個小資女定期定額買一檔歐洲股票型基金，報酬率達20%，但本金只有2萬元，賺了4000元。

　　小資男跟小資女同時問我：「大哥，什麼時候可以贖回啊？」

　　何時是這兩個人最佳的贖回時機？

　　這時我通常會問小資男跟小資女三個問題，讓他們去思考何時是適合贖回的時機。

第一問：如果基金賺錢，你會如何處理賺到的錢？

　　當我問到這個問題的時候，大部分的小資族會告訴我，要繼續把錢投入市場賺更多錢，如同小資女文文（化名）的經歷一樣，文文每月扣款3000元買一檔基金，半年後發現報酬率是—15%，她加碼攤平每月扣4000元，連續買到第五年的時候，文文在低點不斷買進單位數，一直買到報酬率轉正為止，當市場趨勢向上，文文逢高出脫這檔基金。文文對於贖回的錢感到很困擾，不知道該放哪裡，文文認為留太多錢不投資太可惜了，所以她急於再找投資標的，再投資。

　　文文這樣做，是對的嗎？

　　大部分的小資族都跟文文的想法相去不遠，想賺更多錢，拚命找投資機會，可是市場上天天都有機會嗎？

前面談論股票投資的時候，我們可以看到空頭市場需1～2年才能落底，多頭大概有5～7年的上漲時間，文文可以不用在賺錢之後急於找下一個投資標的，賺到的錢宜暫時放著，等待加碼時機，或者可等待全世界恐懼的空頭市場落底之後，再慢慢加碼尋求第二波投資的勝利。

文文投資基金之前，設定報酬率40%為停利點，停利點一到應該全部贖回比較好，但是文文並沒有堅持自己原先的停利點，只先把獲利部分先贖回，其他的繼續扣款，其實這是多此一舉，因為小資族投資金額不大，分批贖回方式沒有太大的必要。以文文的基金投資來看，每月扣款3000元，五年後報酬率40%，本利和大約25.2萬元，金額不大沒有分批贖回的必要。文文贖回這筆錢之後，應先考慮自己的救急預備金是否充足，這跟銀行的「存款準備金」一樣，存款準備金指的是商業銀行吸收存款後，必須按照法定的比率保留規定數額的準備金，其餘部分才能用作放款。打比方說，如果存款準備率為10％，就意味著金融機構每吸收1000萬元存款，必須繳存100萬元的存款準備金，用於發放貸款的資金為900萬元。倘若將存款準備率提高到20％，那麼金融機構的可貸資金將減少到800萬元。同樣的，文文如果是一間銀行，賺到的錢應該提撥一定比例的準備金，以備不時之需，在準備金充足之後，若沒有急需要用錢，文文可再規劃2～3年的分批投資時間，分段投入下一個投資標的。

為何文文不能把贖回的錢再大筆投入市場呢？根據文文的投資經驗，通常在贖回之後，市場還會飆漲一段時間，這時間很短，可能3～6個月左右，如果在這段時間把賺來的子彈用光，等到低點來臨的時候卻沒有閒置資金可投資，就可能錯過好機會。

文文習慣將贖回的錢分批再投入基金買賣，這種操作方式稱為養基金投資法，投資流程如下：

投資
兩檔
基金 ┬ 定期定額扣款→A基金→獲利贖回→定期定額扣款→C基金
　　　　　　　　　　　　　　　　　　　　　　　　↑
　　　└ 定期定額扣款→B基金→未達獲利目標→繼續扣款→獲利贖回→D基金

　　這種操作流程，主要是沒賺錢的基金繼續扣款，賺錢的基金贖回再扣款，最後累積一堆基金，文文扣款至賺錢然後贖回又續扣，如果行情持續向上，只是賺多賺少的差別；如果行情剛好就下跌，定期定額的特性，可以讓資金逢低慢慢低接，不至於一次大量投入，導致資金全部套牢的風險。文文的投資法是漲的賺完，留下充沛資金，分批買跌，等到跌價回升之後，再贖回。這種操作策略勝率高。前面提過空頭時間大約一至三年，而文文的定期定額投入，將資金分散在長時間進場，可以免除資金全套的風險，由於資金分段投入，行情若反彈又贖回，不會有全部套牢風險。贖回續扣的這個策略，總報酬不一定很高，可是資金流入投資狀態很穩定，有源源不絕的現金流供應扣款。小資女文文很了解一次大筆投入資金，加碼攤平效果會很差，而她的投資方式則能避開很多風險。

第二問：買基金的停損點、停利點在哪裡？

　　投資賠多少才願意殺出，這是我最常問小資族的問題，我曾問過十個小資族，最後平均下來的結果停損點大概在10%左右，但是這樣的停損點似乎與投資標的停損幅度不太合，基金停損點需配合投資標的的特性設定。

小資女燕燕──高利定存基金投資

　　以保守的小資女燕燕（化名）來說，燕燕自認為自己屬於保守型的投資人，所以她選擇投資已開發國家公債為主的債券型基金，這類基金報酬率不高，但是很穩定，即使在2008年的金融風暴期間，燕燕的基金年報酬率穩定在8%～10%間。如果燕燕拉長投資期間到二十年來看，收益

率平均在5%～6%之間，高於定存利率，燕燕投資這類基金可把它當成高利定存投資，不必設停損點。

小資男Jimmy——投資高收益債券基金嚴設停損

相對於燕燕的保守，小資男Jimmy投資的高收益債券基金可就一定要設停損點，高收益債券基金，雖然跟燕燕買的一樣是債券，風險等級卻大不相同。高收益債券的波動大，風險其實不會比股票低，2008年金融風暴期間，高收益債狂跌，甚至有部分高收益債基金被迫暫停贖回，但是高收益債基金跌得快，反彈的速度也快。當金融風暴陰影逐漸淡去後，高收益債券基金就隨著市場穩定而強力反彈，表現相當亮眼，Jimmy2009年3月投資的高收益債券基金，至2010年1月贖回報酬率逾35%。以Jimmy的投資經驗來看，高收益債的停利點在30%～40%的獲利，停損點設在15%～20%。Jimmy認為高收益債券基金波動大不能輕忽停損點，一定要嚴格執行，部分小資族會因為虧損而捨不得賣，Jimmy認為這是錯誤的觀念。

表3.5 投資人類型比較

投資人（類型）	標的	停損點	停利點
小資女燕燕（保守型）	公債型基金	無	視資金需求
小資男Jimmy（積極型）	高收益債券基金	30%～40%	35%～45%
小資女Wendy（穩健型）	海外平衡基金	20%～30%	30%～40%
小資女Wendy（穩健型）	國內平衡型基金	15%～20%	20%～30%
小資男Brian（積極型）	區域型股票基金	25%～35%	30%～40%
小資男Brian（積極型）	全球股票型基金	15%～20%	20%～25%
小資女Mandy（趨勢型）	ETF指數基金	20%～30%	30%～40%
小資男小剛（賭徒型）	對沖式基金	40%～50%	見好就收

小資女Wendy——投資平衡型基金

　　投資基金的小資女Wendy，她認為自己的投資性格介於燕燕與Jimmy之間，屬於穩健型投資人，Wendy認為高收益債券基金風險太大，公債型基金的投資報酬率又無法滿足她，所以她選擇股、債都能投資的平衡型基金，Wendy告訴我，海外與國內的平衡基金投資特性不同，海外平衡型基金在資金運用上靈活度較高，有時候可以看到海外平衡型基金的部分，偏重於股票甚至持有部位可以從0%拉高到100%。因此海外平衡型基金波動度大，停利點與停損點設定，必須拉大，停損點可設定在20%～30%，停利點設定在30%～40%。在國內的平衡型基金投資部分，Wendy說國內法令，債券部位不能低於三成，所以波動較小，停利與停損區間可抓小一點，停損點在15%～20%，停利點可抓在20%～30%之間。

小資男Brian——投資股債配置基金

　　對於Wendy的投資策略，小資男Brian有點不太能認同，Brian認為自己買一檔股票型基金加上一檔公債型基金，報酬率不一定比買平衡型基金的報酬率來得低，只要多做點功課，了解股債之間的關係親自做資產配置，將投資的金額分配在購買債券基金、或是股票基金上，同樣能達到平衡基金避險的效果，Brian認為股債之間的流動，像一個蹺蹺板，當股市不好的時候，公債就會有人搶進，當股市復甦的時候，買公債的錢又會流入股市，只要能了解全球市場大趨勢，投資報酬率就能自由調整，達到自己的期望。以Brian的經驗，自組基金的報酬率，通常比購買平衡型基金的績效更佳。Brian舉例說，像日本這次日圓從80元狂貶20%之後，日圓資產越來越不值錢，日本股市雖然上漲，但是日圓資產一直貶值，相對來說擁有日圓資產的人，會擔心資產縮水，開始搶進美國公債，加上美國QE退場不利股市，未來必然大家會想搶進美債，所以Brian開始將股票型

基金獲利了結，轉而投入美國公債型基金，保持實力，等待另一波獲利時機。對Brian而言股票型基金因為波動大，所以在他的資產配置中，他將股票型基金設定為攻擊角色，只有在股市開始轉強時，他才會提高股票型基金的部位，減碼公債型基金以獵取較佳的投資報酬率，不過這必須眼明手快，不能貪多，一旦到達自己的停利點時要爽快獲利了解，否則股市反轉向下，賺到錢很可能又吐回去，空歡喜一場。依布局的地區來看，Brian認為區域型股票基金把資金重押在中國、印度、俄羅斯、巴西、東協、拉丁美洲、東歐等這類單一區域「新興市場」雖然上漲較有爆發力，但基金淨值表現就像在坐雲霄飛車，高低起伏很大，風險也較高，新興市場經濟發展穩定度相對於歐美國家來得低，當全球景氣暢旺、商品原物料行情好的時候，新興市場的股市漲幅表現凌厲，景氣轉差，又可能出現暴跌，如果賣這一類區域型股票基金，必須拉大停損停利點，停利點可設在30%～40%，停損點設在25%～35%。至於全球型股票型基金投資方面，Brian認為全球型基金進行資產配置，大多持有歐美大型股為主，績效表現相對穩健，停利點可設在20%～25%，停損點設在15%～20%，小資男Brian告訴我，新興市場基金風險很大，他最多用閒錢的三分之一去做投資，絕對不會一次梭哈，押注大量的資金。

Brian說：「得則我幸，不得我命。」

Brian投資新興市場股票型基金會先算好自己的資金夠不夠賠再進場。如果能在這類投資新興市場股票型基金獲得很高的利潤，那就感謝老天爺的賞賜，如果賠了，你還是感謝老天爺告訴你，下一次投資小心點。

小資女Mandy——投資ETF指數基金趨勢

另一類小資族，如同小資女Mandy一樣，屬於趨勢型投資人，這類投資人屬於機械式被動的投資人，他們只看股價大盤指數來投資基金，當

股價指數長天期月線處於低檔，他們就進場買基金，處於高檔就進場買基金，Mandy投資ETF指數基金，完全依據電腦設計的指標，不透過人為操作，這種「懶人投資法」根據指數的數值指標買賣。Mandy以KD指標最為資金進出基準，當K值低於25以下分批布局，高於80則分批賣出。

Mandy認為這種投資方法不用太留意單一股票漲跌，只要注意整體趨勢就可以，Mandy對我說ETF指數基金為貼近台股波動，選擇50檔占市場權值較大，並具產業代表性的股票，讓績效符合加權指數起伏。買ETF的好處，在於不必費心檢視個股好壞，只要判斷趨勢的漲跌就好。Mandy認為台灣小資族，不易直接投資的海外股票，只能間接透過基金購買國外股票型基金，萬一基金機構買到地雷股，基金淨值會莫名其妙往下滑，買ETF基金就沒有這種弊病，因為ETF，形同買台股指數，只要月線指標KD指標，K值低於25以下即可分批布局，高於80分批出脫。Mandy認為這類高出低進是基本策略，停利點可設在30％～40％，停損點設在20％～30％之間。

小資男小剛──對沖基金賭徒型投資

對於燕燕、Jimmy、Wendy、Brian、Mandy的投資策略，小資男小剛認為這樣很費時間還要再等待，小剛的性格屬於賭徒型投資人，他不投資的時候，一元也不會投入市場，不過，只要他看到機會，他會毫不猶豫地大筆投入市場狠賺一筆。

我問小剛：「你不覺得這樣風險太大了嗎？」

小剛：「錢丟到市場就已經是一種對賭，只是基金賭上漲而已。」

我好奇地問：「你不怕輸光光嗎？」

小剛：「人本來就光溜溜地來，光溜溜地走。」

我再問小剛：「你會把所有的閒錢都梭哈賭一把嗎？」

小剛：「當然不會，最起碼留三分之二賭本，賭下一把！！」

小剛的投資方法，不一定適合任何人，但是非常適合他的性格，幸好他還有做好資金控管，最起碼不會輸到脫褲子，一毛都不剩。小剛有一陣子狂賭某些「對沖基金」鎖定的產業作為主題投資，包括科技、能源、消費、生技、礦業等等。小剛指出，新興國家經濟成長仍然快速，大量的建設消耗全球的天然資源，原物料行情長期看好，不需要設停損停利點，如果外在環境佳，漲個50％也不過分，不用急著贖回，然而景氣反轉之際，出脫就要趕快，比如說2013年下半年醞釀QE退場，小剛認為石油等能源性資產有跌價風險，為了怕原物料對沖基金越跌越重，他很快地贖回基金，見好就收，不做太長期的投資。2012年6月小剛看好石油有一段上漲行情，他大膽投入資金進入一檔能源對沖基金，直到2013年9月之後發現QE醞釀退場，他大舉贖回。獲利30%立即縮手等待下一次出手時機。

第三問：你會確實執行停利點與停損點嗎？

燕燕、Jimmy、Wendy、Brian、Mandy、小剛這些小資男女，是我目前看過的成功投資者，他們的成功都有兩個共同特點，一是資金控管，二是確實執行停損點與停利點。很多小資族不能徹底執行停利與停損原則，常常聽到有些小資男女懊惱自己贖回隔天，淨值又繼續漲，這就是人性無法克制的貪念，讓貪念不失控的方式，不是遠離市場，而是有紀律地投入市場，比如說燕燕、Brian這兩名小資男女，不管外在世界如何變化，資金投入一定有24～48個月的打算，投資報酬高過30%以上必然先贖回再做打算，燕燕與Brian依靠紀律停利，逐步將獲利入袋，最好的停利點，大多從市場趨勢與個人操作經驗摸索出停損、停利點，沒有新手一開始就懂。

燕燕與Brian等等這些投資成功的小資族，設定停損與停利點的方式，會先找波動大的市場，設定高的停利點。以歐洲股票型基金為例，歐

洲屬於成熟市場，從範圍來看，報酬率會低於區域型中小型股票基金。所以小資男Brian在停損、停利點設定上，先取十九檔歐洲中小型股票基金一至三年報酬平均值設定停損範圍在24.52%～32.78%之間，停利點以風險Beta平均值36.53%為基準，只要報酬率高於36.53%，贖回基金出場。不過這是一個基準參考點，Brian認為投資人有保守、穩健或積極等屬性，所以每個人都應該在合理範圍內增減停損、停利點的區間。以Brian算出來的停損、停利範圍落在24.52%～36.53%之間，但是Brian自認自己屬於積極性投資人所以停損、停利範圍加大至30%～40%，Brian說投入歐洲中小型股票基金，不能貪多，一到停利點必須先落袋為安，再繼續找機會定期定額扣款投資，Brian覺得停損與停利的範圍不要差距太大，若設定5%或80%就不合理了。我曾經遇過一個很膽小的小資女，她很清楚退休後的資產要降低風險，因此定期定額的停利點都比一般人更低。但是太低的停利點，並沒有任何意義。如果基金的獲利與高利定存差不了多少，那不如以零存整付的方式投入高利定存，還比較省事一點。

表3.6 停損停利參考點

停損停利參考點	2.99%	13.29%	24.52%	32.78%	
基金名稱	三個月	六個月	一年	三年	Beta
施羅德環球基金系列—歐洲小型公司A1類股份	5.2	17.11	34.57	35.37	0.57
亨德森遠見泛歐小型公司基金（A2 類股份—歐元）	3.29	18.11	33.06	35.03	0.68
摩根歐洲小型企業基金（歐元）A股（分派）	3.2	16.77	31.49	34.08	0.47
景順全歐洲企業基金C股歐元	6.15	16.89	31.42	45.55	0.4
景順全歐洲企業基金A股歐元	6.01	16.54	30.57	43.08	0.4
柏瑞環球基金—柏瑞歐洲小型公司股票基金Y	3.54	14.72	30.11	27.1	0.69
景順全歐洲企業基金B股歐元	5.75	16.01	29.47	39.28	0.4

富達歐洲小型企業基金（Y類股份累計股份歐元）	3.93	13.57	24.35	30.6	0.35
富達歐洲小型企業基金	3.76	13.13	23.47	27.61	0.35
柏瑞環球基金—柏瑞歐洲小型公司股票基金Y1	0.19	11.24	23.36	22.17	0.41
柏瑞環球基金—柏瑞歐洲小型公司股票基金A1	—0.01	10.8	22.38	19.28	0.4
瀚亞投資—M&G歐洲小型股基金	2.52	11.06	21.75	32.56	0.35
法巴百利達歐洲小型股票基金C股（歐元）	1.21	11.47	20.31	42.59	0.26
德意志DWS Invest歐洲小型基金LC	5.87	13.19	17.88	24.91	0.27
安盛羅森堡泛歐小型企業Alpha基金	3.4	16.11	28.56	40.45	0.49
瑞銀（盧森堡）歐洲中型股票基金（歐元）	0.02	10.28	18.71	26.04	0.15
MFS全盛歐洲小型公司基金A1（歐元）	1.49	9.14	16.35	50.04	0.09
法巴百利達歐洲中型股票基金C股（歐元）	1.05	8.91	14.77	29.74	0.11
愛德蒙得洛希爾—歐洲中型股基金（A）	0.28	7.38	13.38	17.34	0.1

　　Brian一直告訴大家停利一定要有紀律，投資才能永保勝利。Brian之所以會這樣強調是因為，他曾經有很慘痛的經驗，他說一開始投資基金的時候，他不太會掌握市場脈絡，即便會看一點點的市場趨勢，但是精準度還不是很老練，Brian認為眼光必須非常準確才算是懂得看市場。Brian回想自己不會看市場，又不懂得停利，常常發生報酬率120%還不知道要獲利了結，到了賠60%才害怕贖回，損失慘重，所以Brian都好心告訴想投資基金的人，千萬不要貪多。Brian說有一次他的學妹問他：「學長，我投資歐洲中小型股票基金賺了55%，該不該贖回啊！！」Brian知道歐洲市場還有上漲的空間，不過他仍直接請他的學妹贖回基金，Brian知道有些人投資基金永遠都會問別人贖回時機，就像他以前一樣。Brian深深體會到問別人贖回時機的人，永遠不知道自己的停利點在哪裡，等到哪天市場反轉，想跑就來不及了，就像他一樣曾經賺到報酬率120%一檔基金，最後贖回竟是報酬率負60%。Brian認為小資族定期定額投資成功的決勝

點完全看自己能不能確實執行投資計畫。Brian以自身的經驗說自己投資基金，定期定額扣款時間一定會算好在5年的時間，低點會繼續加碼，直到獲利為止，除非這個市場可能三年的報酬率不盡理想，他才會考慮淘汰這檔基金，Brian一直都堅信投資計畫必須嚴格執行，不能有絲毫的妥協，該扣款的扣款，該停利出場就出場，絕對沒有模糊地帶，貫徹計畫的決心是投資成功的最後關鍵，Brian說很多小資族賠錢的原因，大多都是**因為想的跟做的不一樣，每個人都想要執行停利停損點，可是一進市場就全變了，賺了錢捨不得賣，賠了錢苦苦等解套**。Brian認為要擁有徹底實行停利停損的決心並不容易，但正因為困難，才有資格嚐到最後的甜美成果，就像爬山一樣，爬到半山腰是最難的時候，只有決心才能攻頂，看到山頂壯麗的景色。

　　小資女Wendy認為投資平衡式基金，如果對投資標的有疑慮，先回過頭看市場狀況，如果買的國家或產業未來前景不明，Wendy建議早點徹出資金，轉往未來比較有潛力的市場，小資女Wendy說2008年之後歐美為了挽救經濟，不斷印鈔票救經濟，在那個時候，小資女Wendy認為東協等東南亞新興市場，將因為這波資金寬鬆潮獲利，於是她將投資歐美市場的資金轉往東協國家，直到2013年下半年開始，美國放出QE退場消息，Wendy發覺不對，資金可能會開始撤離東協回流歐美國家，所以她在2013年6月開始將投資東協國家的資金陸續撤出，轉往歐美國家。

　　但是，如果未來仍有很大潛力，只是市場在盤整，Wendy建議繼續耐心扣款。Wendy說中國市場從世界工廠轉型成內需市場，在這個時期市場屬於盤整時期，這時候如果扣了一年只有2～3%報酬率就贖回，實在很不划算，扣掉信託管理費、匯差、手續費與其他的費用，實際報酬率很可能變負值。更何況，扣款一年都不到，對定期定額投資而言，是很短的時間，若能在三年之後出現理想獲利就算快了；當投資區域遇到盤整期，很可能三年都不會看到明顯獲利成績。因此，Wendy認為小資族投資基金要

有一個觀念，既然是小額投資，就要有長時間等待獲利的準備，任何短期一年、半年殺進殺出的舉動，都犯了投資兵家大忌。Wendy說如果已經達到停利標準的報酬率，就算獲利金額只有四、五千元，也不要嫌少，先選擇贖回，嚐嚐賺錢的滋味，鼓勵自己，同時也建立投資信心。

當然，有些小資族認為賺太少，想放著繼續扣，Wendy建議先把錢算好，到底要扣多久，耐心等到下一個市場循環，到時候投資本金變大，屆時贖回的獲利成果會更顯著，Wendy提醒，要注意不要因為等待而讓資金枯竭，隨時都要有扣款的動能，資本才有擴大的可能性，如果投資獲利之後，獲利金額夠大，這時可考慮停扣，Wendy說她扣了幾個月之後，累積投資本金到達50萬元之後，就在報酬率20%的時候停止扣款。一次能賺進10萬元，再選擇另一個標的扣款，這樣來回操作下來，累積的獲利很可觀，提供小資族參考。

停損——何時該放手？

小資男米胖問我：「我投資三年，報酬率還是負的，該怎麼辦？」

我問：「你覺得你投資的市場，未來經濟發展有前景嗎？」

米胖：「我不知道！」

我說：「那你為什麼要投資這個市場？」

米胖：「大家都說，定期定額投資，長期會大賺啊？！」

這是一個非常錯誤的觀念，定期定額投資，其實，不一定會大賺，如市場趨勢長期往下，定期定額變成「定期定賠」。以米胖來說，他在2006年3月買了一檔日本中小型股票基金，當時淨值是2477.21日圓，如果米胖堅持定期定額扣款三年直到2009年3月淨值1050.31，不計手續費等成本，米胖這檔基金的成本約【（2477.21＋1050.31）/2】＝1763.76日圓，米胖投資的基金撐到 2013年12月淨值1769.36還沒賣出，米胖投資7年9個月的報酬率等於【（1769.36—1763.76）/1763.76】*100%＝0.3%，投資這麼久連支付1%的基金管理費都不夠，這樣值得嗎？

很多小資族最懊惱的是基金套牢之後，怎麼樣才能救回來。遇到這種窘境有些投資專家會鼓勵加碼攤平，不過這種加碼攤平等待獲利的投資方法，值得用嗎？投資小有成就的小資女Wendy認為不值得繼續加碼的市場，就不該繼續往下加碼？我曾把米胖的投資案例告訴Wendy。

我問Wendy：「如果妳是米胖，妳會怎麼做？」

Wendy說：「撤出市場，再找前景不錯的市場投資。」

Wendy認為米胖的投資撐了將近八年報酬率才轉正，如果扣掉管理

費、日常貶值，基本上米胖的投資報酬率依然是負的。Wendy強調投資組合要汰弱留強，別傻傻地堅持攤平到底，最後可能越攤越平，白忙一場。Wendy直言米胖跟一般投資人一樣，有一道心理關卡過不去，米胖老是想著賠錢基金要如何解套。米胖買了日本基金碰到虧損之後，先想到第一個解決方法是繼續定期定額扣款來攤平基金成本。

Wendy認為這個想法，不應該是解套的第一個念頭，米胖第一個念頭應該想的是：「日本未來五年值得我投資嗎？」如果日本基金的報酬率會回來得很慢，還願意花錢攤平，但如果會攤很久這樣值得嗎？

米胖投資只看報酬率正負的損失，卻沒看到機會成本的損失，如果他這八年將資金轉往其它有機會成長的市場，現在的報酬率可能不只於0.3%，但是米胖太執著於報酬率數字的正負，忘了比正負更重要的是獲利的機會，如果米胖將日本基金攤平的錢，拿去集中火力買東協基金，八年之後他的報酬率可能賺翻倍，像米胖這類小資男女投資基金，大多只想看到手上這檔基金正報酬才高興，常常忽略了可以讓整體基金報酬率提高的機會。

Wendy覺得不管是單筆投資或是定期定額扣款，如果投資的市場未來五年看不到前景，不如改買值得投資的區域，把錢轉到其他可以更快賺錢的地方，提高攤平的績效。Wendy說如果米胖從2013年6月至12月之間，買東協基金報酬率賠了—30%，買歐洲中小基金報酬率是18%，可以賣掉東協基金轉買歐洲中小型股票基金，同樣地當歐美國家市場出了問題，則可棄歐美，轉買東協市場，Wendy分享她的投資經驗，她說她自己剛開始也跟一般投資人一樣，一看到自己的負報酬率，就一點投資信心都沒有，從來沒有想過，轉另一個市場投資，比等著解套，更容易脫離虧損的命運，Wendy後來想通了，很多事都是自己想不開造成的困境，Wendy說，不要跟市場對抗，市場一直下跌有它的道理，同樣上漲也有它的道理，如果不信邪，硬要在下跌的市場攤平，還不如拿這些錢去幫助窮人會

讓你開心一點。

　　既然我們不想被套住，那該如何判斷市場往上還是往下呢？

　　我問Wendy：「妳怎樣判斷市場趨勢往上或往下？」

　　Wendy：「看預期心理與績效？」

　　Wendy說如果在某一時期經濟數據好轉加上政治氣氛穩定，投資人預期市場會轉好，相對來說，這個市場自然會吸引資金進駐。Wendy舉例說，以前人見人怕的歐債危機，隨著選舉干擾過去加上經濟數據好轉，使得歐洲市場開始由空轉多，趨勢慢慢往上，歐洲金融情況改善，銀行融資成本顯著下滑，包括西班牙與義大利的主權債與企業債的殖利率大幅走低。此外，領先指標，包括製造業指數與商業信心都已在2013年6月之後逐步攀升。在企業方面，歐洲有許多優質的跨國企業，擁有強大的連鎖、穩固的商業模型與良好的財報，且在長期佔有相當強的全球化利基優勢。整體而言，Wendy認為歐洲經濟情況改善、投資評價相對其他地區具有吸引力，資金也不斷流入，將進一步推升股市未來走勢。歐洲經濟已脫離谷底且逐步回溫，歐元區主要國家的採購經理人指數進入擴張階段，對股市有正面助益。

　　Wendy看好歐洲市場潛力，從2013年5月陸續買進兩檔歐洲股票型基金，報酬率大約在13%左右。Wendy告訴我她汰弱留強的方法，Wendy從日期2013年12月17日挑選歐洲、美洲、亞洲同質性基金，分析基金績效漲幅排出先後順序，排在越前面的代表上漲動能強勁，可以優先留下，漲幅排在越後面的代表上漲速度很慢，攤平的績效不好，較不划算，這類基金她會優先淘汰。Wendy以中小型企業基金為例，她分別挑選日本、歐洲、美國、亞洲，四個代表區域比較，從一年短期累積報酬率來看日本小型基金優於其它區域，從5年累積報酬率來看，歐洲優於其它國家，所以在挑選基金上，她會先挑選日本基金與歐洲基金操作。

表3.7 Wendy基金操作

累積報酬率（%）	1週	1個月	3個月	6個月	1年	2年	3年	5年
富達日本小型企業基金	−0.61	4.4	7.13	19.09	61.63	75.91	55.5	74.4
施羅德美國小型公司 A1	−2.36	0.63	4.36	11.2	29.6	42.42	34.8	124
MFS全盛歐洲小型公司基金A1	0.21	1.72	4.69	11.7	21.88	64.6	55.3	181
德盛小龍（日本以外亞洲中小型公司）	−1.39	4.2	6.89	6.54	8.12	21.1	−5.33	99.8

資料來源：GoGoFund 理財網　日期：2013/12/17

Wendy的投資方法，與小資男Jimmy操作類似，Jimmy汰弱留強的方法，是重新檢視高收益債基金的績效，看高收益債在不同區域的長、中、短績效的表現決定，檢視自己手中的基金，哪一個區域該停損淘汰。

累積報酬率（%）	1週	1個月	3個月	6個月	1年	2年	3年	5年
富達基金—亞洲高收益基金	0	−0.46	1.02	0.23	−2.2	17.26	11.2	125
安本環球—歐元高收益債券基金	0.27	0.17	3.12	5.7	9.05	34.41	23	165
瀚亞投資—美國高收益債券基金	0.31	1.19	4.2	3.53	5.43	22.65	26	109
摩根環球高收益債券基金	−0.57	0.28	2.82	3.29	5.37	22.32	26.6	133

資料來源：GoGoFund 理財網　日期：2013/12/17

Jimmy同樣在2013年12月17日挑出歐亞美以及全球等四檔基金，觀察累積報酬，結果發現績效大小順序亞洲＜全球＜美國＜歐洲，Jimmy根據這樣分析，淘汰亞洲、全球高收益債基金，資金轉往美國與歐洲高收益債投資。小資男Jimmy檢視自己買的基金有沒有居於同類型的3～5年長期、1～3年中期、6個月短期績效超越其它區域，選出最強的投資區域之後，繼續加碼。較弱的區域減碼或贖回。Jimmy基金買了一段時間，發現

績效變差了，則可以按區域強弱步驟汰弱留強，不值得繼續買，他建議就停損贖回，轉往較強的區域。Jimmy說以前有位小資女問他，如果發現自己的基金不值得買而停扣，換扣另一檔基金，那原來那一擋不值得扣的基金是該贖回，還是等著它報酬率轉正。Jimmy告訴小資女，不值得留戀的標的，放著不管只是讓資金空轉，沒有發揮績效的作用，既然已經知道基金不值得繼留戀了，幹嘛還要留著，執著於報酬率正負，並沒有太大的意義，重要的是將資金發揮績效，資金留在沒有績效的基金，等於是投資一家工廠之後，這家工廠不生產，一家長期不生產產品的工廠，留下來有何用。Jimmy說他身旁投資基金的人都太執著於報酬率的正負，Jimmy提到他的舅舅前些時候買了一檔基金，當時他的舅舅知道這檔基金所在的市場趨勢已經在往下了，但是他的舅舅還是不願意贖回。他舅舅的理由是：「之前報酬率30%都沒有贖回，現在報酬率『賠一點點』只有—2%幹嘛要贖回？」

　　Jimmy認為很多人都跟他舅舅一樣，只看到報酬率數字正或負，從來沒有靜下心來想，自己所投資的市場，未來是走強還是走弱？值不值得繼續扣款？如果這市場值得繼續扣款，當然可以先不用急著贖回，反而應該低檔加碼扣款，在淨值便宜的時候多買一點，才有機會把這錢從下一波再賺回來，如果市場已經趨勢往下，就乾脆不要再扣了，馬上贖回轉到下一個強勢市場，會比較實際一點。很多人很想在「賠一點點」這個時間點賣基金，大家的心理都是「反正賠一點點而已」。Jimmy強調，換作是他，如果市場未來前景看好，他絕不會在這時候賣，賣掉就等於白做了。Jimmy一定會繼續扣款，等投資部位變大了，基金淨值再回升的時候，可以獲利更多。

小資男Brian比例加碼解套

　　剛開始接觸基金投資的小資族，最難受的就是遇到基金負報酬率的

窘境，只要每天一上網查詢看著自己的基金出現負報酬率，那種感覺挫折感很大。小資男Brian也曾經歷過這種痛苦，Brian基金投資每次都是獲利出場，但別以為Brian投資期間，每次看到的都是正報酬率，金融風暴一來，一樣會在帳面上看到虧損。2008年金融海嘯的時候，Brian的東協股票型基金淨值從2008年5月25.03美元一直狂跌至2009年3月11.03，報酬率最低曾經出現【（11.03─25.03）/25.03】＝─55.59%但Brian看好東協市場，堅持不停扣，繼續加碼東協基金，將淨值成本攤平至18.03美元，直到2011年四月以30.8美元贖回，報酬率【（30.8─18.03）/18.03】＝70.82%成功獲利了結。

Brian表示，只要當初有好好地挑選基金，遇到空頭時，看到基金虧損，絕對不要停扣，有多餘資金的積極型小資族，可在低檔加碼資金，拉低淨值成本，保守一點的小資族可繼續原本的定期定額扣款，加快基金解套的速度。Brian加碼解套的方式，前提是市場前景要好，如果基金所在市場值得投資，Brian採用比例加碼方式，加大投資力度，比如說淨值跌了三分之一，原先定期定額扣款三千，再加三分之一來到四千五，跌到二分之一，扣款再加二分之一，直到止跌回升才恢復三千扣款，也就是當基金虧損到了設定的報酬率，便紀律性地投入固定比率的單筆加碼金，等市場回升，可明顯看到攤平效益。

小資男小剛「轉檔」基金獲利法則

小資男小剛解套的方法跟Brian不同，小剛手上同時有四檔對沖基金，而且都是好市場、好基金，但沒有足夠金錢可通通加碼，這時候可以將報酬率較高的基金先停扣，以小剛手上的四檔基金來說，小剛先停扣生物科技、景順中國這兩檔基金，將原先準備扣在這兩檔基金的資金，轉檔到能源、新興市場債券這兩檔基金，由於生物科技、景順中國這兩檔基金已經走向上升趨勢，所以小資男小剛把銀彈集中在報酬率相對低的能源、

新興市場債券這兩檔資金上，這樣解套的速度較快，因為能源、新興市場債券這兩檔基金，報酬率相對其它兩檔低，也代表這兩檔基金處在市場相對低點，小資男小剛認為將資金轉檔到這兩檔基金符合買低賣高邏輯，可以讓整體投資報酬加速回升，解救負報酬較嚴重的基金。

百達一生物科技一R 美元								
累積報酬率（%）	1週	1個月	3個月	6個月	1年	2年	3年	5年
	—2.56	5.41	0.22	19.45	40.21	88.03	76.8	96

→停扣
↓
資金轉檔
↓
←保留

摩根新興市場債券基金一摩根新興市場債券（歐元對沖）一A股（入息）								
累積報酬率（%）	1週	個月	3個月	個月	1年	2年	3年	5年
	0.77	1	2.58	—0.1	—6.17	10.45	16.2	80.3

景順中國基金A（歐元對沖）股								
累積報酬率（%）	1週	個月	3個月	個月	1年	2年	3年	5年
	—0.44	7.88	7.09	18.15	21.95	36.15	2.29	85.6

→停扣
↓
資金轉檔
↓
←保留

景順能源基金 A（歐元對沖）股								
累積報酬率（%）	1週	1個月	3個月	6個月	1年	2年	3年	5年
	—1.25	—1.93	0.14	6.36	15.91	10.16	0.07	52.1

資料來源：GoGoFund 理財網　日期：2013/12/17

小資女Mandy基金趨勢解套法

　　Mandy的解套方式先判斷趨勢，再決定扣款或者是贖回，以她投資的日本指數、史坦普500指數、那斯達克生技指數、印尼指數四檔基金來看，Mandy會先判斷這檔基金的趨勢是否值得繼續投資。Mandy說由於未來2014～2016年期間美國QE必然退場，退場前期2014年新興國家股市資金必然會退回歐美國家，所以Mandy把原先在印尼指數基金扣款資金，轉往那斯達克生技指數基金，Mandy建議那些沒做定期定額的投資人如果單筆投資賠錢的話，可先判斷市場趨勢是否往上，如果往上可先保留，如

果趨勢往下，可先贖回這檔基金，轉往趨勢向上的市場。

EWJ—MSCI日本指數基金							
1週	1個月	3個月	6個月	1年	2年	3年	5年
−1.26	−1.26	1.64	5.62	28.11	32.94	15.86	39.25

累積報酬率（%）

SPY—史坦普500指數基金							
1週	1個月	3個月	6個月	1年	2年	3年	5年
−1.56	−0.15	5.7	9.57	27.62	51.08	52.21	122.01

累積報酬率（%）

IBB—MSCI那斯達克生技指數基金							
1週	1個月	3個月	6個月	1年	2年	3年	5年
−2.94	3.64	3.85	21.91	55.29	117.88	139.17	226.36

累積報酬率（%）

DX—印尼指數基金							
1週	1個月	3個月	6個月	1年	2年	3年	5年
−3.44	−7.55	−12.58	−26.99	−27.24	−25.72	−75.9	——

累積報酬率（%）

資料來源：GoGoFund 理財網　日期：2013/12/17

　　Mandy認為2014年一整年，日本指數、史坦普500指數、那斯達克生技指數這三檔的市場趨勢向上，即使被套牢，值得採用定期定額加碼，分散投資成本，印尼指數基金空頭趨勢，未來一年趨勢往下，不值得繼續加碼，停損出場尋找其他更好的標的，是最好的選擇。如果放任印尼指數基金繼續放下下去，要嘛就是比別人跌更慘，要嘛就是比別人漲得慢，這樣等解套，會失去投資信心。

　　美國、日本、歐洲在未來2014～2016年之間是有投資價值的市場，繼續買單筆解套，當然值得，但Mandy認為單筆投資指數基金，除非是相當有經驗的老手，獲利的機會較大，小資族資金有限，又不常常盯盤，最好不要單筆投資，單筆投資指數基金，如果時機點不對，風險反而會加大，所以Mandy建議有興趣投資指數型基金的小資男女，可採用定期定額

的方式投資，在指數量能指標低檔，定期定額分批投入，以達分散指數可能繼續向下的風險。

不過，Mandy認為加碼攤平指數型基金需要有足夠的金額，才能顯現效益。假設被套年本金是5萬元，而每月定期定額加碼的金額只有3000元，比例差距太大，根本沒有效果，若套牢本金在5萬元以內，每月加碼3000～5000元，大概都可以看出攤平成績。Mandy舉例說金融海嘯時，他手上有一檔史坦普500指數基金，他單筆買了5萬元，虧了五成。根據Mandy的了解，這檔基金空頭市場很短，等市場翻正後一定會有明顯起色，所以他大量加碼定期定額，每月扣款5000元，果然成功攤平，隨著市場復甦，合計獲利超過三成。Mandy以親身經歷建議小資族，如果不會看市場，又有一筆不小的閒錢想投資指數型基金，不要一次用單筆買進，而是採取逐月或逐季加大金額的定期定額方式加碼指數型基金，只要銀彈充足，最後指數回升之後，獲利一定可以回到自己的目標值。

Mandy說最恐怖的投資方式是將全部閒錢單筆投資，尤其是那些有十萬元閒錢就單筆投資十萬的小資族，是Mandy在銀行工作常常看到的悲慘投資族，這些可憐的小資族一次十萬元單筆買進之後，就沒有其他錢加碼攤平，挽回頹勢，如果投資標的趨勢長期趨勢往下，那更是心如刀割，很多小資族就是因為這種慘痛的經驗，從此不再投資理財，寧願把錢放在銀行放到爛，也不願再花一毛錢投資市場，投資信心完全瓦解。Mandy認為建立投資信心很重要，一開始不要貪多，慢慢從小賺小贏培養信心，累積資本之後再擴大投資，萬一單筆投資虧損擴大，Mandy建議，閉著眼睛，先忍痛賣掉吧！ Mandy說她自己買印尼指數基金也是慘遭套牢，但是她還是忍痛在虧損了15%出場。

Mandy出場的原因很簡單，後QE時代，資金已經開始從新興市場回歸到歐美市場，長期來看印尼空頭走勢已成，從2013年6月開始Mandy發現EWJ—MSCI日本指數、SPY—史坦普500指數、IBB—MSCI那斯達克

生技指數這三檔基金不斷往上，而DX—印尼指數基金向下跌30%，相對於其它指數漲幅，已經說明了印尼股市空頭市場已成，如果放任印尼指數不管，報酬率只會越負越多；若要等印尼股市止跌回升，速度非常慢，資金套牢的時間更長，等於是放棄了其他更好的投資機會。

　　既然趨勢繼續往下，停損出清換標的是最好的選擇。Mandy說她在銀行工作的時候，看到一位媽媽幫自己的孩子買四檔基金，作為往後孩子們的教育費用，這四檔基金都是在金融海嘯前以單筆買進，雖然中途有換標的，可是仍然虧損很多，大約有八十多萬元，她很想解約，由自己做定期定額，可是她卻問Mandy：「請問到年底市場會不會好一點？如果會，我等到明年再贖回；如果年底還是不行，我要馬上贖回。」Mandy告訴她，沒有人可以確定市場趨勢到底會走到哪裡才會停止，誰也不知道最後到底會發生什麼事情。Mandy建議這位媽媽，如果沒有多餘的資金加碼，趨勢又短時間不能反轉，還是轉往其它標的投資，會比較好。買錯的標的，留在手裡如果不賣掉，只能等待回升，不過每天看著虧損的帳單，任誰都無法承受這樣的打擊，還是趕快把買錯的基金清一清，不要期待會少賠一點，而是應該趕快去做對的投資，算好資金、選好標的、用定額的方法，在市場低檔拉長投資時間，拉低投資成本，這樣賺錢的機率會大一點，Mandy分享自己的投資經驗說，2008年她跟這位媽媽一樣，被金融海嘯套牢，當時她是買了道瓊工業指數股票型基金。

　　當時金融海嘯整個市場趨勢不明，Mandy決定將原先每月六千的扣款減半扣款，逢低承接這檔基金，直到月KD指標陷入低檔盤旋，這時Mandy開始恢復原先每月六千的扣款，並在2009年前一季每月加碼扣款至每月九千。往後獲利出場，大獲全勝。Mandy認為如果單筆投資還沒有跌得很深，遇到市場在盤整，不確定趨勢往上或往下，又沒有多餘的錢可攤平，還有一個辦法，那就是先賣出1/3之後停扣，先拿回一部分現金，再利用指數KD值等量價指標，判斷低檔，並在低檔將贖回的三分之一資

金加碼投入反敗為勝，延長扣款時間。對於投資基金的小資族，可伺機再加碼，不會有認賠的感覺，心裡比較舒服；另一方面，也可以在大家恐慌的時候大撿便宜貨，拉低持有成本，只要延長扣款的時間，拉低成本，就越有機會反敗為勝。

Mandy認為2014年～2016年期間，美國經濟數據好轉，加上QE溫和收回，這段時間股市不會向先前漲升那樣凌厲，會慢慢回到一個合理的地方，也不太可能像2008年那樣暴跌下來，這段期間的跌法不太一樣，回檔是慢慢下來，沒有跌很深，盤一盤又上去，跟金融海嘯的跌法不同，金融海嘯會連續暴跌幾次，跌深之後會失望一陣子再上來。可是後QE時代，當市場在相對高檔，又不確定會不會泡沫化時，投資指數基金的小資族，最好先有停利的動作，不要捨不得賣，如果真的遇到市場泡沫化，不要緊張，先拉長扣款時間，隨時或是降低扣款金額，原本每月6000元、可以扣2年，降為每月扣3000元，則可以扣4年，如此就有辦法長期等待回升後大漲，獲利了結。

小資男小剛解套獲利法則

小資男小剛2008年第四季開始定期定額買進金貝萊德礦業基金A2—USD，至2010年首季獲利約80%，2010年首季小剛趁勝追擊，單筆再買進這檔基金，結果單筆投資績效是40%。這時小剛單筆應該是贖回再加碼定期定額呢？還是放著等到解套？

雖然小剛單筆買到波段高點，不過，小剛認為因為同一檔基金的趨勢相同，當他的定期定額開始賺錢，代表此時市場正在往上。理論上，這檔基金是值得等待的，所以小剛認為單筆暫時不需要賣掉；如果賣掉單筆又轉去買定期定額，不僅直接實現損失，更讓定期定額的成本墊高，導致越買越貴。不過小剛當時那筆定期定額投資，已到了停利點，所以他決定選擇先將定期定額那筆投資獲利出場，另外單筆投資再靜觀其變等待未來

重新規畫定期定額投資。還好，小剛運氣好，這兩筆投資最後都獲利出場。

我問小剛：「萬一單筆投資一直虧損，沒辦法解套，你會怎麼樣？」

如果他運氣不好，單筆投資時間點是在2011年首季，接下來三年單筆與定期定額投資報酬率雙雙往下沉，該怎麼辦？小剛說他會先讓單筆基金先做停損，把錢拿去加碼定期定額。不過，小剛強調這是最下下策，是逼不得已的做法，小剛認為會走到這一步，都源自於一開始沒有規畫得宜，包括資金沒算好、該停利時沒有行動、沒有做好基金下跌的心理準備，如果這些基本準備都沒有先算好，最後會出現單筆與定期定額同時虧損的狀態。小剛說像他這種賭徒型的投資人，願賭服輸，絕對不硬ㄠ等解套，市場永遠有很多不確定的狀況，小資族沒有太多資金，不能長期跟市場硬碰硬，如果投資人的資金有本事撐個十年扣款等回升，那還要看有沒有辦法活過十年呢？人生無常，面對無常的市場，一個人能做的是把握當下，該停損就停損，該停利收回資金，就收回資金，不要去預測趨勢會到哪裡是高點或低點，這一點意義都沒有，市場永遠都有崩跌的一天。

從歷史來看2000年科技泡沫崩跌之後，接下來是金融海嘯崩跌，台灣最慘的是1988年復徵證所稅事件，連續無量下跌19個交易日，跌的方式比金融海嘯還嚴重，不要懷疑，任何突發事件，都會讓市場措手不及，不過暴風雨之後，必然看見晴朗的天空，暴風雨很短暫，破壞力很大，但是時間不久，空頭市場也一樣，時間不久，短空長多，這是金融市場一直以來不變的真理，在一份統計報告裡也曾指出，從事長期多頭投資的投資人，比短期投資放空的投資人，獲利要來得豐富，不管金融市場發生了哪些突發事件，永遠都會有過去的時候，差別只是時間，小的話可能是一兩天，大的話頂多兩三年，小資族只要做好規畫，熬過這些事件，最後還是有可能成為多頭贏家。

人才——找出適合你的 基金經理人

　　崇拜偶像，古今中外都會不斷出現，在金融投資圈，一樣有這樣的現象產生，相信基本分析的小資族，偶像大多是巴菲特，相信技術分析的偶像大該是葛蘭碧八大法則利用價格與其移動平均線的關係作為買進與賣出基金的依據。信奉空頭賺大錢的人，偶像大多是索羅斯，因為這些人都有成功的投資經驗，很多人衝著這些人的經驗，跟隨他們的腳步去做投資買賣，但是這些偶像，真的是小資族可以追隨的偶像嗎？我想，這問題應該由你自己來回答。

　　我見過許多小資男女以巴菲特的價值投資法，投資台股套牢到現在，前面提到過如果在2000年2月以219元買進台積電一直持有13年到2013年2月股價是109元，這樣的價值投資還賺錢嗎？台積電也算是世界一等一的公司，長期投資都還不一定賺錢，何況是台灣其他公司。崇拜索羅斯也一樣，專門靠放空賺錢的投資人，到現在我聊過的對象裡是零，原因很簡單，台灣市場小，人為操作嚴重，光是央行干預匯率一項，就讓投資人不敢放空，更何況台灣政府還有四大基金護盤台股，這在金融自由市場來看，簡直是空頭的墳墓，隨時讓人自己挖一個空頭的洞往下跳。

　　有些投資股票型基金的小資男女，很崇拜某些基金經理人，曾經有一個小資女問我好的股票基金的經理人換很快，有些好基金換了經理人就績效不好，要怎麼判斷經理人持股配置的好壞？另外一個小資男問我，操盤績效好的經理人離開，這支基金還能投資嗎？

　　對於這些問題，我通常會拿一個得過「金鑽獎」最佳基金經理人的

故事與他們分享。「金鑽獎」來源是從1998年開始，由財團法人台北金融研究發展基金會頒發的「最佳基金經理人」獎項，這獎項讓許多投資人把基金經理人當明牌，但這種現象，已經不是現在的基金主流。從2008年開始「Smart智富台灣基金獎」開始頒發「基金研究團隊獎」，不把基金對應到個人，而是把榮譽歸還給公司，進入團隊作戰的時代，聚焦在團隊績效上。

話說有位基金經理人曾獲得這個國內號稱有基金奧斯卡獎的「金鑽獎」，操盤獲利最高曾達187%，後來被某家知名投信機構挖角成為明星操盤員。沒想到一個貪字，讓他把歪腦筋動到全民的勞保勞退基金上。六年來這位基金經理人代操政府基金，總共替政府賺了42億。但是今天問題出在哪裡，在於這位基金經理人替政府賺了那麼多錢，可是他卻分不到什麼。分紅制度養不起王牌經理人，台灣代操業分紅偏低，當操盤員手握數十億資金，這巨大的金錢誘惑都會讓人動心。只是這位基金經理人膽子更大，看準的就是人頭戶的漏洞。由於他代操作政府基金投資股票失利，台北地檢署認為他用人頭先行買賣股票，致使政府基金虧損逾億元，2013年12月17日依背信罪起訴他被控在2010年間利用呂姓等人頭買入「盈正」股票50張，再趁代操政府基金（勞保、勞退等）基金，也跟進買「盈正」股票。這位基金經理人後來分析得知「盈正」股票因大環境不好，股價可能會跌，竟未先賣掉政府基金持股，反而先賣掉人頭持股50張，再賣掉政府基金持股，導致政府基金虧損新台幣逾億元，他則獲利逾800萬元。檢調在2012年11月8日約談這名基金經理人到案，經訊問後，將他以200萬元交保，限制出境。

聽完這些經理人的故事，你還要再繼續崇拜明星經理人嗎？目前國內會對績效好的基金經理人頒發「金鑽獎」，某些涉嫌炒股案的經理人都曾得過這個獎。過去有些投信公司還會以得獎經理人攬客，而投資人投資基金時會「逐經理人而居」，此現象也讓一些得獎的紅牌經理人炙手可

熱。其實這種跟著經理人買股的偶像崇拜現象，台灣金管會並不認同，金管會不鼓勵對基金經理人「頒獎」，投信業更不能以明星基金經理人號召攬客，未來金管會將去除明星經理人形象，改採團隊來操盤。雖然還是會有一位基金經理人來負責操盤，但不會讓經理人有太大權限，改由團隊來挑持股，引進風險控管的制度。目前國內的外商投信都已採取類似機制，過去很多基金經理人炒股弊案，都是因為基金經理人權力過大，台灣過去過於強化基金經理人的領導角色，未來台灣金管會要限縮個人權力，目前很多歐美國家大型的資產管理公司，都有類似的作法。

多年投資有成的小資男Brian認為小資族投資基金，思考的是市場趨勢方向，不是明星基金經理人的去向，Brian說小資族會這麼擔心明星經理人，也不是沒有原因的，台灣國內基金經理人異動的紀錄頻繁，難免基金公司在異動基金經理人績效會不好，Brian認為基金經理人的異動，有很多原因，可能是績效太好被挖角，可能是績效不好被淘汰，可能是與公司沒有共識，也可能是個人的生涯規畫考量，不管如何，基金經理人不等於績效保證，Brian認為團隊名譽與績效比較重要，如果一家投信公司基金經理有炒股弊案，正代表這家公司內控出現問題，Brian建議上（http：//www.moneydj.com/funddj/yp/yp024000.djhtm？a=BFZ008）FundDJ基智網查詢投信公司的違規紀錄。此外，想知道一家投信公司的績效，可上中華民國證券投資信託暨顧問商業同業公會網站（http：//www.sitca.org.tw）進入產業現況分析選項查詢境內基金明細資料。

點入明細資料之後，可看見基金績效評比選項中有「台大教授版本」、「理柏版本」、「晨星版本」評比各投信公司表現。

除了上網查績效之外，Brian認為小資族投資基金，另一個重要觀察重點的是基金操作策略，這比人事異動更重要，要觀察一檔好基金的動向，關鍵其實是整個持股操作的風格。就操作風格觀察基金長期整體表現，一檔好基金就算會受到基金經理人異動的影響，但影響時間不應該很

長，只要團體的持股策略在，等新人接手，就會很快上軌道，跟一般公司運作一樣。Brian一家投信公司的穩定操作策略不是頻頻換股操作，特別是經理人都有各自擅長操作的類股，擅長操作，不代表這類股票在每一個時間都表現很好，當經理人擅長的操作不如人意，基金經理人勢必會在短時間為了衝出好成績，採取投機的方法，跟企業內人士相互勾結，買進投機股炒高投機股，衝高績效，這並不是健康的操作方式。Brian認為明星基金經理人，操作績效不可能永遠保持不敗，舉一個例子來說下表為某位台股明星基金經理人資料表，在2006年6月至2008年5月將近2年的任期，在甲投信一檔A基金繳出報酬超過143.27%的成績；離開後，到另一家乙投信公司績效並沒有好表現特別好，原因不一定是個人，而是公司的操作風格。

某台股基金經理人 操作資歷表

投信公司	基金名稱	時間	期間（月）	操作績效（%）
乙投信	B基金	2012年7月至今	17	31.8
	C基金	2007年1月至2007年3月	2	3.18
	D基金	2007年1月至2007年3月	2	3.72
甲投信	A基金	2006年6月至2008年5月	23	**143.27**

　　這位經理人到了新公司，不能創造好的績效，並不一定是因為能力不足，而是公司的操作策略保守，希望穩定地獲利，而不是大起大落的報酬率，這說明了因為公司的運作機制已經成形，而且沒有被破壞，因此績效還是能夠維持。基金經理人會變，持股操作風格不會變，才是一檔穩定的基金應該有的價值。就像是製造業一樣，進來原料不一樣，但只要用同樣一套生產流程，加上高度的品質控管，生產出來的產品必然是高檔精品，一家投信公司操作流程完整，製造出來的績效，必然在水準之上，投

資也可以有很好的成績。當然，基金經理人在一個環境待很久，表示這家公司的環境好，流動率低。

　　Brian建議想投資基金的小資族，可以對比基金長短期報酬率以及基金經理人操作績效，找出一支績效較為穩定的基金投資。找出好基金的步驟如下：

　　【步驟一】選出單一國家股票型基金成立以來報酬率排行前七檔基金，從一個月至五年短中長期報累積酬率比較，下表中D美國高科技基金報酬率穩定正成長，勝於其它六檔基金。

累積報酬率	一個月	三個月	六個月	一年	二年	三年	五年	成立以來
A泰國基金	—7.16	—7.47	—12.2	—1.5	31.85	18.85	169.91	260.24
B新興日本基金	—2.04	0.32	13.31	39.26	39.99	23.3	30.8	30.8
C印度基金	2.79	9.3	2.14	—4.25	7.99	—21.98	44.43	44.43
D美國高科技基金	3.47	5.25	8.01	19.1	25.27	17.9	61.26	61.26
E馬來西亞基金	1.04	3.53	0.48	7.96	20.55	16.87	119.3	119.3
F絕對日本基金	—1.66	1.39	13.02	43.77	42.68	23.5	43.12	43.12
G日本基金	—2.43	0.11	5.49	31.86	34.16	23.89	28.91	28.91

資料來源：永豐銀行　淨值日期：2013/12/18

　　【步驟二】從這檔基金歷任基金經理人分析，平均操作績效5.03%，台股操作績效5.73%，表示這檔基金在更換基金經理人之後，依然有正報酬率以上的表現，可考慮定期定額投資。

經理人	時間	期間（月）	操作績效（%）	台股績效（%）
	歷任基金經理人			
林×平	2012/7/11至今	17	23.72	15.14
張×英	2011/07/08至2012/7/10	12	—4.3	—17.35
林×平	2011/07/01至2011/7/7	0	3.67	1.4
張×君	2008/07/01至2011/6/30	35	1.87	15.01
黃×珊	2008/03/20至2008/6/30	3	—0.53	—8.02
謝×翎	2007/12/20至2008/3/19	3	—19.43	2.06
林×惠	2005/04/28至2007/12/19	32	39.58	38.7
林×娟	2005/01/06至2005/4/27	3	—6.44	—3.51
林×惠	2002/06/17至2005/1/5	31	7.2	8.14
	平均報酬率		5.03	5.73

　　小資男Brian這種挑選基金的方法，只看整體績效，不迷信崇拜單一基金經理。Brian認為小資族並不在基金界工作，無法了解這檔基金的運作狀態，所以必須比別人更細心地從各方面比較績效，Brian說他買很多國內外股票型基金，但從來不去看經理人是誰，只看公司，看中長期績效變化，剛開始買基金他覺得自己不是很懂，所以利用績效挑基金的時候，先鎖定老牌、有信譽的公司，進行投資標的選擇，當他選的基金公司有經理人異動時，他會先花4～6個月去觀察這檔基金在基金經理人異動之後，是否績效有衰退的現象，如果沒有，就依然維持目前的狀態，不會立刻贖回，繼續保留此檔基金。

　　Brian以他曾經買過的一檔台股基金為例指出，2009年這檔基金更換基金經理人，操作績效不減反增，台股績效跟往常一樣亮眼。

　　從這檔基金一年的報酬率來看，2013年6月～2013年12月報酬率優

於同類基金報酬率，管理基金資歷51個月也優於平均資歷的28.9個月。

同類型平均：以算數平均數計算該基金所屬類型下全部基金之平均值。

同類型排名：該基金的各項指標與所屬類型下全部基金之排名比較。

Brian投資基金成功的祕訣，並不是去研究投資機構的持股有多高明，Brian認為研判持股是落後資訊，國內基金每季都會公告上一季的持股，跨國投資的基金則是每半年公布這些資訊都落後，研究持股是投資機構專業該做的事情，買基金是看投資機構的整體操作績效，研究持股並沒有太大的意義，如果要研究持股，自己操作就好，何必再找基金投資機構，幫忙選股投資。Brian說基金經理人買賣持股的動機有很多，可能買股成本太高，先賣出再逢低買進。或者真是換股操作，這中間的過程，不是小資族判斷買賣基金的資訊。

○○○○台灣基金──歷任基金經理人				
經理人	時間	期間（月）	操作績效（％）	台股績效（％）
李×彥	2009/9/1至今	51	80.2	23.17
陳×賢	2008/08/22至2009/8/31	12	50.5	─1.24

再以Brian曾經買進的這檔○○○○台灣基金來說，如果想知道基金選股比例，可以從中華民國證券投資信託暨商業同業公會網站（http：//www.sitca.org.tw）進入產業現況分析選項查詢境內基金明細資料。點入明細資料之後，可看見「股票型基金」選項中基金持有類股比例（週），從這裡可看出持股的比例，是偏重哪一類股。從這裡可以看到基金經理人或團隊對目前股市的看法、操作策略，以及這檔基金是採取長線操作或是短線進出。

以○○○○台灣基金11月持有類股比率來看，可以看出這一檔基金，持股偏重於金融保險業、觀光以及其它類股，自2013年以來兩岸金

融鬆綁，金融類股橫掃台灣股市，很多小資族如果不知如何配置持股比重，可參考這檔基金的持股方法，選擇金融與觀光類股，進入公會網站，點選「基金持有類股比例（週）」這個選項，可以找出自己目前資產配置的方向。

○○○○台灣基金2013年11月各週持股比率變動表

產業類股	投資比率%				
	第1週	第2週	第3週	第4週	第5週
	2013/11/2	2013/11/9	2013/11/16	2013/11/23	2013/11/30
（02）食品工業	1.99	1.93	1.95	1.93	2.41
（05）電機機械	7.33	6.83	7.18	7.2	7.32
（16）觀光事業	11	10.69	10.62	10.67	10.84
（17）金融保險	40.83	43.55	44.29	43.72	43.79
（18）貿易百貨	1.22	1.19	1.4	1.39	1.42
（20）其他	12.72	12.57	12.93	13.44	13.14
（21）化學工業	1.09	1.08	1.1	1.11	1.16
（22）生技醫療業	1.52	1.47	—	—	—
（24）半導體業	1.83	—	—	0.18	0.18
（25）電腦及週邊設備業	—	—	0.45	0.9	0.95
（28）電子零組件業	2.44	2.38	2.43	2.34	2.31
（29）電子通路業	4.79	4.61	4.62	4.41	4.41
小計	86.77	86.3	86.98	87.3	87.95

　　想要看一檔基金的持股變化，可進入公會網站點選「股票型及平衡型基金（投資國內）持股每月前五大」進入查看每月持股變動，以○○○○台灣基金1～11月持股變動來看，基金核心持股以經營餐飲的王品為主，高雄銀與聯邦銀為輔，偏重金融與觀光餐飲相關類股操作。

2013年1月

股票名稱	基金淨資產價值之比例%
王品	8.53
聯邦銀	8.06
高雄銀	7.1
興富發	7.02
中信金	6.61

2013年2月

股票名稱	基金淨資產價值之比例%
王品	8.13
聯邦銀	7.44
高雄銀	7.41
中信金	7.23
遠東銀	6.32

2013年3月

股票名稱	基金淨資產價值之比例%
王品	8.14
高雄銀	7.48
中信金	7.29
聯邦銀	7.2
遠東銀	6.35

2013年4月

股票名稱	基金淨資產價值之比例%
中信金	8.33
王品	7.92
高雄銀	7.12
聯邦銀	6.93
統一超	5.89

2013年5月

股票名稱	基金淨資產價值之比例%
中信金	9.29
王品	8.97
高雄銀	7.57
聯邦銀	7.43
遠東銀	6.34

2013年6月

股票名稱	基金淨資產價值之比例%
中信金	8.75
王品	8.23
高雄銀	7.7
聯邦銀	7.43
遠東銀	6.35

2013年7月

股票名稱	基金淨資產價值之比例%
王品	8.72
高雄銀	8.16
聯邦銀	7.9
帝寶	7.02
遠東銀	6.77

2013年8月

股票名稱	基金淨資產價值之比例%
王品	8.36
高雄銀	7.33
聯邦銀	7.3
帝寶	7.02
第一金	6.26

2013年9月

股票名稱	基金淨資產價值之比例%
王品	8.44
聯邦銀	6.97
高雄銀	6.8
帝寶	6.76
第一金	6

2013年10月		2013年11月	
股票名稱	基金淨資產價值之比例%	股票名稱	基金淨資產價值之比例%
王品	8.05	王品	7.97
帝寶	7.24	帝寶	7.33
聯邦銀	6.74	聯邦銀	6.54
高雄銀	6.59	三商壽	6.24
三商壽	6.33	高雄銀	6.23

心理——該聽專家建議，還是聽自己決定？

有一天我接到一通電話，電話那一頭是我之前認識的一個營業員，她打電話來對我說：「大哥，捧場一下，買個基金吧！」

我印象中這個營業員是以證券為主要業務，她突然打電話給我，要我幫忙買基金，讓我感覺有點訝異，我問她：「妳現在連基金都要賣喔！」

她說：「不只賣基金，連期貨都要賣，大哥幫個忙吧？」

我說：「好啊！！推薦幾檔基金我看看。」

她說：「大哥！你那麼內行，自己挑就好了！！」

如果你是我，你會幫這個營業員衝業績買基金嗎？我想大概不會。很多小資族跟我一樣，常常接到這種人情拜託。未來這種現象會越來越多，因為全台逾二萬名證券商營業員，2013年底開放兼任理財專員（理專），從傳統台股經紀接單業務，跨足財富管理領域，證券營業員只要依照券商公會規定，考取理專與信託證照，就可一人身兼營業員與理專，同時接受客戶下單交易台股，以及透過信託平台進行客戶財富管理的各項資產配置。未來只要讓營業員受訓轉型、考照後兼任理專，將大幅降低券商跨進財管業務的門檻。

在可預見的未來，你會看到一個理專，會同時推薦你買基金、股票、期貨、債券等等……各式各樣的金融理財商品。如果你的朋友裡有這樣的人，你一定會不小心被人情拜託買了不該買的東西。另外一類小資族，買到不對的基金，原因不是人情而是推銷。

小資男Andrew即是曾經受過基金推銷傷害的投資者，Andrew買基金

已經有五、六年的歷史了，但是一直都處於虧損狀態，他回想自己購買基金的過程，發覺自己被基金公司廣告迷惑，買了不對的基金。基金公司極力推銷的某檔基金，通常會在行情最熱的情況下推出，這些基金多半已經來到高點，基金公司總會在行情最熱的時候，砸錢大肆宣傳，讓充滿憧憬的小資族跳入基金公司宣傳的陷阱。

當初Andrew想積極一點投資，於是在基金公司宣傳基金活動期間，被理專說服而買入賠了五、六年的基金，Andrew說像他這樣的新手，通常在行情最熱期間，被基金公司盛大的宣傳迷惑，買進賠錢的基金。Andrew看到的基金公司宣傳廣告是基金達人致富的廣告，這種置入性行銷廣告對他這種新手很管用，根據 Andrew的觀察，有些不肖的基金公司每次宣傳新基金商品，那基金淨值不久就下跌；有的基金公司會挑出最紅的基金，用那漂亮的績效打廣告，吸引小資族加入，小資族在這種宣傳的蠱惑之下，買的基金總是賠錢的；賺錢的基金卻一支都沒買。

小資女Carol也是聽了推銷而購買金融商品的受害者，在過去定型化契約規範還不是很完整的時候，很多人都相信基金「保本取息」的推銷用語，小資女Carol曾相信這種推銷鬼話買了倒閉的雷曼兄弟連動債，結果慘賠，銷售這項產品的銀行理專告訴她這項商品保本取息「穩賺不賠」，沒想到是血本無歸，Carol就這樣把媽媽給她的百萬遺產賠光光。站在理專的立場，推銷商品是她一定要做的事情，不然她一定會被淘汰。

曾經打電話給我的營業員也跟我這樣說過，她告訴我，她們雖然以證券業績為主，不過，期貨、基金……各項銀行主推的商品，一定要推銷達到一定的業績標準，才能領到獎金，如果一直績效不佳就會被淘汰。所以，賣金融商品的營業員（理專）懂得推銷，但不一定真正了解她推銷的金融商品風險在哪裡？雖然Carol的理專沒有盡到告知風險的義務，但是Carol也應該為自己的投資建議負責任，Carol在不了解這個商品的情況下，居然糊裡糊塗地把媽媽給她的錢全部丟進去。Carol這種投資方式，

是在沒建立好自己的投資計畫情況下把全部的資金曝露在市場風險之下，只要有一點投資經驗的人都知道，這投資風險太高了。

前面提到投資理財風險的重要性，但是小資族對投資理財的風險概念很薄弱，他們寧可相信「穩賺不賠」這種鬼話，也不願相信「沒有不賠」的商品這種真話。世上如果有穩賺不賠這種事，大家躺著賺就好了，何必努力賺錢，要在金融市場賺錢，對金融商品沒有非常的了解，貿然把金錢投入市場，最後都是血本無歸收場。

理專也是人，無法預知未來，好的理專，應該事先告訴你風險，再告訴你獲利可能的狀況，理專跟顧問一樣，是解決理財問題時一個可以討論的對象，不是鼓吹客戶投資的業務員。除了具備基本的證照，最起碼的理財規畫知識要有，理財規劃兼具風險規劃，這其中對於人壽保險、財產保險、投資型保單等風險性理財商品，必須相當了解，才具有幫你規劃理財商品的資格。專業知識對理專來說是基礎，一般來說資深理專通常比較有經驗，年紀輕的理專有熱忱，各有好處。

不管是資深或資淺的理專，最重要的是道德與服務的熱忱。我曾經在臉書上看到一個理專，抱怨客戶交易的金額小，還要求一大堆，對於有錢的客戶她會極盡所能推銷公司主力商品，這類理專最後通常是離職居多，最好的理專能將小資族變成大戶，只可惜這樣有遠見的理專不多。

經歷多次失敗的小資男Andrew，現在已經能看出好的理專特質，他建議小資族，先注意理專的道德面，如果沒有道德，再專業的理專對自己都毫無益處。Andrew建議小資族應付推銷，可以先回答「我回去再想看看！！」來測試理專的道德以及服務熱忱，如果理專不會因為你的拒絕而斷了音訊，這代表這理專經營的是客戶，小資族遇到能說善道的理專不要一開始就貿然答應買基金或保險，先詢問商品好壞，製造出已經準備買別家產品的氛圍，看看理專會不會因買賣不成而變得冷淡，如果在你多重試探之下，他依然不計關係，仍願使出渾身解數，幫你解決理財問題，這絕

對是個好理專，甚至你沒有買他的商品，問他一些理財相關問題，他還是很樂意回答你，不要懷疑，這個好理專千萬不要放過。

Andrew認為好理專，懂得以同理心傾聽客戶的問題，站在你的立場解決問題，不會意氣用事地跟你爭辯對錯是非，優秀的理專要具備良好的溝通能力，情緒管理（EQ）好的人格特質，重要的是他不是一個推銷商品的推銷員，而是將客戶的錢當成自己的財產一般，小心呵護的保險管理人員。好的理專不會只透過銀行的一份問卷，就盲目地推薦商品給你，他應該會進一步了解你的想法，規劃你的資產，設定風險程度，推薦最適合你的商品。Andrew認為挑理專時，服務熱忱比資歷更重要，有些理專說到自家商品眉飛色舞，說到理財規劃一竅不通，更慘的是你跟他要資料，他會叫你上網找，連你想找哪一類資料都沒有興趣，你說這樣的服務態度，你敢把錢交給他「理」嗎？理專只在乎他的荷包，不在乎你的荷包，這樣你會覺得安心嗎？用腳趾頭想，都知道這種理專離越遠越好，免得你的投資被帶衰。

道德面看完，接下來看專業面，Andrew通常會透過以下幾個問題，測試一下理專的專業度。

問題一：你覺得全球哪一個市場值得買？

如果對方回答的是現在最熱門的市場，那你就別跟著他的建議買，一個好理專對於市場的分析，應該是要能說出未來最有潛力的市場，以及未來穩定度高的市場在哪裡。而不是告訴你目前最熱門的市場，往往是基金募集最多的區域，這些區域一反轉，多殺多，下跌速度將有如雪崩。

問題二：為什麼買這個商品？

市面上基金千百種，偏偏他挑一種商品賣給你，你可以問對方：

「為什麼買這個商品」看看對方是否了解這個商品，如果對方連這檔基金的主要投資方向是什麼，投資績效跟其他同類型基金比較起來，差別在哪裡，都說不清楚，那你敢買嗎？一個連理專都不知道方向，也不敢買的商品，憑什麼叫你買，門都沒有！！這時你可以跟理專說，你還要回去考慮一下再說。

問題三：買這商品風險會不會很大啊？！

如果對方告訴你「買這商品穩賺不賠，風險是零」你可以考慮換個理專了，如果他告訴你風險很小報酬很大，而且一直強調報酬，甚至告訴你「10%～20%」報酬率，這種理專還是不要用比較好。好的理專應該告訴你，買某一樣商品風險的平均值才對。比如他推薦的中小型股票基金，只告訴你報酬率大概有30%，卻沒告訴你它的跌價風險高達50%，這代表這理專對於商品的風險認知不夠，足以誤導投資人投資方向。還有，如果對方告訴你「保本取息」穩賺不賠這種鬼話，千萬別相信，即使是最穩的美國公債，都會面臨美元貶值、金融風暴的跌價風險，怎麼可能100%安全保住本金，當美元弱勢、新台幣升值時，相對以美元計價的公債必然會有貶值風險，好的理專懂得回歸到投資人的需求面，把報酬和風險講得一清二楚。理專應該告訴你，美元貶值之後，你的投資部位會縮水多少，保本投資是一種誘人陷阱，很多小資族只看到本金不動配息穩定，就認為資產不會縮水，但實際上匯率是最大風險。以日圓來說好了，自2013年4月以來，日本央行每月購買700億美元債券壓抑日圓匯價對抗通縮。2013年日圓貶值近20%，邁向1979年以來最大跌勢。在這種情勢之下，即使日本股市不斷上漲，買日圓計價的基金投資人，即使賺了股價最後還是賠了匯價，好的理專應該告訴你匯價風險，而不是只告訴你投資獲利報酬。

問題四：停損停利點在哪裡？

前面我們提過基金的停損停利點，有它的範圍幅度，如果理專告訴你賺個5%就停利，賠個3%就停損，千萬別聽他的，因為他想賺你的手續費，只要你不斷賺個5%就贖回，賠個5%也贖回，他就會有賺不完的手續費，鼓吹短線交易的理專，基本上只顧自己錢包，不顧客戶錢包，這樣理專是做不長久的。理專要負業績壓力，這個大家都能體諒，問題是客戶不賺錢，理專怎麼可能有業績，理專是依附在客戶之下的，「皮之不存，毛將焉附」客戶如果掛掉，理專只能喝西北風，雙贏是你贏我也贏，如果我輸了你小贏，一樣是贏不久的。客戶有賺錢，對理專產生信任感，把客戶的養大，比吸客戶血要賺得多，有遠見的理專，會想辦法把客戶跟自己一起養大，自然就能長長久久地經營下去。

問題五：淨值太高，還值得買嗎？

如果你問這個問題之後，理專馬上看你的臉色，改推銷其它低淨值的基金，這表示理專專業度不夠，理專不應該說淨值低風險低這種話，淨值低雖然跌價少但不代表風險低，跟股票一樣，很多公司股價跌到10元以下，不代表風險小，相對風險更高，有可能跌到下市，一毛錢也要不回來，2008年金融海嘯連雷曼銀行這種百年大型銀行都會倒閉，一支低淨值的基金公司，很難說沒有倒閉的可能，好的理專應該知道基金成長性，與淨值高低相關性不大，影響基金淨值高低的因素除了運作時間的長短之外，基金公司的操作績效也是關鍵之一，當然配股配息也會影響淨值，理專應該告訴客戶一支淨值的成長性與績效高低的風險性，而不是告訴客戶淨值低的基金就是好基金，淨值高低不是選擇基金的標準，淨值只是分配給投資人本利金額的計量數字，對投資基金的小資族，意義不大。

問題六：配股配息少的基金可以買嗎？

　　遇到這個問題，對方直接建議你不要賣，還推薦高配股配息的基金給你，這類理專專業度有待加強，理專通常會說：「配股配息多的基金，證明基金經理人的投資實力強，基金業績成長好。」這種邏輯推理是錯的，比如說我們買A、B兩支股票。

　　A股票：價差賺了五元，年配股、配息零元，年獲利5元

　　B股票：價差賺了一元，年配股、配息兩元，年獲利3元

　　買A、B兩支股票獲利的結果，反而是沒配息配股的A股績效最佳，同樣地，配股配息與基金績效沒有任何關係，配股配息只是基金公司吸引投資人投資的手段之一，買基金買成長性，不是買配股配息。很多小資族把配股配息當作獲取收益的唯一途徑，實際上配股配息不是額外的收益，是從基金淨值裡分出來的，羊毛出在羊身上，最終還是看淨值績效成長，不是看配股配息成長，就像A、B兩支股票一樣，B股票股價沒成長，配股、配息高也沒有用。相同地，基金的收益部位有利息收入、投資股票有股利股息和已實現的資本利得等收益，把這些收益分配給持有基金持份的投資人，這就是收益分配，分配方式依基金單位數配發，基金所分配的收益是直接由淨值中扣除，配股配息後基金的單位淨值會下降。基金公司的績效成長、管理水準，才是小資族投資基金要買的目標，強調連續配股配息策略的基金公司，容易遭遇到大規模的贖回，配股配息越多贖回規模越大。所以小資族在投資基金的時候，不能單一只考慮配股配息而購買基金，基金管理的績效、市場的成長性也要一併考慮進去。

問題七：現在買哪一檔基金投資報酬率最高？

　　這一問題，主要是看看理專會推薦哪一種基金給你，如果對方推薦當前報酬率最高的一檔基金給你，那真是會要你的命，當初東協基金在

高檔的時候，報酬率高達一兩倍，可是自從2013年後半年QE開始縮減之後，淨值狂跌。

如果理專在2013年5月推薦你買報酬率最強的東協基金，到2013年底你最起碼賠15%以上。很多持保守態度買基金的小資族，為了不想虧損，往往要理專推薦最會賺錢的基金，結果挑一個報酬率最高的當成購買標的，而且沒說市場風險已經來到高檔，以往東南亞股市走多頭時，投資區域型基金的人最大期待就是打敗區域的大盤指數，所以總是挑選當時報酬率最高的基金投資，但是，當區域型股票基金走向空頭時，基金績效雖戰勝大盤指數，卻仍是負報酬，對投資者而言，是贏了指數賠了淨值。

基金投資累積第一桶金

前面提到的基金買賣應該注意的事情，現在談一些投資成功的案例，提供小資族參考。想投資基金的小資族，可學習這些案例投資手法，累積自己的第一桶金。

「區域型投資法」累積第一桶金

小資男Jimmy2006～2013年期間工作，薪資由26000升至32000，每個月扣掉開銷，平均可存入10000元，七年共存下84萬，其中48萬元定期定額投入基金投資。

【步驟一】：先確定投資區域，Jimmy認為美國規模縮減之後，資金將回流美國，美元兌各國貨幣趨於升值，所以他決定2014年第一季至第二季投資以美元計價績效良好的基金。首先他先點進http：//tw.money.yahoo.com/fund_filter選擇投資地區：美國。

【步驟二】：挑選三個月內累積報酬率前十名美國區域美元計價的基金，十名之中挑選五年內累積報酬第一的基金。篩選之後挑選以美元計價的「那斯達克100指數股票型基金QQQ.US」

【步驟三】：查看基金前十大持股，注意相關營業收益消息，Jimmy預估美國因經濟數據轉好，收回QE之後，可帶動科技業成長。

持股名稱	比例
Apple Inc	12.82%
Microsoft Corp	8.20%
Google Inc	7.40%
Amazon.com Inc	4.59%
QUALCOMM Inc	3.23%
Intel Corp	3.02%
Gilead Sciences Inc	2.92%
Cisco Systems Inc	2.89%
Comcast Corp	2.68%
Amgen Inc	2.21%

【步驟四】：設立停利停損點，「那斯達克100指數股票型基金」屬於單一國家股票型基金，年化標準差11.85%波動幅度較大，可忍受的下跌空間應較大，同樣也應可期待較高的獲利，Jimmy將停利停損點15%左右。

那斯達克100指數股票型基金QQQ.US──年報酬率比較表					
年度	2013	2012	2011	2010	2009
報酬率	8.45%	15.95%	14.59%	23.34%	19.10%

基金	淨值	淨值日期	年化標準差（%）	Sharpe	Beta
那斯達克100指數股票型基金	86.5	2013/12/20	11.85	0.69	0.89

以Jimmy五年報酬率累計資金：

48*（1＋8.45%）*（1＋15.95%）*（1＋14.59%）*（1＋23.34%）*（1＋19.10%）＝101.602萬

小資男Jimmy，五年內基金投資，累積人生第一桶金，第一個一百萬輕鬆入袋！！

 ## 「貨幣升貶型投資法」累積第一桶金

小資男Brian 2007～2013年期間工作，薪資由25000升至33000，每個月扣掉開銷，平均每個月可存入9500元，六年共存下68萬4千元，其中將52.5萬元定期定額投入基金投資。看好日本日圓貶值之後，有利於日本中小型企業出口，但是又害怕日幣貶值讓資產縮水，Brian 決定購買以美元計價的日本中小股票型基金。

【步驟一】：進入晨星網站http：//tw.morningstar.com/ap/fundselect/default.aspx點選日本中小股票型基金，找出市面上相關日本中小型股票基金，根據晨星網站評比，三年以上日本中小股票型基金，星號評等績效排名前10%的，是五顆星；之後的22.5%評獲4星級；接下來的35%獲3星級；緊接地22.5%獲2星級，而餘下的10%則得1星級。小資男Brian挑選星等最高，以美元計價的日本中小股票型基金。結果篩選出七檔四星級基金。

【步驟二】：選出長期表現最佳者，七檔基金以美元計價之基金，十年長期報酬率第一者為「柏瑞環球基金─柏瑞日本小型公司股票基金Y」。

【步驟三】：風險評估停損停利點，年化標準差19.11%，夏普比率0.85，Beta 1.16屬於高風險高報酬投資，停損停利點設定在20%。

「柏瑞環球基金──柏瑞日本小型公司股票基金Y」五年平均報酬率13.95%

以Brian五年報酬率累計資金：

$52.5*(1+13.95\%)^5 = 100.862$萬

小資男Brian，五年內基金投資，累積人生第一桶金，第一個一百萬輕鬆入袋！！

「強弱型投資法」累積第一桶金

小資女Mandy2008～2013年期間工作，薪資由28000升至35000，每個月扣掉開銷，平均每個月可存入12000元，五年共存下72萬，其中51萬元定期定額投入基金投資。Mandy投資基金只問基金趨勢強弱，所以她篩選基金的方法以風險標準差範圍以及報酬率為主。預期2014年美元相對於其它貨幣強勢，因而選擇美元計價商品。

【步驟一】：GoGoFund 理財網http：//www.gogofund.com/convch/fund/fundquery.asp挑選年化標準差小於或等於12%，最近三年報酬率大於或等於20%以美元計價的基金。

【步驟二】：挑選六個月報酬率最大，以美元計價的基金—環球生命科技基金A美元累計基金。

【步驟三】：設定風險停損點，此檔基金晨星評定為五顆星，年化標準差13.24%。停損停利點範圍可設定15%。

環球生命科技基金A美元累計-年報酬率比較表				
年度	2013	2012	2011	2010	2009
年報酬率	11.97	11.78	14.36	15.39	18.83

以Mandy五年報酬率累計資金：

51＊（1＋11.97%）＊（1＋11.78%）＊（1＋14.36%）＊（1＋15.39%）＊（1＋18.83%）＝100.093萬

小資女Mandy，五年內基金投資，累積人生第一桶金，第一個一百萬輕鬆入袋！！

小資族必須知道的三個風險指標

前面提到三個風險，年化標準差Annualized Standard Deviation，σ；貝他值Beta Coefficient；夏普值Sharp ratio。這三個東西可用來評估停損停利點。

σ：年化標準差（Annualized Standard Deviation）

根據基金淨值於一段時間內波動的情況計算出來的。

另外，也要小心所取的期間太短，這樣比較效益會不夠大，因此建議最好能取得 3～10 年的年化標準差，這樣比較好。標準差大的基金，因淨值波動幅度較大，較適合積極型的投資人承做，或是作為定期定額長期投資標的。一般來說，**標準差越大，表示基金淨值的漲跌越劇烈，風險程度也較大；反之，標準差越小，表示基金淨值波動幅度越小，風險程度也較小。**小資族在選擇基金投資時，除了考量基金過往績效表現及投資地區、標的等因素外，應當衡量自己的風險承受能力，風險承受度較低者，可選擇標準差較小的基金投資；相反地，風險承受度較高者，可選擇標準差較大的基金投資。

β：貝他係數（Beta Coefficient）

用來衡量全體市場的波動風險。簡單說 $\beta＝1$ 代表整體市場漲100%，你買的基金就漲百分之百，$\beta＝1$ 時；表示當市場上漲10%，基金報酬也將上漲10%，$\beta>1$ 時如 $\beta＝2$，則表示市場漲10%，基金報酬將上漲20%，而若市場下降10%，基金報酬將下跌20%，$\beta<1$ 時如 $\beta＝0.5$ 則表示當市場上漲10%，基金報酬將上漲5%，而若市場下跌10%，基金報酬將下跌5%。在停損停利點上，$\beta>1$ 範圍擴大，$\beta<1$ 範圍變小。

Sharp ratio：夏普比例（Sharp ratio）

用於衡量每承擔一單位風險的超額報酬率，「**夏普值**」越高越好。挑選基金大致有三大觀察指標，分別為：標準差、夏普指數、貝他值，評選標準為，標準差越低、夏普指數越高。

Part 4

投資外幣
賺第一桶金

看懂報價獲利方程式

　　小資族投資買賣外幣之前，要先了解銀行外匯的報價方式，才能知道買賣時賺賠多少。一般來說如果你用台幣買外幣，銀行通常會用當時較高的匯率賣給你，當你想要把外幣換成台幣的時候，銀行會用當時較低的匯率買回你手中的外幣，銀行通常在這一買一賣之間賺取匯差。而小資族若想投資外幣市場，就要先了解報價方式，才能知道自己的外幣要升值到多少，才有賺到錢。

　　小王大學畢業入社會工作四年，月薪約28000元左右，每個月大約存9000元，四年下來存了43萬2000元，由於個性保守，小王對於波動幅度大的股票、基金不感興趣，他想以外幣定存方式存款生息累積資本，小王的存款不同的幣別有不同的買賣報價方法以及利率計算方法。

　　小王存款以台幣計價，台幣換成外幣，銀行以間接報價法計算外幣數量，此法又名數量報價法 （Volume Quotation European Terms）計算如：1美元＝30.19台幣；1美元＝104.80日圓。

　　直接報價法，又名價格報價法 （Price Quotation U.S. Terms）以一單位外幣折合多少美元。目前國際匯市中除英鎊（GBP）、歐元（EUR）、澳幣（AUD）、紐幣（NZD）屬於此種報價法以外，其餘皆屬間接報價法。如：1英鎊＝1.7800 美元；1澳幣＝0.7600 美元。

　　小王的存款台幣43萬2000元，如果要兌換成美金等其它外幣，在銀行外幣中有四種報價——即期買匯、現金買匯、即期賣匯、現金賣匯。

表4.1 兆豐銀行匯率表

兆豐銀行匯率表				
幣別	即期買匯	現金買匯	即期賣匯	現金賣匯
美金【USD】	29.94	29.67	30.04	30.19

日期：2013/12/24 13：40

※即期賣匯──小王買美金存款

如果小王想用兆豐銀行台幣存摺43萬2000元存款轉成美金存款，存入外幣存摺內，銀行會以台幣30.04元兌換1美元的「即期賣出匯率」（表4.1），賣美元給小王，小王最後可得到1萬4380美元（432000/30.04）

※即期買匯──小王賣美金存款

如果小王外幣存摺現有的14380.83美元存款轉成台幣存款，存入台幣存摺，銀行會以1美元兌換29.94台幣的「即期買進匯率」（表4.1），買進小王手中1萬4380美元，小王最後可得到43萬562元（14380.83*29.94）

※現金賣匯──小王買美金現鈔

如果小王想用台幣現金43萬2000元直接到銀行櫃檯兌換美元現金，銀行會以台幣30.19元兌換1美元的「現金賣出匯率」（表4.1），賣美元給小王，小王最後可得到1萬4309美元（432000/30.19）

※現金買匯──小王賣美金現鈔

如果小王手上1萬4309美元現金想直接到銀行櫃檯兌換成台幣現金，銀行會以1美元兌換29.67台幣的現金買進的匯率（表4.1），買進小王手中14309.37美元現金，小王最後可得到42萬4559元（29.67*14309.37）

獲利方程式

　　小王台幣存款43萬2000元以30.04比1，得到1萬4380美元，假設馬上換回美元，銀行只能以1：29.94換回台幣43萬561元，小王存款馬上損失1438，匯差損失0.3%，小王想靠美元存款獲利，美元必須升值超過0.3%才能達到損益兩平。根據小王在兆豐銀買美金的利率來看，美元存一個月利息0.2%，假設一個月後美元升值1%，匯率來到1：30.2394，小王獲利新台幣3880元【432000*（ 1%＋0.2%－0.3%）】，雖然澳幣與南非幣利率較高，但是QE退場後，美元相對於澳幣、南非幣強，澳幣與南非幣一個月貶值3%以上則虧損，所以小王選擇美元存款的獲利可能性較大。

幣別	活期	優利活期	一週	二週	三週	一月	三月
美金【USD】	0.02	0.02	0.15	0.15	0.15	0.2	0.4
澳幣【AUD】	0.45	——	1.3	1.35	1.45	1.85	1.95
南非幣【ZAR】	0.4	——	1.9	1.9	1.9	3.3	3.3

2013/12/25　時間09：30

　　小王操作美元，以台幣匯率區間為基準，買進賣出美元。2013年台幣的匯率區間在29.4～30.088，美元兌新台幣進入1：29.4附近即可買進美元。1：30以上賣出美元獲利。

算出報酬率獲利方程式

　　琳達大學畢業後出社會工作，從事總務工作十年，薪水從26000～32000元，薪水雖沒什麼長進，但是她存款倒是存了不少，她每月省吃儉用平均每月約存下8000元，十年下來存下96萬元。琳達的薪水以新台幣計算，台幣貶值幅度越大，她的資產無形中縮水也越大。琳達認為擁有外幣資產，可減少自己資產縮水，外幣定存是琳達最喜歡用的理財工具，雖然現在的外幣存款利率並不高，但由於它除了可以賺利息，選對強勢貨幣，還可以賺到匯差，收益比台幣定存來得高。當然外幣存款也並非絕對賺錢，當台幣強勢升值時，也會產生匯差損失。因此琳達選擇外幣會選擇相對強勢的貨幣，並事先評估投資報酬率再決定。以琳達的澳幣存款為例，現在澳幣與台幣定存一年期利率差異約0.805%。

幣別	活期	一月	三月	六月	九月	一年
新台幣	0.17	0.87	0.93	1.09	1.22	1.345
澳幣【AUD】	0.45	1.85	1.95	2.05	2.1	2.15

 獲利方程式

　　琳達96萬台幣存款，2013年5月以匯率29.1買入澳幣三個月利率1.95%定期存款，2013年8月到期。比同一時間台幣定存多賺1萬多元。

　　實際報酬率

　　（澳幣利率±匯差）*本金

（1.95％＋0.079％）＊960000＝19478.4

A.匯差　【（到期匯率－定存匯率）÷定存匯率】×100％
　　　　【（31.4－29.1）÷29.1】×100％＝7.9％

B.利差

澳幣利率－台幣利率＝利差　1.95％－0.93％＝1.02％

C.多賺的投資報酬率：利差＋匯差（1.02％＋7.9％＝8.92％）

D.比台幣定存多賺的利差額　960000＊8.92％＝85632元

　　請注意，琳達的外幣存款獲利的原因，是因為澳幣升值產生「正」匯差，所以琳達可以在三個月內靠外幣存款賺將近兩萬元的報酬，如果琳達看錯澳幣走勢，買進澳幣定存之後，澳幣貶值超過澳幣利率1.95％，琳達這筆定存投資則是賠錢收場。

　　外幣存款可賺取利率與匯差，是個不錯的理財工具，不過各家銀行有最低外幣存款金額限制，活存通常是100美元或等值外幣，定存則是1000～5000美元不等。此外，外幣存款戶並不像台幣有100萬元存款保障，所以小資族應選擇財務穩健的銀行。至於外幣存款開戶規定與台幣存款差不多，只要年滿20歲，帶著身份證件與印章，到各銀行國外部櫃台辦理即可。外幣存款帳戶孳生的利息收益，同樣要申報綜所稅，並享有27萬元以內免稅的優惠。

　　琳達在國內銀行結匯外幣後並存放外幣帳戶中，其收益來源，有兩個部分，一是儲蓄本身的利息所得，另一部分是存入和支取時間不同的匯率帶來匯差收入。琳達的利息所得，銀行會主動寄發扣繳憑單給琳達，以申報所得稅。琳達匯兌價差，銀行並不會寄發扣繳憑單，但匯兌收益屬財產所得需要申報課稅。

琳達匯兌所得		
	2013/03換匯澳幣	2013/12兌回新台幣
金額	新台幣96萬	
匯率	29.1	31.4
台幣計總額	960000（A）	1035876（B）
匯兌收益（B—A）	75876	

美元投資獲利方程式

　　小張跟老婆結婚五年夫妻倆加起來月收入6萬元，每月生活費3萬元，房租1萬元，每月平均存入2萬元，五年約有120萬元台幣存款，夫妻屬保守型投資者，喜歡用外幣存款，主要以美元操作為主。

獲利方程式

　　小張夫妻操作美元的方式，是利用美元指數與歐元的蹺蹺板原理，操作外幣存款。當美元指數走弱80以下，台幣相對美元升值，小張夫妻即將台幣存款轉為美元定期存款，當美元指數上漲至84以上，歐元相對美元貶值，小張夫妻逢低買進歐元定期存款獲利。

幣別	定期存款（年息%）							
	7 天	14 天	21 天	1 個月	3 個月	6 個月	9 個月	1 年
美金（USD）大額	0.15	0.15	0.15	0.22	0.42	0.47	0.67	0.82
歐元（EUR）	0.01	0.01	0.01	0.01	0.1	0.1	0.2	0.3

　　【步驟一】2013年1月3日美元兌29.1台幣，當天美元指數跌破80，最低來到79.79小張夫妻將台幣存款120萬元，以1美元兌換29.1台幣，買入6個月美元定期存款41237元存入外幣帳戶中。

　　【步驟二】2013年7月3日小張夫妻美元定期存款到期，本金加利息43175美元（41237*1.047）。2013年7月9日美元指數已超過84最高來到

84.750，當天匯率1歐元兌換1.2898美元，小張以此匯率將美元存款轉換成3.3474歐元（【43175*（1/1.2898）】）三個月定期存款。

【步驟三】2013年10月3日小張夫妻歐元定期存款到期，本金加利息33809萬元（33474*1.01）。2013年10月24日美元指數已跌破80最低來到79.080，當天小張以1歐元兌換1.3760美元，買入46521（33809*1.3760）美元三個月定期存款。以2013年12月26日即期買匯計算，不包含利息，小張夫妻的台幣資產為139.097萬（46521*29.9）。

小張夫妻2013年1月3日投入台幣120萬操作外幣存款，至2013年12月26日資產已增加到139.097萬，投資報酬率15.91%【（139.097—120）/120】

幣別	即期買匯	現金買匯	即期賣匯	現金賣匯
美金【USD】	29.9	29.67	30.04	30.19

日期2013/12/26 時間14：08

🌐 什麼是美元指數？

小張夫妻美元買賣的參考指標「美元指數」是衡量美元與六種主要貨幣的匯率變化的指數。這六種貨幣分別是，歐元（EUR）、英鎊（GBP）、瑞士法郎（CHF）、瑞典克朗（SEK）、加拿大元（CAD）和日圓（JPY）。美元指數採加權幾何平均的方式計算，六種貨幣的比重分別是歐元57.6%、日圓13.6%、英鎊11.9%、加元9.1%、瑞典克朗4.2%、瑞士法郎3.6%。歐元比重很大，所以跟美元指數呈現負相關，一個漲一個就跌，小張夫妻以買低賣高的方式，滾大自己的資產。美元指數從1973年三月開始。指數基期數值為100.00。所以譬如當美元指數來到105時，代表美元對這六個主要貨幣，比起1973年三月時，升值了5%。

以2013年12月25日的美元指數80.52來看，代表美元對這六個主要貨幣，比起1973年三月時貶值20%。美元指數計算，會選用美英等六國貨幣的原因在於這些國家是美國主要的貿易夥伴。而且這些國家的貨幣也在本國以外的外匯市場被廣泛交易，各貨幣的比重以使用該貨幣的國家與美國的貿易量決定，所以歐元在美元指數占有最大的比重，接近六成。所以基本上，歐元對美金匯率是美元指數走向的主要決定性力量。美元指數曾在1985年達到最高點165，最低點是在2008年四月的71。

如何看美元指數漲跌

小張夫妻判斷美元指數趨勢參考，除了以歐元指標來判斷之外，還必須配合美國幾個經濟金融指標來判斷，

參考指標一：聯邦基金利率（Federal Funds Rate）

這是美國中央銀行（Federal Resewe System，Fed）發佈的利率指標，一般來說美國如果升高的利率，比其他國高，代表美元比較值錢，投資人會搶進美元，不過近年來美國維持低利率政策，美元指數變動區間不會像以往一樣變動很大，大約在74～88之間遊走。未來2014年～2016年之間，隨著美國經濟復甦，利率必然會調高方向走，雖然2013年12月美國只是小規模縮減QE並沒有馬上調高利率，但是這已經暗示未來利率必然往調高方向走。以過去的經驗來看，2004年7月調高利率之後，美元指數從80左右漲升到91左右。

參考指標二：失業率

失業率是美國提高利率的參考，決定利率高低的美國聯邦公開市場委員會（FOMC）2013年12月表示在通膨率不超過2.5%的前提下，只要失

業率仍高於6.5%，利率都會維持趨近於零。從歷史數據來看2007年以來的美國失業率攀高，為壓低失業率 2008年11月到2010年4月實施QE1，2010年11月到2011年6月的QE2，2012年9月份開始的每月400億美元購債規模的QE3。數據中我們看到QE1期間美國的就業市場由大幅度的衰退到失業率到達10%以後開始有所好轉，但是在2010年4月QE1結束之後，失業率依然高居不下，為打壓失業率，第二次量化寬鬆QE2應運而生，第二輪量化寬鬆持續時間為8個月，每月購債750億美元的規模，QE2總共花了6000億美元買債，總體失業率由9.8%降至9%附近，總共降低了0.8%的失業率。接下來，從2012年8月開始，美實施每月400億美元QE3，並且在2012年12月增加450億美元的扭曲操作，共計每月850億美元的購債規模。在此期間，美國失業率由8.1%穩定下降到7.4%，這個數據與過去幾年相比，是2008 年8月次貸危機以來的最佳水平。2013年12月失業率已經將低趨近於6.5%，美國宣布減小每月850億美元的購債規模。預期未來QE減少，市場貨幣流動性減少，那麼美元勢必升值，美元指數也將走強，相對其它貨幣有或先貶值一段時間，小張夫妻以此判斷買進美元存款。

參考指標三：非農就業人數

　　非農就業人數，為薪水階級人數增減，由美國的三十多萬家企業提供的薪資數據來進行統計，這項指標最能直接反映出美國經濟與景氣強弱的指標，一旦非農就業人數增加，美元指數大漲的機率高，美元升值可能性大增，美國2013年10月非農就業人數增加20.4萬，增幅遠高於預期的12萬，憑藉非農就業人口超出預期的增加，美元指數大幅上揚，短線空頭弱勢被扭轉。

參考指標四：消費者物價指數（Consumer Price Index；CPI）

由美國勞工部統計，是觀察通貨膨脹水準的指標，CPI對城市居民的所有支出與消費（不包括投資支出）進行調查，物件內容達到2000種以上。當 CPI上升→物價上漲→引發通膨→景氣過熱→美國央行調高利率→美元升值，美元指數跟著上漲，但這並不是絕對，還需要與生產者物價指數的結果進行比較觀察後更為有效。

參考指標五：生產者物價指數（ProducerPrice Index， PPI）

生產者物價指數代表賣家的生產，這項指標調查一萬種左右的物品銷售價格來統計生產者在出貨時點的價格變動，是作為判斷通膨的指標之一。

參考指標六：新屋開工數（Housing Starts）

新屋開工數的增加代表景氣良好。一般而言，這個指標代表景氣擴張使央行有升息的準備，帶動美元指數上漲。

參考指標七：ISM製造業指數

有ISM製造業指數，每個月初發表製造業及非製造業的指數，指數通常以50%為判斷的分界點，高於50%的話可視為製造業/非製造業處於景氣擴張狀態，低於50%則意味著景氣的萎縮及衰退，距離50%越遠顯示其擴張或衰退程度越大。ISM製造業指數反映製造業在生產、訂單、存貨、價格、雇用等各方面發展狀況，基於對全美超過400人以上的採購經理人實施的問卷結果而製成。當ISM指數上漲，連帶地也會使美元指數上漲。

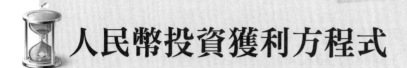
人民幣投資獲利方程式

　　小玲今年39歲，從事自由業，理財資歷已11年，每月可投資金額2萬5000元，小玲秉持持續每月存款一萬元不間斷的原則，持有存款達10年之久，至2011年六月累積存款來到110萬元。小玲把人民幣定存當成存退休金的操作工具之一，投資前勤做功課，近幾年兩岸開放人民幣業務，小玲趁台幣升值時將台幣轉成美元，再將美元轉換成人民幣優利定存，再轉成台幣，趁著QE退場，美元升值，再將台幣存款轉為美元定存，擴大自己的資產。

 ## 獲利方程式

　　2011年6月8日小玲以1美元兌匯台幣28.720買入三個月定期存款3.830萬，2011年9月8日定存到期之後，小玲在2011年10月4日以30.624將美金存款轉成台幣存款之後，考慮到人民幣長期走升，且利息優於台幣，所以在將台幣存款2011年10月31日轉為人民幣兩年定期存款，2013年12月26將人民幣存款以1：4.9371轉為台幣存款，擴大資產部位。

　　【步驟一】2011年6月8日買入三個月期美元定存，到期共得

　　【110萬*（1/28.720）】*（1+0.42%）】= 3.8448萬（美元）

幣別	定期存款 （年息%）				
	7 天	14 天	21 天	1 個月	3 個月
美金（USD）大額	0.15	0.15	0.15	0.22	0.42

【步驟二】2011年10月4日美元存款轉台幣存款

3.8448萬*30.624＝117.743萬（台幣）

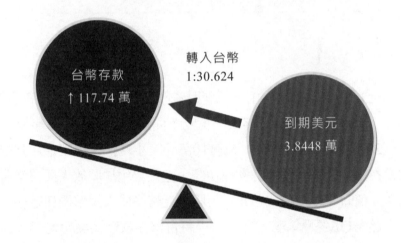

【步驟三】2011年10月31日117.74萬台幣，轉存人民幣兩年定存。

【1177430*（1/4.8194）】（1＋2*4.4%）＝26.580萬人民幣

中國農業銀行定存利率						
時間	三個月	六個月	一年	二年	三年	五年
2011.10.31	3.1	3.3	3.5	4.4	5	5.5

【步驟四】2013年12月26日將人民幣存款以1：4.9371轉為台幣存款

265800*4.9371＝131.2281萬

年報酬率＝【（131.2281－110）/110】（12/30）＝7.74%

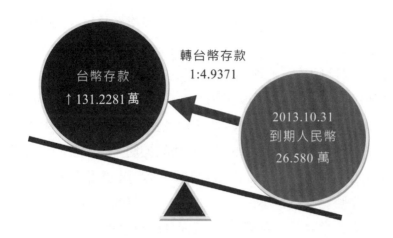

轉台幣存款
1:4.9371

台幣存款
↑131.2281萬

2013.10.31
到期人民幣
26.580萬

 ## 人民幣未來趨勢

　　小玲之所以鍾情於人民幣投資，主因是人民幣從2005年至2013年相對於美元已經漲升於25%了，加上大陸內地銀行利率高於台灣、日本、美國以及歐洲國家，資金未來必然流入中國大陸。小玲認為從2013年開始，人民幣將繼美元與歐元之後，另一個強勢貨幣。人民幣兌美元匯率中間價屢創2005年匯改以來新高。2005年至2013年人民幣匯率共計38次刷新歷史記錄，同時，人民幣相對與美元、歐元強勢。

　　從1歐元與1美元兌換台幣的升貶幅度來看，從2010年五月人民幣升值幅度超越歐美，至2013年12月26日人民幣升幅已經超過8%，但是美元與歐元相對於人民幣卻貶值。

　　2013年以來，人民幣匯率延續了2012年年底以來的持續升值態勢，總體上呈現出單邊升值的走勢，在這個過程中伴隨的是人民幣匯率的短時震盪和短期貶值態勢。人民幣自2012年第三季以來資本不斷流入，人民幣開始狂升，與其他東南亞新興市場相比，人民幣資產被國際投資者視為避風港。2008年金融海嘯，中國逃過一劫；2010年歐債危機，中國市場表現仍然良好；2013年12月投資人擔憂QE退出從而引發新興市場匯率暴

跌時，人民幣匯率依然穩定。小玲認為經過多次考驗，人民幣資產越來越被視為可靠的資產，這也是人民幣升值的一大因素。

2013年12月19日，美國央行縮減QE規模的消息使得美元呈現升值跡象。但是2014年～2016年之間人民幣走升趨勢不變，儘管美元因QE規模縮減，透露出回歸強勢地位的跡象，但人民幣穩步升值的大趨勢很難改變。不過隨著人民幣市場化、國際化步伐的加快，匯率雙向波動頻率將更加頻繁。未來美國逐步退出QE之後將導致美元走強和新興市場貨幣普遍貶值，人民幣將有階段性小幅貶值的壓力。不過人民幣總體來看仍將繼續適度升值，人民幣兌美元有望升至1美元兌6.0人民幣。

對於人民幣未來的趨勢，小玲只有一種看法，升值。QE退場之後，美元回流美國，對新興市場而言，就是2009到2013年跑到新興亞洲、新興東歐與新興拉美的美元熱錢將撤出。未來新興市場貨幣，包括巴西里爾、南非幣，印度盧比、印尼盾、新台幣、韓元……等等貨幣貶值在劫難逃，人民幣是唯一不動如山的貨幣，為什麼？因為中國大陸基本上是資本帳管制的國家，採管理式浮動匯率制度，並擁有3.5兆美元外匯存底，中國央行絕對有能力干預、穩定外匯市場，匯率相對與其它國家穩定。加上人民幣正邁向國際化，未來成為國際清算貨幣，變成國際可投資之貨幣或可自由兌換的貨幣，這種貨幣大家搶著要，未來必是升值走勢。新興亞洲、新興東歐與新興拉美這些區域，貨幣不斷貶值，未來貨幣流入的地方除了美國之外，中國也是資金流入的區域。2009年金融海嘯時，人民幣兌美元匯率整年維持在6.81元，長期來看，人民幣兌美元匯率是非繼續升值不可。

操作人民幣該注意的事

小玲建議想存人民幣的小資族，高利率的背後別忘記人民幣的匯率風險，對於人民幣投資是可以期待，但是不要過度樂觀。投資人民幣不只

要考慮利率也要考量匯率。

若人民幣的基本報酬率低於1.05%，那會穩賠不賺。以2012年為例，新台幣匯率對美元升幅4%，高於人民幣的1%，兩者差距為3%，若以新台幣1年期定存利率1.38%計算，民眾存人民幣利率要超過4.38%才能彌補匯損；而「4.38%」的利率不但目前國內沒有一家銀行有能力提供，即使在中國境內也很少有銀行可以提供如此優惠的利率。

以2013年2月6日為例，當天的買、賣價分別為4.725元及4.775元，如果要買1萬元人民幣，需要花台幣4萬7750元；持有1年後，假設匯率不變，以及不考慮利率及手續費的情況下，再把這1萬元人民幣換回新台幣，只能拿回4萬7250元，等於虧損1.05%，如果銀行給的利率也不高，這比投資美元與歐元還不值得。同一筆錢放在台灣的銀行一年期定存利率1.38%，如果人民幣匯損1.05%，利率又只有2%，那還不如放在台幣定存。

不同於美元、歐元、日圓、澳幣等國際貨幣，人民幣仍是管制貨幣，不論是利率還是匯率，都顯著受政策影響，一旦中國央行態度轉變，難保人民幣不走貶。所以，小資族選擇人民幣存款之前要審慎評估匯率風險與政治風險。目前台灣人民幣業務剛開辦時，買入價和賣出價的匯差過大，以兆豐銀外幣匯率牌告價而言，匯差1.017%也就是說一買人民幣等於是賠了1.017%錢，除非人民幣一年升值超過1.017%以上，才有超額利潤。以2012年12月27日～2013年12月27日一年間，人民幣兌換新台幣的走勢來看，一年大約6%，如果把錢放在大陸銀行裡，扣除匯差的1.017%大約有4.98%，以兆豐銀一年定存利率1.5%計算，一年大約有6.48%的報酬率。

兆豐銀外幣匯率牌告價				
幣別	即期買匯	現金買匯	即期賣匯	現金賣匯
人民幣【CNY】	4.912	4.833	4.962	5.005

日期2013/12/27

人民幣風險

　　從貨幣的買入價與賣出價來看，用台幣買人民幣一開始就損失了匯差1.018%，而兆豐銀行給的年利率只有1.500%，如果一年之後買入價與賣出價一樣，那利率減掉匯差之後，只有賺0.482%，這比台幣的定存年利率1.382%低很多，相對於台幣兌換美金，買入美金只損失0.334%匯差風險比較小，以兆豐銀行買賣的貨幣來看，匯差風險最小的是美金。

　　十四國匯差風險排名的泰銖排名第一，人民幣排名第五，算起來人民幣相較於歐美貨幣，匯差風險大很多，不過相對於南非與泰國，卻穩定很多，南非雖然利率很高，但是匯差太高，年利率甚至小於匯差，即使南非幣的利率3.000%是所有貨幣最高的，但是投資價值很低，因為年利率減掉匯差之後是—1.225%，也就是說如果一年之後南非幣買入價與賣出價沒有變動的話，一年報酬率損失1.225%，目前看起來澳幣的投資價值較大，年利率減掉匯差之後是1.249%，不過還是比台幣定存低。

銀行匯率利率表

幣別	即期買匯	即期賣匯	匯差	年利率	利率一匯差
美金【USD】	29.92	30.02	0.334%	0.800%	0.466%
人民幣【CNY】	4.912	4.962	1.018%	1.500%	0.482%
澳幣【AUD】	26.65	26.89	0.901%	2.150%	1.249%
港幣【HKD】	3.839	3.899	1.563%	0.200%	—1.363%
英鎊【GBP】	49.23	49.63	0.813%	0.350%	—0.463%
日圓【JPY】	0.2846	0.2887	1.441%	0.150%	—1.291%
加拿大幣【CAD】	28.16	28.36	0.710%	0.950%	0.240%
新加坡幣【SGD】	23.59	23.77	0.763%	0.200%	—0.563%
南非幣【ZAR】	2.84	2.96	4.225%	3.000%	—1.225%
瑞典幣【SEK】	4.55	4.65	2.198%	0.650%	—1.548%

瑞士法郎【CHF】	33.55	33.75	0.596%	0.005%	一0.591%
泰幣【THB】	0.894	0.936	4.698%	0.900%	一3.798%
紐西蘭幣【NZD】	24.46	24.66	0.818%	1.350%	0.532%
歐元【EUR】	41.1	41.5	0.973%	0.300%	一0.673%

日期2013/12/27

如何判斷人民幣該買？

　　從匯差與利率來看，投資澳幣應該優於人民幣，但是澳幣為什麼在2013年一整年貶值將近12%，人民幣卻升值6%。投資人民幣獲利的小玲覺得，這跟央行的態度有關，中國央行希望人民幣升值，成為國際貨幣，但是澳洲央行卻認為澳幣價值太高，澳洲央行行長葛蘭・史蒂文斯（Glenn Stevens）發表講話，承認「當前澳元匯率很可能高於其長期均衡值」。這使得澳洲央行出手干預貨幣升值，造成澳洲貨幣大貶。

　　小玲認為未來如果澳洲央行還是採取打壓澳元的態度，基本上澳元沒有投資的價值。儘管最近幾年澳元因其利息收益率高於美元而吸引了大量資本流入，但隨著美國終結QE，投資人會轉往較強勢的貨幣投資，大家不再看利率，而是看哪一個貨幣升值得比較快，可以預見歐元與美元兩者都將是強勢貨幣，他們會率先提高利率，澳洲卻因為GDP成長不如預期，無法提高貨幣利率，所以以此推論，錢會跑向美國與歐洲。

　　小玲認為歐元與美元一起強升，所以在投資價值上會輸給人民幣，第一是利率輸給人民幣，第二是經濟成長輸給中國，雖然為未來資金會跑向美國，但是中國沒有放開其資本帳戶，資本外流的可能性不大，因此美聯儲縮減QE不太可能對人民幣產生貶值影響。儘管人民幣近幾年低估幅度已經縮小，但預估值仍然過低。不過，鑒於中國央行明確表示將減少對人民幣長期匯率的干預，人民幣估值過低程度將進一步減小，未來利差也會縮小。中國央行的態度很明顯地表示，人民幣保持匯率穩定，在穩定的

狀況下，投資人對人民幣投資信心就會大增，資本也會不斷地流入。

　　由於澳洲出口過度依賴中國需求，一旦中國需求減緩，澳洲經濟也將走下坡，尤其中國經濟發展目標已經轉向內需消費，金融服務業將大起，製造業將漸漸萎縮，這使得中國對澳洲原物料商品的需求將放緩，這將對澳幣產生貶值影響。澳洲政府也認為當地礦業投資熱已經達到頂峰，未來需要以非礦業產業刺激經濟成長，預計未來澳洲央行會繼續保持貨幣寬鬆政策，刺激經濟，澳幣只有貶值一途可走。從中國與澳洲兩國央行的態度看來，中國央行將允許人民幣繼續緩步升值，而澳洲央行則繼續支持澳元走貶。

歐元投資獲利方程式

　　香吟今年40歲，是名追求愛自己的單身女郎，大學畢業之後從事會計多年，每月可投資金額8000元，累積14年存款台幣134.4萬，其中80萬作為外幣存款，鎖定美元與歐元為操作目標，2011/05/09 先以一美元兌台幣28.772，買進三個月2.7804萬美元定存，2011/09/09 以美元兌新台幣30.506轉回台幣九月定期存款，2012/07/23以台幣兌歐元36.1931 買入歐元存款持有至2013年12月27日。

【步驟一】三個月利率0.4%美元定期存款
　　　　　2.7804*（1+0.4%）＝2.7915萬

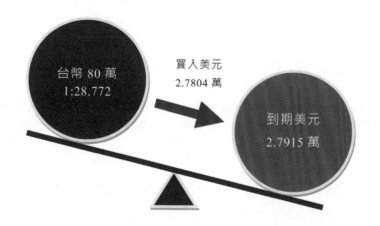

台幣 80 萬
1:28.772

買入美元
2.7804 萬

到期美元
2.7915 萬

【步驟二】2.7915萬美元轉回台幣定存，9個月定期利率1.22%。
　　　　　（2.7915*30.506）*（1+1.22%）＝86.1964萬

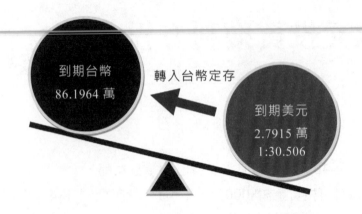

【步驟三】86.1964萬台幣，買入歐元一年半定存至2013年12月27日

86.1964*（1/36.1931）＝2.3815萬（歐元）

2.3815*（1＋0.30%）*（1＋0.10%）＝2.3911萬（歐元）

歐元定存利率			
幣別	六月	九月	一年
歐元【EUR】	0.10%	0.20%	0.30%

香吟持有的2.3911萬歐元以2013年12月27日匯率計算

相當於2.3911*41.1＝98.2742萬（台幣）

幣別	即期買匯	現金買匯	即期賣匯	現金賣匯
歐元【EUR】	41.1	40.6	41.5	41.75

投資期間29個月報酬率（298.2742—80）／80＝22.842%

年報酬率（22.842%）*（12/29）＝9.5%

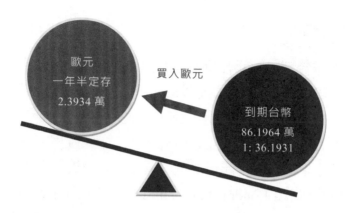

歐元
一年半定存
2.3934 萬

買入歐元

到期台幣
86.1964 萬
1：36.1931

 ## 如何判斷歐元該買？

買進歐元需不需要繼續持有，要先看央行的態度，比如說2013年12月5日歐洲中央銀行（ECB）決策官員在評估新版經濟預測後，決議維持基準利率不變。2013年11月歐洲央行降息1碼後，2013年12月在法蘭克福集會的歐洲央行管理委員會決議，將主要再融資利率保持在0.25%。這代表歐洲已經不再使用貨幣寬鬆政策刺激經濟，跟美國一樣，歐洲自2008年金融海嘯以來已經慢慢步向復甦之路，雖然復甦腳步緩慢，但整個歐洲基本上已慢慢恢復經濟動能。歐洲央行行長德拉吉2013年12月28日表示，儘管歐債危機並未結束，但歐元區出現了許多令人鼓舞的跡象，近期並沒有再次降息的需要。德拉吉認為歐元區一些國家經濟復甦，歐元區的貿易不平衡現象有所緩解以及歐元區國家的預算赤字降低等許多現象令人鼓舞，並超出了歐洲央行一年前的預期。德拉吉表示，歐洲央行認為當前沒有急迫的降息需求，歐元區也並沒有出現通貨緊縮現象。歐洲央行的貨幣政策和特點，與美國央行相比，歐洲央行的貨幣政策更加保守，這主要受到以謹慎聞名的德國央行（Bundesbank）影響，歐洲央行在制定政策的時候尚未多考慮就業，以控制通膨為主。歐洲央行管理委員可能會認為歐元匯率與歷史平均水平一致。經物價調整後的歐元匯率並沒有大幅升值。換句話說，歐洲央行認為歐元現在的升值，還會繼續下去。

同業拆款利率

　　另一個香吟判斷歐元升值買進的指標，是歐元倫敦銀行同業拆借利率（Euro LIBOR），這指標是以歐元計價的銀行同業借貸利率。該利率是銀行之間提供大型歐元短期貸款而收取的利率。倫敦大型銀行小組會每日確定當天的利率，但允許在日內自由浮動。銀行同業市場使銀行更能滿足流動性要求，因為銀行能更快地向擁有結餘的銀行借款。LIBOR代表倫敦同業拆放利率（London Interbank Offered Rate，LIBOR），是指位於倫敦的銀行同業間，從事歐洲美元、日圓、英鎊、瑞士法郎等資金拆放的利率指標。之所以用LIBOR作為實際貸款利率基礎，主要也是考量倫敦為歐洲通貨聯合貸款的最主要市場。LIBOR的浮動由市場決定，主要目的在反應各大型金融機構的借貸成本。為國際資本市場上，美元貸款的計息參考基礎。一般來說，倫敦國際銀行同業間從事歐洲美元資金拆放的利率，拆放期限可從短期的隔夜到最長的5年，當中以3個月期、6個月期及12個月期最為常見。其中以3個月期的歐元倫敦銀行同業拆借利率（Euro LIBOR）最為敏感，它代表市場的資金需求，利率越高代表歐元越搶手，相對歐元就會升值，相反地，利率越低代表歐元需求低，歐元就會貶值，這項指標最能看出歐元的升貶趨勢，2013年6月之後，Euro LIBOR一路往上漲升，歐元兌美元匯率同步一路漲升到2013年底。

　　2008年～2010年期間美國金融風暴加上歐債危機，使得3個月的Euro LIBOR一路破底，歐元一路狂貶，直到2010年4月，3個月的Euro LIBOR止跌回升，歐元才開始止貶回升。

日圓投資獲利方程式

　　33歲的小曹跟他老婆在台北工作，兩個人加起來年收入台幣96萬，小曹公務員工作比較穩定，月收入約台幣5萬元，老婆在民間企業上班，月收入大約3萬元台幣左右。夫妻兩人一個月開銷約4萬元，夫妻結婚四年，每月存下4萬元，2010年4月存款水位來到新台幣192萬。夫妻倆決定拿存款的三分之一，台幣64萬，操作外幣存款。

　　【步驟一】2010年5月3日以1：0.3322買日圓一年半定存。

　　2011年11月3日到期日圓：

　　【640000*（1/0.3322）】*（1+0.15%）^{3}＝193.5232萬

日圓	外幣定期存款利率				
存款起始日	一月	三月	六月	九月	一年
2010/05/03	0.1000	0.1500	0.1500	0.1500	0.1500

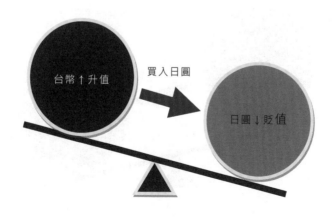

台幣↑升值　　買入日圓　　日圓↓貶值

【步驟二】2011年11月4日以一美元兌77.94日圓買下美元一年半定存

2013年5月4日到期美元金額：

【193.5232*（1/77.94）】*（1+0.45%）*（1+0.8%）=2.5141萬

存款起始日	一月	三月	六月	九月	一年
2011/11/04	0.2000	0.4000	0.4500	0.6500	0.8000

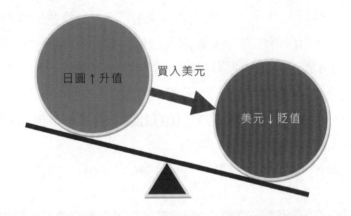

【步驟三】2013年5月16日美元存款以1：102.01日圓，轉回日圓存款。

2.5141*102.01=256.4633萬（日圓）

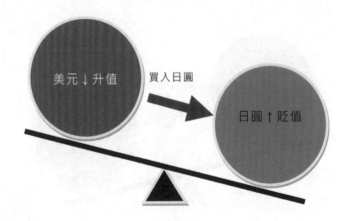

【步驟四】2013年6月14日以一日圓兌新台幣0.3130轉回新台幣存款
256.4633*0.313＝80.2730

2010年5月～2013年6月總報酬率（80.2730－64）/64＝25.43%

年報酬率25.43%*（12/37）＝8.25%

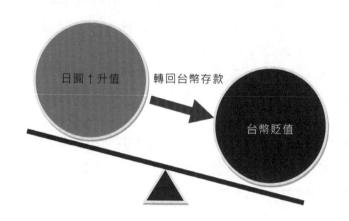

 日圓趨勢

日圓趨勢完全受日本央行（Bank of Japan）掌控，為了刺激經濟，日本自2011年10月開始干預匯率，日本央行由於不堪忍受日圓長期升值，頻頻出手干預匯率。2011年10月31日，日本央行大舉拋售日圓，當天日圓兌美元匯率暴跌，從那天起，小曹推估日圓升值有限，所以在2011年11月份小曹將資產轉入長天期美元存款，避免外幣資產貶值。

2012年開始，日本央行祭出五次貨幣寬鬆（QE）政策，將資產購買規模從2012年初的55兆日圓擴增至目前的101兆日圓。新首相安倍晉三2012年12月26日上任之後。在安倍的施壓下，日本央行繼續放出鈔票刺激日本經濟，目標將通膨率提高到2%。

2012年日本央行貨幣寬鬆政策表

2月14日	QE資產購買規模10兆日圓至65兆日圓，通膨目標1%。
4月27日	QE資產購買規模再增大至70兆，國債購買擴大至10兆日圓。
	延長資產購買及貸款計畫六個月至2013年六月
9月19日	QE資產購買規模再增大至80兆日圓
	延長QE終止時間六個月至2013年12月
10月30日	擴大QE規模至至91兆日圓
12月20日	擴大QE規模至101兆日圓

在日本首相安倍的強力施壓之下，日本央行2013年1月22日政策會議後決議，將無限期進行收購資產行動，並同意日本政府要求，將通貨膨脹率目標由原本較寬鬆的1%大增至2%。消息傳出後日圓驟貶。日本央行在聲明宣布幾近零利率及無限期收購金融資產等措施，將進行積極的貨幣寬鬆政策，盡可能最快達成2%的物價穩定目標。2013年1月22日宣布的資產收購規模，也大於市場原本預期的增加10兆日圓，自2014年起將把2013年101兆日圓（1.31兆美元）的資產收購措施規模改為無限期，預期2013年收購規模增加至111兆日圓（1110億美元）。至2013年1月22日宣布無限期QE開始，日圓一路狂貶近20%至2013年底。

依照日本央行的態度，如果通膨不到2%日圓必然會繼續貶值，從2014到2015年日圓持續貶值趨勢不變，日本央行行長黑田東彥2013年12月5日表示，預計2015年，日本會實現央行2%的通膨率目標。他重申，日本央行承諾維持超寬鬆貨幣政策，直至可以持續實現2%的通膨率。這很明顯地告訴投資人，從2014年到2015年日圓存款無利可圖，不但存款利率很低，日圓匯率也將繼續狂貶，除非歐美出現經濟性災難，投資人才會把日圓當成避險貨幣買進，造成日幣增值，但依目前態勢看起來，這種可能性很低，所以日幣是貶定了！

英鎊投資獲利方程式

　　38歲的小楊，原先主要的投資工具是股票，但由於投資成績平平，加上覺得買股票得經常看盤，相當麻煩，而股市上下震盪則常讓他心情難以安定，所以最近兩年逐漸把重心轉到操作外幣存款，小楊把工作十年的存款三分之二台幣76萬。投入外幣存款，由於2013年以來市場一致認為英鎊最值得投資，小楊把資金資金投入英鎊，獲得不錯的利潤。

　　【步驟一】賣出台幣，買入英鎊──2013年3月21日匯率1：44.5011

● 本金：76萬台幣

● 3個月期利率：0.25%

● 到期英鎊存款：

　　【760000*（1/44.5011）】*（1＋0.25%）＝1.712萬（英鎊）

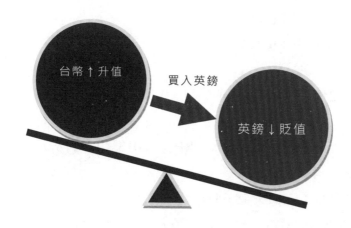

【步驟二】賣出英鎊‧買入台幣　　2013年6月13日

● 匯率1：47.3666

● 1個月期利率：0.87%

● 到期台幣存款：

（1.712*47.3666）*（1+0.877%）＝81.802萬（台幣）

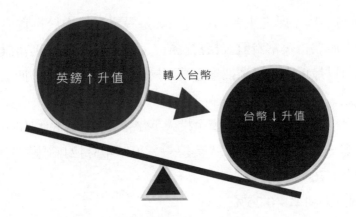

【步驟三】賣出台幣，買入英鎊——2013年7月15

● 匯率1：45.2433

● 1個月期利率：0.15%

● 3個月期利率：0.25%

● 到期款：

81.802*（1/：45.2433）*（1+0.15%）*（1+0.25%）＝1.815萬

【步驟四】賣出英鎊，買入台幣——2013年12月18日

● 匯率1：48.6852

● 台幣存款：1.815*48.6852＝88.363

● 9個月總報酬率：（88.363－76）/76＝16.2%

● 年報酬率：16.2*（12/9）＝21.69%

英鎊趨勢

　　小楊2013年看準了英國房地產復興，失業率下降，大膽投資英鎊。2013年～2014年之間由於英國房地產市場復興和失業率下降的提振下，投資者對英國經濟復甦的信心增強。提振英鎊/美元上升，刷新了兩年來新高。英國國家統計局公布，截至2013年10月止的3個月失業率意外降至7.4%，創2009年4月以來新低，優於市場預估的持平在7.6%，反映英國經濟正在迅速復甦，可能促使英國央行升息腳步快於預期，成為主要經濟體中最早升息的國家。升息預期升高，英鎊應聲走強，英國央行公布的2013年12月會議記錄顯示，英鎊若大幅升值，恐導致英國經濟復甦腳步放緩。英國央行總裁卡尼（Mark Carney）曾表示，除非失業率降至7%以下，否則不會輕易升息。但市場人士指出，若英國失業率下滑步調持續，可能在2013年中左右就可達到失業率降至7%的門檻。英鎊2013年下半年表現稱冠10個已開發國家的貨幣，經濟數據改善使市場更加看好英國央行英格蘭銀行（BOE）將緊縮貨幣政策，使英鎊朝升值方向發展。經濟指標方面最重要的莫過於是MPC的決策內容了。英國的利率政策是由中央銀行的英格蘭銀行（Bank of England）中的貨幣政策委員會（Monetary Policy Comnlinee，MPC）來決定，因此MPC舉動非常重要。「MPC紀錄」（MPC Minutes）公佈之後，市場才能知道英國央行對利息調整的決定，MPC議事錄的結果對於GBP可算是有最大影響力的指標，其他指標如每月CPI及每季GDP，兩者結果若較前月上升或超出市場預期則對GBP升值有利。

參考指標一：失業率

　　對英國匯率的分析要結合失業率的情況判斷，失業率下降自然會影

響外匯投資者對央行加息的預期，如果投資者預期英國央行會升息，英鎊
會往升值趨勢走。

參考指標二：CPI「消費者物價指數」

「消費者物價指數」（consumer price index， CPI）做為計算「通
貨膨脹率」的依據，英鎊匯率和CPI的關係整體呈現負相關的關係。CPI
升則英鎊貶值，CPI降則匯率升值。自2009年12月以來，英國CPI指數一
直超過2%。歐債危機英國CPI曾一度超過5%；2013年12月17日英國統
計局公佈的數據顯示，英國2013年11月生產者物價指數（CPI）創出自
2009年11月以來的新低，同時進一步接近英國央行2%的通膨目標。市場
預期英國央行將在兩年後升息。使得英鎊在預期心理下，朝升值方向前
進。目前來看，英國央行對2.7%的通膨率是可以忍受的，但要追加QE規
模，擴大貨幣政策刺激的可能性在減少。

瑞士法郎投資獲利方程式

　　朱朱和先生即將在明年初迎接第一個小生命，但因為還沒有買房子，暫時擠在公婆家裡的一個小房間。他們夫妻本來想用買基金方式，存買房子的頭期款，不過投資成績很不理想，後來發現外幣存款獲利較為穩定，轉而操作瑞士法郎（瑞郎）。

【步驟一】2010年5月12日買進瑞郎一年半定存，匯率是1：28.8246
● 本金：75萬
● 一年定存利率：0.005%
● 三個月定存利率：0.001%
● 到期瑞郎存款：

$$【75*（1/28.8246）】*（1+0.005\%）^2*（1+0.001\%）^2＝2.6021萬$$

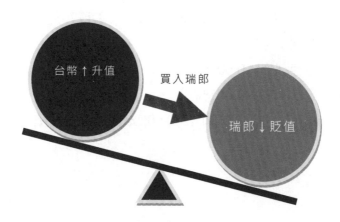

【步驟二】2011年8月12日賣出瑞郎買進台幣一年定存。

● 匯率是1：37.2246

● 台幣存款：2.6021*37.2246＝96.862萬

● 一年定存利率：1.3%

● 到期款：96.862*（1＋1.3%）＝98.121萬（台幣）

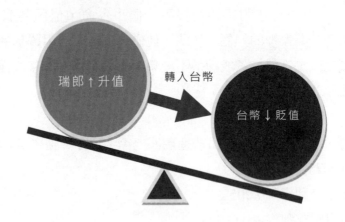

瑞郎↑升值　　轉入台幣　　台幣↓貶值

【步驟三】2012年8月14日賣台幣買瑞郎16個月定存。

● 匯率是1：30.8786。

● 瑞郎存款：98.121萬*（1/ 30.8786）＝ 3.1776萬（瑞郎）

● 一年定存利率：0.005%

● 一個月定存利率：0.001%

● 三個月定存利率：0.001%

● 到期瑞郎存款：$3.1776*（1+0.005\%）*（1+0.001\%）^2 = 3.1778$萬

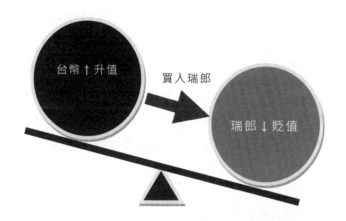

【步驟四】2013年12月17日賣瑞郎買台幣，匯率是1：33.3071。

● 台幣存款：33.3071*3.1778＝105.8433萬（台幣）

● 56個月總報酬率（105.8433—75）/75＝41.12%

● 年投資報酬率41.12%*（12/56）＝8.814%

瑞郎的貨幣價值

　　瑞士法郎（瑞郎）公認的傳統避險貨幣也叫保值貨幣，不易受政治、戰爭、市場波動等因素影響，2008年金融海嘯之後，瑞郎由升轉貶；相對其他貨幣的大貶，瑞郎貶幅相對較輕。2010年上半年歐債暴發危機的初期，瑞郎受歐元等區域性貨幣大貶連帶轉弱，隨著歐債明朗化，瑞士法郎升值幅度比歐盟各國更為強勁，因此，若無歐債風暴或全球股票市場下跌的干擾因素，瑞郎走勢均相對穩健。

　　瑞郎的匯率走勢常走在各種貨幣之前，若國際投資風險降低，非美元貨幣趨勢轉為上漲，瑞士法郎往往率先表態。可說是全世界經濟指標貨幣，瑞士法郎雖強，仍有投資風險。朱朱夫妻建議想投資外幣定存的小資族，瑞郎僅可作為避險工具，不宜用來短線炒作。瑞士法郎有一段期間漲幅過大，當時瑞士央行為避免投資客炒作瑞郎，進場干預，阻升瑞郎，朱

朱夫妻在這時候將瑞郎換成台幣，等待下一次瑞郎進場時機。瑞士至今仍是國際上的永久中立國。而且國內有著極其嚴格的銀行保密制度，瑞士國家銀行獨立制訂貨幣政策。因此，瑞士被認為是世界最安全的地方，貨幣價值比較穩定，是不易貶值的貨幣。避險貨幣最大限度的避開貶值的風險，瑞士法郎並不就絕對不會貶值，只是貶值波動度比其它國家貨幣小。所以朱朱夫妻倆，大多趁瑞郎貶值時買進瑞郎存款，等待升值後再賣出，賺取匯差。

影響瑞郎升貶的因素

瑞士央行在制訂貨幣政策和匯率政策上有著極大的獨立性。瑞士從1999年12月開始，央行的貨幣政策發生了轉移，從貨幣主義經驗者的方式（主要以貨幣供應量為目標）轉移到以基於通貨膨脹的方式，並定為2.00％的年通貨膨脹上限。央行將使用一定範圍內的3月期倫敦銀行間拆借利率（LIBOR）作為控制貨幣政策的手段。影響貨幣升貶的因素有以下幾個面向——

歐元

由於瑞士和歐洲經濟的緊密聯繫，瑞士法郎和歐元的匯率顯示出極大的正相關性。即歐元的上升同時也會帶動瑞士法郎的上升。兩者的關係在所有貨幣中最為緊密。

美元指標

瑞士央行在制定貨幣政策和匯率政策上有著極大的獨立性。一般而言，當國家銀行想提高市場的流動性時，就會買入美元，賣出瑞士法郎，從而影響匯率。所以當美元指數走強時，瑞郎貶值，美元指數走弱，瑞郎

升值。

央行態度

　　2013年10月瑞士央行表示，瑞郎匯價仍偏高，必要時會採取措施穩定匯價。瑞士央行（Swiss National Bank，SNB）總裁喬登（Thomas Jordan）表示，隨著歐債危機退卻，歐元兌瑞士法郎2012年9月來均未觸及1.2底限目標，瑞士央行已一年多未進場干預，但瑞士法郎匯價仍然偏高，目前仍有必要讓歐元兌瑞士法郎維持在1.2底限目標。喬登表示全球經濟仍有下滑風險，這使得被視為避險工具的瑞士法郎匯價處於高位。在可預見的未來，讓歐元兌瑞士法郎維持在1.2底限目標仍是保持物價穩定的正確工具。瑞士央行已準備好維持1.2底限目標，並隨時準備採取行動。2013年12月喬登表示，瑞士央行不排除任何貨幣政策選項，包括實施負利率。在歐元區經濟疲軟讓決策者抱持警覺心之下，瑞士央行會讓歐元兌瑞士法郎維持在1.2底限目標至少1～2年的時間。瑞士央行為了避免歐元區避險資金流入，從2011年9月以來就將瑞郎兌歐元匯率上限設在1.20瑞郎。直到2015年這個上限都會維持不變。可能等到2016年才會取消上限。預估2014～2016年瑞郎不會有太大的升值幅度。

外匯投資累積第一桶金

　　32歲的小雅從事食品進出口生意，工作資歷九年，目前每月扣掉開銷，每月投資一萬元，固定扣款三檔基金，報酬率有好有壞。單身的她想幫自己買一間小窩，希望五年存到百萬頭期款，轉而將基金投資的錢轉向外幣投資，小雅覺得交叉持有澳幣、紐幣、加幣的投資報酬率比較穩定。

【步驟一】2013.03.04賣台幣買澳幣，匯率1：30.3289

● 本金：台幣40萬

● 澳幣一個月定存利率：1.85%

● 到期澳幣存款：

　　【40*（1/30.3289）】*（1＋1.85%）＝1.3432萬

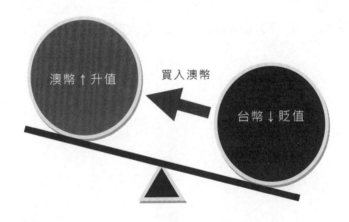

【步驟二】2013.04.11賣澳幣買美元，匯率1：1.058（美元：澳幣）

● 美元一個月定存利率：0.2%

● 三個月定存利率：0.4%

● 到期美元存款：

【1.3432*（1/1.058）】*（1＋0.2%）*（1＋0.4%）＝1.2771萬

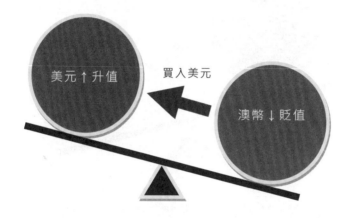

【步驟三】2013.08.22賣美元買紐幣，匯率1：0.7798（紐幣：美元）

● 紐幣一個月定存利率：1.15%

● 到期紐幣存款：

【1.2771*（1/0.7798）】*（1＋1.15%）＝1.6565萬

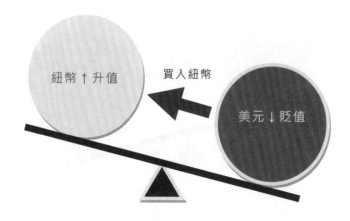

【步驟四】2013.10.22賣紐幣買美元，匯率1：0.8431（紐幣：美元）

● 美元一個月定存利率：0.2%

● 到期款：（1.6565*0.8431）*（1＋0.2%）＝1.3993萬（美元）

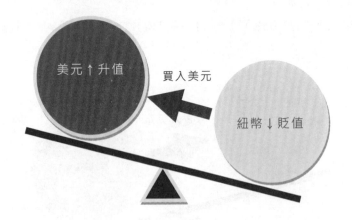

【步驟五】2013.11.22賣美元買加幣，匯率1：1.0569（美元：加幣）

● 一個月定存利率：0.5%

● 到期款：（1.3993*1.0569）*（1＋0.5%）＝1.4863萬（加幣）

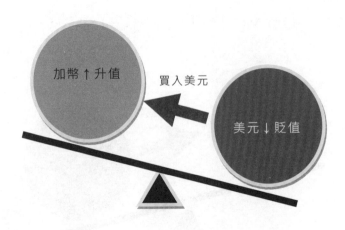

【步驟六】2013.12.27賣加幣買美元，匯率1：1.078（美元：加拿大）

● 現有美元存款：1.4863*1.078＝1.6022萬（美金）

● 換算成台幣：30.007*1.6022＝48.0772萬

● 9個月總報酬率：（48.0772—40）/40＝20.193%

● 年報酬率：20.193%*（12/9）＝26.92%

● 預估四年後存款破百萬40*（1＋26.92%）^{4}＝203.136萬（台幣）

澳幣觀察指標

澳洲是世界上屈指可數的天然資源國，也因著這個關係澳幣升貶容易受到商品期貨（Commodities futures trading）的交易價格所左右，澳洲雖然是個天然資源國，但是它的原油及石油製品不足，而需要仰賴從海外的進口，為了彌補資金不足，澳洲政府提高利息從海外聚集錢，所以澳幣計價的基金等商品都成為投資者青睞的標的。澳洲天然資源的出口額大，因此商品價格向上漲對澳幣而言是有利於升值的，商品價格上揚時的出口量增加，意味著外國需用更多澳幣向澳洲購買產品，使得澳洲商品出口量增加，出口量增加就會帶動澳幣的升值。

澳幣趨勢

澳元兌美元2013年一整年大幅貶值15%，創2008年來最大貶值幅度紀錄。澳洲經濟成長動能趨緩，澳洲央行降息壓力存在，基準利率可能將下調。

澳洲央行（RBA）2013年12月3日宣佈隔夜現金利率維持在2.5%的歷史最低點不變。央行態度顯然暗示澳幣將繼續貶值趨勢。澳洲央行明白表示2013年12月匯價雖低於2013年初水準，但仍屬過高；匯率可能有必要進一步走貶以協助澳洲經濟達到平衡成長的目標。此外，澳洲的物價與薪資顯示通膨仍與央行中期目標相符，預估2014年～2015年，澳洲央行

態度仍以看貶澳幣為主。影響澳幣的原物料價格雖自頂點回檔，但整體而言仍處於歷史相對高檔；多數國家通膨都獲得控制。整體而言，全球金融情勢仍處於非常寬鬆狀態，金融市場波動近期已趨平淡，長期利率依舊處於極低水準，而有信用的貸款人也還握有充分資金。所以央行並不急於調高利率，促使澳幣升值。2013年澳洲經濟成長趨緩，失業率微幅走高，自2011年底澳洲開始實施的寬鬆貨幣政策，讓容易受到利率影響的支出以及資產價值獲得支撐，這個現象有望在2014年之後持續發酵。低利率帶動房價攀升，顯示澳洲央行可能不願進一步降息。澳幣依然往貶值趨勢邁進。

紐幣趨勢

　　2013年12月12日紐西蘭央行（Reserve Bank of New Zealand, RBNZ）總裁Graeme Wheeler日指出，為了往後平均通膨水平能夠維持在2%附近，必要時將提高官方現金利率（OCR）。Wheeler在2013年10月的談話中曾表示，2014年升息是必須的做法。紐西蘭經濟成長加速，也面臨高房價的問題，未來通膨可能快速上升，已不需要維持現有程度的貨幣刺激措施。紐西蘭央行2013年7月25日一如市場預期宣布維持官方現金利率（OCR）於歷史低點2.5%不變，但同時表態要2014年調升利率來壓抑過熱的房市，清楚暗示升息。從這個消息傳開來之後，澳幣一路漲升至2013年年底。紐西蘭央行並指出，經濟成長已逐漸加快且復甦範圍有擴大跡象，通膨率則會在2014年逐漸回升。紐西蘭央行曾預估2014年中旬的通膨年率會上升至1.5%，並於一年後續升至2.1%。預期2014年下半年紐西蘭的國內生產毛額（GDP）成長年率會從2013年第1季的2.4%加快至3.6%。在已開發國家中，紐西蘭將成為第一個提高借貸成本的國家。紐西蘭央行自2011年3月便維持低利率不變，希望經濟能夠盡早從地震、歐債危機中復甦。紐西蘭出口商也因美國、歐洲接近零的利率而

獲利，幫助紐元升值。紐幣是2014年西方國家唯一升息的主要貨幣，獨一無二的地位使得紐幣成為2014年投資者最鍾愛的交易目標之一。預估2014～2016，紐幣利率將從現行的2.5%升至4.75%。由於中國大陸放寬一胎化政策，未來有望擴大奶粉進口。紐西蘭奶粉約有九成銷往大陸，隨著中國、印度中產階級增加，對牛奶和蛋白質的需求也會提高。

加幣趨勢

　　2013年12月18日加拿大央行行長史蒂芬·波洛茲（Stephen Poloz）表示，美國一旦縮減QE所引發的市場波動將比過去小許多。波洛茲認為這是因為大家對美國的貨幣政策方向了解，所以未來貨幣波動度不大。波洛茲認為2014年加拿大國內經濟面臨的頭號風險是出口貿易。由於出口太依賴美國市場需求，加拿大出口貿易不會按照預期慢慢復甦。2013年加幣全年對美元貶值了6.4美分。2013年初，加幣氣勢如虹，對美元匯率曾到達1加元兌換1.0051美元高點，2月初加幣對美元回至等值點以下。12月27日，加幣對美元匯率更降至1加元兌93.42美分，創2010年8月以來的新低。加幣對美元走貶，因美國聯邦準備理事會擬縮減每月購債規模，以及商品價格下跌，導致美元走強，不過加幣持續走貶的關鍵因素，仍是加拿大中央銀行維持目前低利率。市場原本預計加拿大中央銀行會調升利率，但內部經濟不穩定且成長緩慢，加拿大央行不打算調升利率，反而可能再降。

　　預估加拿大央行要維持利率於1%至2015年第二季 ，2015年底時升至2% 加拿大經濟成長令人失望，而消費者債務水準偏高，令央行保持謹慎。加拿大出口低迷、企業投資疲軟，再加上美國經濟動能放緩的跡象，預估加拿大利率維持在1%。加拿大利率過去三年多來均維持在1%的利率水準。2014來加拿大經濟改善幅度不大，不足以讓加拿大央行考慮升息，儘管加拿大通膨率目前低於央行的2%目標，但仍預期央行不會降

息，因擔心債務水準已創紀錄的加拿大家庭會進一步借貸央行會抗拒降息，加拿大央行樂見市場略偏向寬鬆，但要正式調降官方指標利率的門檻是非常高的。預期加幣2016年會升息。

　　從前面幾個操作的例子中我們可以清楚的看出來，貨幣的升貶，往往掌握在一個國家央行的貨幣政策上，如果央行保持低利率態度，且不想用升息手段，抑制通膨，貨幣大多走貶，日圓、澳幣都屬於這類走勢，所以小資族投資外幣，可緊盯央行動態，伺機進場，獲利機率才會更高。

後記

　　能完成此書，首先感謝我身旁的年輕小資族，提供寶貴的投資經驗給我，有人說今日的年輕人是草莓族、媽寶，但是在這些理財成功的小資族身上，看不出有任何草莓族或媽寶的影子。他們的投資靈活度、想像力不輸給上一代，這一代很有自己的想法。筆者總合這些成功的小資族經驗，有三個共同點，稱之為「投資成功三律」。

　　第一律，是紀律，不管是下單投資或者資金控管，這些成功的小資族，一定遵守原先設定的紀律，資金投資多少就是多少，不會盲目追加投資預算，把所有資金賭在一次性投資上，妄想博一個一夜致富。

　　第二律，是規律，這些投資成功的小資族，不會因為投資，就放棄了家庭休閒生活，他們的生活都很規律，該吃飯的時候就吃飯，該睡覺的時候就睡覺，該努力研讀投資資訊做投資決策的時候，他們也會全力以赴，做每一件事都很專心，生活態度很健康，不會埋怨薪水不多、工作不好，他們會想辦法去改善自己的經濟生活，不會無病呻吟怨怪別人不好，這可能是因為規律的生活而擁有健康的身體，有了健康，生活態度連帶也跟著樂觀了起來。

　　第三律，是律動，市場的律動，有一定的循環週期，投資成功的小資族，對於市場的漲跌週期的律動循環，相當的清楚，他們知道什麼時候

該進場，什麼時候該退場，絕不是臨時起意，看到別人買就跟著買。我在這些小資族身上看到一種和諧，一種與市場共舞的和諧，他們隨時都可以在對的時機跟市場跳一支探戈，還跳得很好，博得喝采。

除了成功的小資族之外，另一種常見的小資族，稱之為「魯蛇」（Loser）型小資族，他們與成功小資族不同的地方在於態度，我在他們身上看到憤怒，這些魯蛇小資族一遇到挫折失敗，第一個怪的不是自己的投資決策有問題，而是怪別人拖累他，害他失敗，比如說買了一支股票價格無量下跌，他第一個怪的是報紙誤導，而不是反省自己的投資決策品質哪裡有問題。另一種魯蛇小資族有反社會傾向，他們看什麼都不順眼，甚至有毀滅其他人的想法，就像台北捷運殺人案的年輕殺人犯一樣，對生活處處充滿不滿，這種有毀滅性想法的魯蛇小資族，投資決策就是在金融市場大賭一把，把資產毀滅掉，最後也把自己毀滅掉。

最後，感謝創見文化的總編、副總編以及出版社同仁的協助，讓這些可愛的小資族，能藉由這本書展現出來，我不想說太多噁爛的話，那不是我的Style，你們知道的，我衷心地感謝大家。

為服務廣大讀者，特成立臉書專區：
https://www.facebook.com/GOOD520
詳細圖解投資步驟，有興趣的讀者可以參考臉書。

人資沒說的事——
懂你的上司，工作才會順！！

→ 你能選擇工作，但主管卻不是你可以選的！

《主管不是難相處，而是你不懂他》

溝通訓練專家 鄭茜玲◎著

上司難相處，真的只能任他擺佈嗎？
主管惹人厭，難道只能離職走人嗎？

**教你這樣和他互動，不怕做白工！
再難搞、再機車的主管現在都挺你！！**

定價 260 元

Managing Up！How to Get Ahead with Any Type of Boss.

別習慣向明天賒帳，
未來的你不一定就能改掉今天的惡習！

→ 讓內心的擋路石，變成你最強大的墊腳石！

《免痛苦！不拖延的超強自控力》

企業管理專業顧問 林均偉◎著

改變不了拖延的壞習慣，
10年之後，你還是要放棄夢想的你。

**今天開始都還來得及，
一本有效擺脫拖延、還免痛苦的自控力強化指南**

定價 300 元

Happier～how to improve your self-control

國家圖書館出版品預行編目資料

活用小資薪水，5年滾出100萬 / 蔣立智 著. -- 初
版. -- 新北市中和區：創見文化, 2014.10　面；
公分 (成功良品；76)
ISBN 978-986-271-538-3 (平裝)

1.個人理財　2.儲蓄　3.投資

563　　　　　　　　　　　　103015820

活用 小資薪水
5年滾出100萬
學會理財錢滾錢，比加薪更重要！

成功良品 76

活用小資薪水，5年滾出100萬

創見文化 · 智慧的銳眼

本書採減碳印製流程
並使用優質中性紙
（Acid & Alkali Free）
最符環保需求。

作者／蔣立智
總編輯／歐綾纖
文字編輯／蔡靜怡
美術設計／蔡億盈

郵撥帳號／50017206 采舍國際有限公司（郵撥購買，請另付一成郵資）
台灣出版中心／新北市中和區中山路2段366巷10號10樓
電話／（02）2248-7896　　　　　　傳真／（02）2248-7758
ISBN／978-986-271-538-3
出版日期／2014年10月

全球華文市場總代理／采舍國際有限公司
地址／新北市中和區中山路2段366巷10號3樓
電話／（02）8245-8786　　　　　　傳真／（02）8245-8718

全系列書系特約展示
新絲路網路書店
地址／新北市中和區中山路2段366巷10號10樓
電話／（02）8245-9896
網址／www.silkbook.com

創見文化 facebook https://www.facebook.com/successbooks

本書於兩岸之行銷（營銷）活動悉由采舍國際公司圖書行銷部規畫執行。

創見文化，智慧的銳眼
www.book4u.com.tw　　www.silkbook.com